臨危受命接任新黨全國委員會召集人，中為監交人許歷農將軍，左為李炳南秘書長

全委會召集人營志宏主持義工大會，號召全體黨員群策群力救新黨

全委會營召集人（前中）在台北縣舉行記者會，向各界介紹新黨提名之縣議員及市長候選人

作者（右二）接下立法院新黨黨團總召集人印信

與台北市議員李新共同舉辦公聽會為九二一震災災區人民請命

主辦海外投資者權益保障公聽會，為受害者尋求解決之道

作者召開記者會揭發陳總統準女婿開公務車去約會

營委員（中）召開外交與僑務問題記者會與列席之新黨僑務委員們合影

作者在華府雙橡園晚宴中演講

新黨唐山阪神防震考察團攝於北京中南海紫光閣前，圖中有作者（中），張馥堂國代（左一），唐元亮國代（左三），李慶華委員（左四），張世良委員（右二），馮定國委員（右三），吳成典國代（右四）馮滬祥委員（右五）

作者（左二）與新黨三通交流訪問團訪問北京，與錢其琛副總理，國台辦陳雲林主任，海協會李亞飛秘書長等合影於中南海紫光閣

與汪道涵先生合影於上海

訪問馬其頓與馬國國會議長舉杯，中為王雪峰立委

訪問馬紹爾群島，於機場大廈開工儀式上與外交部長胡志強（中），傅崑成教授（右）合影

立委訪問團訪問波羅的海三國與立陶宛國會議員會談

與妻合影於芬蘭首都赫爾辛基廣場，後為帶給芬蘭較寬容統治的俄皇亞歷山大二世像

立法院風雲

營志宏◎著

梁序

志宏世侄將他在立委任期內的發言紀錄及文章，匯集成《立法院風雲》一書，並囑我爲序言。面對故人之子，我有說不出的欣慰與感慨。

志宏的父親營故立法委員爾斌兄，與我在立法院同事數十年。他是陝西省人，曾經留學蘇聯莫斯科中山大學，具有堅貞的革命情操，並有與我東北人一樣的耿直性格。在立法院我們雖不屬同一派系（爾斌兄屬「座談會派」，我是C.C.），卻相處甚得。爾斌兄有大將之風，不介入個人與派系的恩怨是非，卻對國家民族有著無比的忠愛情懷。

隨著時光的流轉，老一輩的人物凋零殆盡，我離開立法院院長的職務也轉瞬逾十載，卻欣然發現有子侄輩進入立法院，且能完全承襲父輩的革命志業。我在電視上看到志宏的講話，從容不迫而鏗鏘有聲，大有乃父之風。志宏美國律師出身，他的質詢內容結構嚴謹，聲勢咄咄逼人，頗有律師在庭上辯論的架勢；文筆細膩感人，絕非一般的政治人物可堪比擬。尤其難得的是，志宏虔敬的愛國家赤忱，與他的父親和我這一代人，殊無二致。有子如此，爾斌兄是值得驕傲的。

台灣這幾年的走向，頗令有識之士憂慮。先後主政的李登輝與陳水扁，挑撥省籍意識，自外於中國，與中國爲敵；致力於所謂的「本土化」，實際上卻是「去中國化」。這種傾向，無疑的將導致台灣莫大的危機。有鑒於此，我乃於民國八十七年四月十九日，毅然於以年老退休之身，挺身發起成立「海峽兩岸和平統一促進會」，希望結合有識之士，發揮集體的力量，以柔性的、說理的方式，阻止台

獨勢力進一步的滋生蔓延，從而降低兩岸緊張的氣氛，消弭對立的敵意，推動中國的和平統一運動，獲得海內外不少年輕的有志之士熱烈支持。此次立法委員選舉，民進黨仍不改其台獨主張，李登輝則更叫囂什麼「國民黨滾回大陸」，種種昧於歷史發展潮流的謬論主張，只會徒然擾亂人心，造成政局混亂而已，最後終將被歷史的洪流所淹沒。

我這一輩人已然年邁，也已經貢獻過我們的力量，而中國的永續發展，畢竟還有賴優秀而有志氣的年輕一代，這是爲什麼我會如此高興看到像志宏一樣的下一代人才崛起並崢嶸頭角的原因。

志宏所隸屬的新黨，在這次選戰中不幸失利，他也因此將失去了僑選立委的席次。這樣高水準、有內涵的立委離開，不啻是立法院的損失。我衷心期盼志宏勿要氣餒，不要放棄，畢竟我們只有一個國家。我相信爾斌兄在天之靈，也不容許他公子放棄。志宏在選後關鍵時刻，接任新黨全委會召集人一職，爾後希望他能領導完成新黨的改革，繼續對國家作出貢獻。

梁肅戎

民國九十年十二月十一日

重返立法院（代序）

在立法院，我跟職員們聊天談起我的姓，「您這個姓很少呀？」，我常笑著說：「是很少呀，可是在立法院這個姓卻出現過兩次」。年輕的職員疑惑不知所以，年長的在思索半天後，才叫道：「啊呀，對了！」

回憶像一條河，這時候便蜿蜒而下。當老職員努力地在拼湊我父親的音容形貌時，我常靜坐神思，眼角經常是溼潤的。

當我還是個孩子時，就經常跟著父親到立法院來。有時自個來，門口的警衛常把戴大盤帽穿中學生制服的我攔下，惡狠狠的問：「找誰？」我不安地把父親的名字報上。現在我每出入院門，警衛老遠地就立正行舉手禮，我就想起了當年那個經常被攔在院門口的孩子。

我那時到院裡來，其實都爲了同一個目的。立法院的圖書資料室，有國內所有的雜誌，尤其是政論性時事性的，少年時候的我爲之如飢如渴。在不上課的時候，我常從成功中學或台大法學院走過來，在圖書室裡消磨一個愉快而又充實的下午。

這大概就是我身爲立委之子當年享受過的唯一特權吧！而我至今仍然爲享受過這樣的特權而竊喜。立法院的圖書室在我思想形成的過程中起了相當大的作用；當時一個沒有零用錢花的孩子，還有什麼地方能享受免費的教科書外的知識的饗宴呢？

另外一個讓我有溫馨記憶的地方，是院內的餐廳「康園」。父親有時大方地請我吃午飯，生性節儉

的他不會點什麼大菜，經常是兩個客飯而已；但是對在家裡只有麵條吃的我仍然是難得的機會，吃得齒頰留香。父親嚴肅而不多話，我們父子總是一言不發的把客飯吃完，好像吃飯就是爲了吃飯似的。但是那是我成長過程中少有的與父親獨處的時間，多年之後我才體會出父親的關懷與愛。

現在我也常請到訪的朋友到康園吃飯。在熱鬧喧嘩之中，偶然舉頭而望，常會悚然而驚，似乎發現父親孤獨的背影在某一個角落裡。我定了定神，當然也再尋不回當年那個坐在父親身邊的靦腆孩子。

早就退休了的醫務室劉主任在電視上看到了我，高興地回立法院來看我。當年壯年精幹奔前走後的劉大叔，如今已是老態龍鍾。坐在我的面前，聽不見我的講話，卻喃喃地白頭宮女式地說著當年立法院的繁華往事。「老委員們走的時候，都是我找的醫院安排病房。你父親也是。」我大聲地說著感激的話，但是他仍然聽不見。

父親去逝二十年，他當然不知道他的兒子走上了他的老路。如果他知道，據我猜想，他是反對的。那年我在成功中學唸高一，得了個時事比賽全台北第一名，一時意氣風發對著來訪的青年戰士報記者吹牛：「將來要當政治家」！父親看報後把我叫進書房，嚴肅地說：「要遠離政治」。

我始終不知道父親是否瞭解我，我其實遺傳自他太多太多，平靜的外表之下有著反叛而沸騰的血液。這兩年我人在台北，常有機會坐在父親的墓前沉思。父親，你知道我回來了嗎？回到那個你工作了三十年的地方？我彷彿看到那天父親在書房裡憂慮的眼神，您還是反對嗎？我有太多太多的問題想問父親。我做得還可以嗎？您還滿意嗎？紙灰飛揚之際，我更不安地問我的父親，您可知道我所代表

的並不是您效忠了一輩子的國民黨，而是一個叫新黨的黨，還一天到晚跟執政的國民黨抗爭作對，您會瞭解我嗎？您會原諒我嗎？

父親無言，我努力地自己思索答案。父親是走過大時代的人，唸北大時的學生運動，一腔熱血來到莫斯科，冰天雪地中的西伯利亞勞工營，抗戰時隨軍工作飲馬長城，陝北高原上重圍中與共產黨作鬥爭；在台灣的立法院時代其實只是壯闊波瀾之後的平靜歲月。我是父親最小的兒子，我只看見年華老去在立法院中踽踽獨行的父親，而沒有看到執金鞭跨青驄馳騁在大地山川之上的他。我只因看到他急於保護自己的幼雛不受傷害而不以爲然，而沒有看到拼卻性命輕擲頭顱只爲信仰的少年父親。

那麼父親，你怎麼能怪我呢？在美國度過十餘年成功安定的律師生涯後，忽然在午夜醒來凝視黑暗的周遭久久不能入睡。我的人生中少了什麼，而遺落了的正是性靈中最寶貴的東西。我究竟是留在美國繼續過那種中年無夢的歲月，還是回來擁抱山川尋找我在少年時代遺留下來不能忘的一些東西？一股巨大的力量像磁石般地吸引著我，我毫無抵抗能力地回到了台北，而許久許久以後，我才領悟那個牽引我回來的力量，其實就是父親遺留在我體內的血液與細胞。

我畢竟走上了父親的老路。我吶喊，是爲了我的信念；我喊得也許比父親當年在立法院喊得大聲，那是因爲今日的國家比當年的處境更危急。父親沒有當過在野黨，不會想到我們會在議場前面拉白布條；老一輩的委員都是謙謙君子，或許不會像我們一樣拍桌怒罵。父親若是看了我們的表現，也許會皺著眉頭說一句：「這成何體統」！但是父親，讓我告訴您，我跟您不同一黨，有一點並未改變，我今日所信仍是您當日所信，我今日所愛仍是您當日所愛！

今日立法院的情景跟以前已大不同，越來越像秀場和馬戲團。我還殘留一些知識份子的孤傲，「敢將十指誇鍼巧，不把雙眉鬥畫長」，有些事我還是做不出來。每當心裡充滿了挫折感的時候，也想回頭怪我父親，「爸，我怎麼跟你一樣的不合時宜呢？」

立法院院區的景觀也與前不同，象徵著新一代的群賢樓高大地聳立，與低矮而典雅的紅樓極不調和。但是古舊的紅樓仍然是我的最愛，因爲長廊上有當年父親和我一老一少一起走過的足跡。

我有時也會想到，在若干年後我那出生在美國的兒子長大，會不會有一天回來到立法院作尋根之旅，也站在這紅樓的長廊上，懷想他父祖兩代流逝在此處的如金歲月，和常在胸懷之中激盪的那一點耿耿孤忠？

志宏

民國九十年十一月三十日於立法院

目錄

梁序——梁肅戎 3
代序
重返立法院 5
【輯一】總質詢與院會發言 1
1 誰把蕭萬長打得鼻青臉腫？——立法院「閣揆不信任案」辯論發言 3
2 外交休兵——對行政院長蕭萬長施政總質詢 5
3 蹒跚而行的新政府——對行政院長唐飛施政總質詢 13
4 荒誕無稽的《台灣論》——對行政院長張俊雄施政總質詢 38
5 為何不為死難同胞降半旗？——對行政院長張俊雄施政總質詢 51
【輯二】委員會質詢 73
6 騙了我們一次還是兩次？——就金援科索沃事質詢外交部長胡志強 75
7「男女平權」觀念的落後國家——質詢人事行政局長張哲琛 79
8 為什麼我們的朋友都愛「胡扯」？——質詢外交部長程建人 87
9「僑民三等論」只做不說？——質詢僑務委員會委員長張富美 97

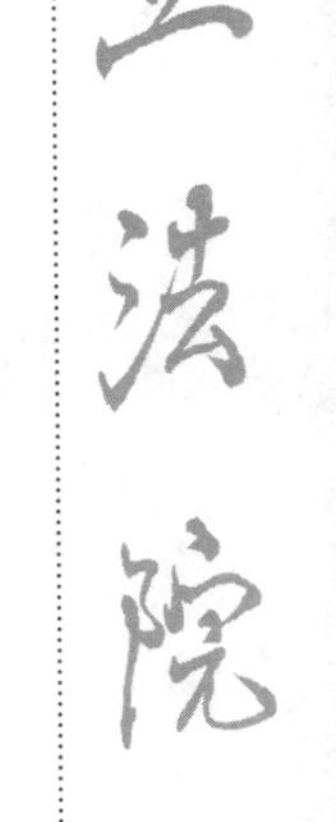

10外交部「希望參與」外交決策？——質詢外交部長田弘茂 108
11「說不清楚」也「講不明白」！——質詢駐日代表羅福全 114
12通用拼音與母語教學——質詢教育部長曾志朗 130
13她是多麼偉大的人才？——爲蕭美琴事質詢總統府秘書長游錫堃 140
14我們要自讓國家主權嗎？——就小林入境事質詢內政部長張博雅 152
15海基會「全程跟監」？——質詢陸委會蔡英文主委海基會許惠祐秘書長 158
16是「陳青天」還是「陳綠天」？——爲抓賄選事質詢法務部長陳定南 167

【輯三】國是論壇 173

17誰在作不良示範？ 175
18八千五百萬美金，請調查局查清楚 176
19誰是深宮怨婦？ 177
20只敢辦小孩，不敢辦大官？ 178
21要「綠化」，多種一點樹！ 180
22南海撞機事件的省思 181
23一個李登輝重於幾千個慰安婦？ 182
24陳定南打武松 184

25 誰在搖小樹？ 185
26 「扁團隊」不如「狗仔隊」 186
27 總統的兒女，就可配公務車？ 187
28 皇親國戚又在享受特權了！ 189
29 誰是「台灣賓拉登」？ 190
30 陳總統，你是柯林頓嗎？ 191
31 搞小動作誤大事 193
【輯四】 由李登輝到陳水扁 195
32 千奇百怪的立院選舉 197
33 評「李登輝的主張」 201
34 李登輝的叛國理論（兩國論） 206
35 立法委員與流浪狗 210
36 國民黨的「延任案」騙局 210
37 國民大會落幕 213
38 馬祖與「小三通」 216
39 院長是個「類似中國人」？ 218

40「核四案」在大法官會議 220
41外交與僑務預算的嚴格把關 225
【輯五】新黨與公元兩千年總統大選 231
42大俠參選，轟動武林 233
43「圍剿」李敖記 239
44由鄭板橋到板橋 244
45兄弟同心，其利斷金——講於洛杉磯「親民黨」慶祝成立大會 249
【輯六】巨龍，起來 255
46巨龍，起來 257
47我最親愛的母親——講於母親營張瑞芸女士靈前 259
48群策群力救新黨 261
【輯七】在美國 265
49營志宏再度「破口大罵」？ 267
50新黨立法院黨團的美國行 268

51張富美的「僑民三等論」——講於華府雙橡園晚宴 272
52是誰殺了尹清楓？——洛杉磯國是說明會答客問 276
53今年海外的雙十節 277

【輯八】在大陸 281

54唐山與阪神 283
55黃鶴幾時歸？ 290
56新黨訪問團在大陸的七次會談 297
57江山如此多嬌——神州大陸行 302

【輯九】在世界 313

58馬其頓訪難民營 315
59馬紹爾風情畫 321
60「周邊事態」與事先諮商 326
61中山世土——琉球故王宮前所思 327
62靜靜的波羅的海 330

【附錄】新聞選輯 343

立院遷建　新黨聲明反對（聯合報）／新黨通過徵召李敖參選總統（聯合報）／蕭萬長：特殊國與

國論　沒必要收回（台灣新生報）／營志宏出席升旗儀式（國際日報）／取消外國護照加註　營志宏力戰黃主文（世界日報）／營志宏談小留學生返台（國際日報）／營志宏批張富美不瞭解僑情（世界日報）／宗教直航小三通　在野黨立委奇襲（聯合報）／立院籲專案特許媽祖直航（台灣新生報）／傳曾擔任兩岸密使？田弘茂：非事實（聯合報）／新黨立委控告蘇志誠鄭淑敏涉洩密違法（中國時報）／僑委名單落實僑胞「三等論」？（世界日報）／朱婉清滯美　立委營志宏：不能離美是謊言（中國時報）／營志宏：朱自動回台機率很低（聯合晚報）／王光宇：政治偵防上級交代也做不下去（聯合晚報）／公務員雙重國籍者應立即解職（中時晚報）／雙重國籍任公職有一年緩衝　考試院坦承法律有問題（勁報）／宏觀報與宏觀衛視　營志宏痛斥爲個人文宣工具（世界日報）／「立法院方面的勝利」營志宏解讀大法官核四釋文（星島日報）／田弘茂證實　爲友邦買防衛性武器（勁報）／新詐財手法　刮刮樂變裝抽抽樂（勁報）／接送陳幸妤　趙建銘開「總統府公務車」（聯合報）／護照加註台灣「政府評估中」（聯合報）／土增稅減徵案　新黨反對修預算法因應（聯合報）／國民兩黨護航　蘇振平續任審計長（中國時報）／黨團門檻　新黨火　拒協商（聯合晚報）／新黨對黨團門檻提高不滿意但可以接受（中央社）／營志宏列名新黨僑選立委（世界日報）／新黨接受選舉失敗結果（工商日報）／新黨不熄燈　營志宏接全委會召集人（中央日報）

【輯一】

總質詢與院會發言

誰把蕭萬長打得鼻青臉腫？——

立法院「閣揆不信任案」辯論發言

主席、各位委員同仁：

今天是本席第一次踏上立法院院會的發言台，就趕上了中華民國憲政史上首度國會對閣揆提不信任案。

我覺得非常詫異，因爲不信任案的對象行政院蕭院長竟然不願意到場聆聽大家不信任他的原因。這樣的不虛心、不負責任與蔑視國會，而自院長以下的本院同仁竟然甘之如飴唾面自乾地替他護航，說他不必來。這樣一個在國會之前擺倨傲態度的國家最高行政首長，被一個憲法上並非最高行政首長的人耳提面命垂簾聽政時，卻又甘之如飴唾面自乾。這就是今天我們國家的奇特現象，沒有人記得自己是幹什麼的，我們能不藉著提不信任案這種非常手段對不能各安其位、各盡其責的人一個當頭棒喝嗎？

事實已經證明，國民大會在八六年的修憲是一個絕大的錯誤；讓人難過的是，我個人當時也以國民大會代表的身份親身參與了這個修憲的過程，雖然我們始終是在反對的一方。當時國民黨高層私心自用，不顧社會大眾與學界的反對，就像李總統今天說的一樣，「學者的話不能不聽也不必聽」，硬是取消了立法院的閣揆同意權。乃至於行政院長毫無民意的依托，要仰視總統的臉色，不當小媳婦也不

成。而當時國民黨修憲單位的負責人，就是今天陷入憲政困局的蕭萬長先生。蕭院長你種瓜得瓜，種豆得豆，實在怨不得別人。

修憲雖然造成了憲政困局，但如果總統是一個嚴守分寸不攬權越權的人，行政院長是一個有古大臣之風不畏權勢堅守原則的人，情況還不會這麼糟。但是我們的總統偏偏就是要攬權越權，我們的行政院長偏偏就是挺不直腰桿要屈從上意，乃至發生了今天憲法上明定的最高行政首長不能貫徹己見，而由一個不受國會監督的人垂簾聽政的咄咄怪事。剛才一位國民黨的立委說，立法院才剛開議，蕭院長就被打得鼻青臉腫，大家要弄清楚，不是我們在野黨把蕭院長打得鼻青臉腫的，是李登輝總統把他打得鼻青臉腫的，還一個願打一個願挨。

我們提出不信任案，有嚴正的目的與充份的理由。第一、憲法第五十三條明定行政院長爲全國最高行政首長，而蕭院長沒有風骨沒有擔當不能扮演憲法所賦與的正確角色，自己放棄決定權，與總統一起破壞憲政體系，這樣的人如何能再得到國會的信任，繼續擔任閣揆角色？第二、其實這裡有一個人同樣應該被提不信任案，那就是違憲越權的李總統，但是根據憲法我們卻沒有辦法這樣做，只好藉對行政院長的不信任案來警告總統，讓他有所警惕，不要再幹這種事。第三，我們也要讓朝野各黨有所警惕，今天的憲政亂局是由前年的胡亂修憲造成，今年國民黨又揚言要修憲，請你們不要再爲一黨之私作出動搖國家根本的修憲決議。

我剛才聽見有國民黨的立委譏諷民新兩黨提出不信任案，但卻有「三不」現象，就是「不努力、不積極、不拉票」。我很詫異秦慧珠委員有這樣的觀察力。從剛才馮定國委員上台作提案說明，到賴士葆委員，再到我，我們不是在拉票是在做什麼？新黨的拉票方式是跟你們國民黨的拉票方式不一樣的，我們不會去請客吃飯啊！我們是以說理服人。我在這裡倒是要向你們各位國民黨的立委喊話，希望你們能做到「三有」，就是「有膽量、有勇氣、有決心」，要有是非之心，不要有名利之心，要跟人民站在一起，不要跟上級站在一起，在明天的表決中起義來歸勇敢地投下對「不信任案」的贊成票。謝謝！

民國八十八年三月一日於立法院

外交休兵——對行政院長蕭萬長施政總質詢

營委員志宏：

主席、各位委員同仁、蕭院長、各位列席官員。

我首先要對外交部同仁表示讚賞之意。我在海外的時候，曾看到駐外人員為國家而賣力工作，等我回國之後，又親眼目睹外交部人員為推展外交所做的努力。所以，我對包括胡部長在內我們優秀的外交人員深感驕傲。

但我常在思考一個問題，我們的外交人員是這樣的努力，花費了這麼多的人力和這麼多的鈔票，

而我們得到的是什麼？我們看看，政府推行「務實外交」已超過十年，十年之前，我們的邦交國是二十多個，十年之後，我們的邦交國還是二十多個？我們的「得」究竟在哪裡？如果只有沒有「得」那不要緊，只怕我們失掉的更多。我們建立一個新的邦交國，對方就不得不跟著挖掉我們另一個邦交國，我們的人民就很自然的對中共深感痛恨。外交戰的你來我往，使兩岸人民的情緒永遠處於高漲與緊張的狀態，沒辦法和解與和平。

如果以宏觀的角度看，外交工作只不過是低層次的戰術工作，而整個大局考量才是戰略層次。我們在外交戰場或許偶然會有一兩次的勝利，但這只是戰術性的，在整個戰略層次卻是失敗的，因爲我們有一個非常錯誤的戰略思想。

我在這裡作「外交休兵」的主張。爲什麼雙方不能在外交戰場上放下武器？這樣的做法才是更「務實」的也能使雙方得到更大的利益。把彼此的邦交國凍結在一定的數目上，在其它國家盡力發展非正式關係。對我們也好，對他們也好，都是有利的。

如果要做到「外交休兵」，目前就有一個很好的契機。今年秋天，汪道涵先生就要來台訪問，我們爲什麼不在這時候與他們談「外交休兵」的議題，政府雖然現在看起來有點鬆動，但仍然是心不甘情不願。政治議題並不一定是統一的議題啊。我也以爲目前條件還未成熟，不是談統一的時候。但是不談「統一」，總可以談「和解」啊。不管你要統一還是獨立，兩岸緊張對誰都沒有好處，爲什麼我們不能談「和解休兵」呢？

我在這裡要請教蕭院長兩個問題，第一、你內心裡贊不贊成「外交休兵」，你覺得目前外交戰這樣的打法有無意義？第二、在汪道涵來訪時，我們可否與其談論「外交休兵」的問題，有沒有這個計

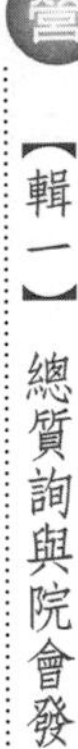

畫？

對於這兩個問題請蕭院長不要指派胡部長答覆，而請你自己回答。因為這個問題，我在外交委員會質詢時已請教過胡部長，胡部長的答覆非常明確，他「非常贊成外交休兵」。我今天把這個問題拉升到行政院長的層次，你贊不贊「外交休兵」，贊不贊成與汪道涵談「外交休兵」？謝謝。

蕭院長萬長：

營委員方才的質詢提到，我們的外交工作是屬於戰術的層次，應該還有更高的戰略層次。對營委員的質詢，我可以解釋的一點是：倘若外交工作係屬戰術的層次，則戰略層次應是國家的生存及發展，亦即國家利益。又倘若是關乎國家利益的話，則我們不能沒有外交。

「務實外交」是為了我們生存發展所必須的，就此點而言，我們有什麼好跟別人爭的？我們又不是要在外交上與中共做零和的鬥爭，或說有他就沒有我，我們並沒有這樣做。而是他做他的，我們做我們的，不能因為有他就沒有我們，也不能因為有我們就沒有他們。但是，中共近年來，並非這樣的看法，他故意誣蔑我們的「務實外交」是追求台灣獨立，製造所謂二個中國！——一台一中之籍口，我覺得這樣的說法我們無法接受。

所以，營委員方才提及「外交休兵」一事，事實上，我們並無與他們鬥爭，所以談不上什麼休不休兵，只希望他們能看清楚、能瞭解台灣二千一百八十萬同胞的心境及需要。從歷次民調可看出，國人非常重視兩岸關係，希望維持和平安定互助的關係，這是大多數人的看法，但是大多數人認為務實外交非常需要，而且務實外交與兩岸關係不應該有衝突，而是可以相輔相成的，由此來說，希望大家

能瞭解上述的看法。

至於汪道涵來訪一事，我們歡迎與他們溝通及談論任何議題，因爲建設性的對話，就是希望大家不要有預設的立場，凡有助於兩岸良性發展之議題，我們都願意談，對這溝通，我想我們都不排斥。胡部長也持同樣的看法。現在政府整體立場而言，我們還是歡迎汪先生來訪，再就任何問題進行溝通。謝謝。

營委員志宏：

蕭院長的答覆說胡部長與您有同樣的看法，這點本席無法同意，因爲胡部長跟你的看法是不一樣的。胡部長曾表示「非常贊成外交休兵」，如果我的理解沒有錯誤的話，剛才蕭院長答覆的意思是說，根本沒有「兵」，哪來的休兵？蕭院長你這種說法實在太不「務實」了，事實上不是這樣的，我們一天到晚在講「外交戰」，甚至說我們在「外交戰上取得勝利」，難道「外交戰」會不用兵嗎？而我們花了這麼多的金錢，消耗這麼多的資源，用了這麼多的人力，難道不是在作戰？蕭院長的說法，相信絕大多數的人都無法同意。

不出我的預料，蕭院長的答覆果然是說中共在打壓我們，對我們毫無善意。這種說法實在不合適，因爲現在台灣和大陸就好像兩個小孩在打架一樣，兩個人都把拳頭舉得高高的，我不會在講好之前先把拳頭放下，但要是期待對方先表示善意放下拳頭，也是荒唐的事。尤其是當我們期望對方表示善意先把拳頭放下來時，對方還可能會懷疑我們是不是會趁機打他兩拳呢！所以這種事一定要先談，談出共識之後，形諸於文字，或者雙方至少有一個默契，維持現在的邦交數字，不要再去挖對方的牆

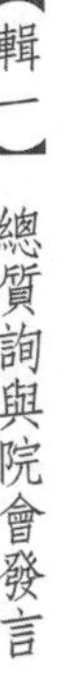

角，不要再去搶對方的邦交國。這樣一來，可以省下鉅額的金錢和國力，雙方的敵對情緒才能平息，才能平和地發展關係。這是兩岸發展正常關係的基礎啊！

我認爲胡部長要比蕭院長你務實得多，他雖然只是統兵的大將，但都敢說出「我贊成外交休兵」的話，而蕭院長卻不敢明白說出這句話，本席深以爲憾。其實我很明白蕭院長爲什麼就是不願意說出這句話來，也瞭解陸委會、海基會這些單位都統一口徑地說，中共打壓我們，中共未表現善意，所以我們不能「外交休兵」。你們心裡雖然都贊成「外交休兵」之所以不敢說出來，是因爲「大老闆」反對啊！誰都知道「大老闆」心裡充滿了「反華」的心態，巴不得看見兩岸人民永遠敵對，所以你們沒人敢說他沒有說過的話。

蕭院長雖然是憲法上明定的「國家最高行政機關」的首長，但是你連證交稅調降案都不敢堅持到底，我們又怎麼能預期、相信你在「外交休兵」一事上能勇敢地說出你內心的話。對這個狀況，本席感到非常遺憾。

另外，在昨天國統會的會議中，余紀忠先生表示：汪道涵先生來訪時，或可從「辜汪會談」推展成「李江會談」。我以爲余先生這番話說出了人民心裡的聲音，說出了大家的盼望。因爲大家都希望海峽兩岸能進行更高層的對話。

但是依我看，兩岸如果要開高峰會議，李江二人並不是合適人選。因爲李先生心裡充滿反華心態，如果他去參加會談，恐怕會像許惠祐一樣永遠也談不出結果。萬一李總統的老毛病又犯了，當場說出「你再大，也沒有我老爸大」之類的怪話，這樣不但和談不成，雙方說不定還會打起來。所以我

建議，若是作兩岸高峰會議，不如由蕭院長和大陸的朱鎔基先生來談。蕭院長一向謹言慎行，雖然有時太謹言慎行了一些；而朱鎔基形象較開明，一向直言敢說，如果由你們二人對話，相信成效會好得多。

我在這裡再請教蕭院長，未來在辜汪會談時，是不是願意邀請朱鎔基先生來台與你對談？又，假如朱鎔基邀請你去的話，你——敢不敢到北京與他對談？

主席：營委員的質詢，行政院蕭院長請外交部胡部長答覆。

營委員志宏（在台下）：

我沒問胡部長，我問的是蕭院長。胡部長你不要護主心切。請蕭院長回答。

胡部長志強：

因爲營委員也提到了我的意見，所以我也上來表達一下。

營委員志宏：

那請胡部長一定留下一分鐘給蕭院長作答。

胡部長志強：

營委員所提問題很多，有些問題只好略而不答。其實，我的意見與蕭院長在文字、字意上或許不同，但其實並無太大差別。表面上看來有文字語句之不同，實則不然。營委員曾問我是否贊成「外交休兵」，我答稱很希望見到外交休兵。但休兵暫時的，而在休兵時，彼此是否眞正有瞭解、何時可以

恢復對談？大家都不知道。所以，與其「外交休兵」，還不如「外交溝通」，所謂溝通，就是讓彼此能眞正的瞭解，避免無謂的競爭和浪費，以上是我當天的說法。

對於營委員方才的意見，個人非常敬佩，因爲看得出您有誠意，也有善意，而且非常希望能解決外交困局。今天上午我和一位美國友人說及朱鎔基訪美的問題，他說我們面對大陸時，大陸的立場總是不變，而我方老是認爲，總可試著從其他方向來努力，他們都不接受的話，我們會認爲可能是文化上的差距。這位美國友人指出，我們老是將失敗的責任往自己身上攬，然後一再地自我檢討。所以我也在思考這個問題，目前我國外交上有不能解決的困局，因爲中共始終不放棄對我們的打壓。

我也想向營委員說明，即我們不要老是挖他們的牆角，免得兩岸陷入惡意的競爭。本人很慚愧地說，我到外交部服務後，將近十五個月的時間沒有新的建交國。但是，在這十五個月中發生了什麼事，相信營委員非常清楚，他們挖走了我們的四個邦交國。如此我很難相信如果我們「凍結」邦交國數字，他們就會減少對我國的打壓。或許營委員有些看法和我有所不同，但我還是要將心裡的想法說清楚，敬請參考。

蕭院長萬長：

營委員的再質詢，胡部長方才的答覆已說明得很清楚，即我們無意在外交舞台上與中共競爭，而是他們對我們如此。因此，問題出在他們身上。

至於我們有無意願邀請朱鎔基先生來訪一事，我必須強調，我們的政策一向是希望營造出兩岸和平、互惠的環境，因此，我們採取一連串措施以加強兩岸交流。李總統也說過，在適當的條件下和時

機之下，他願意促成兩岸領導人的互訪。他甚至願意到大陸訪問。基於此，我們希望今年秋天汪先生來訪，在營造一個好的氣氛以後，兩岸能逐漸創造出一個讓兩岸領導人可以互訪的環境，如果可以達到此目標，那麼朱鎔基先生來訪，我們也都會表示歡迎。謝謝。

營委員志宏（在台下）：

蕭院長，你願不願意與朱鎔基先生對談？

蕭萬長院長不答，低頭走向座位。

營委員志宏（在台下）：

請大會留下紀錄，行政院長拒絕回答立法委員的問題。

後記

因爲目前立院質詢採用兩問兩答的方式，我沒有機會再上台追擊。大家可以看得出，蕭院長仍是老套，一切歸咎「中共打壓」，所以不能休兵。（我又沒有叫你先放下拳頭，我是要你跟對方談「一起放下拳頭」啊）。胡部長在外交委員會的答詢原來誠實明朗，這回發現捅了紕漏與蕭院長說法不一致，趕快回歸到「中共打壓」的標準答案上。

民國八十八年四月九日於立法院

蹣跚而行的新政府——對行政院長唐飛施政總質詢

營委員志宏：

主席、行政院唐院長、張副院長、各部會首長、各位同仁。新政府成立至今已有四個月的時間，如果請唐院長替新政府打分數，唐院長會打幾分？

主席：請行政院唐院長答覆。

唐院長：

主席、各位委員。自己給自己評論和別人對我們的評論，可能是由兩個角度去看。

營委員：

沒有關係。

唐院長：

新閣的同仁在初期的時候，分數不會很好，但是到今天已經四個多月了，我覺得他們現在的情況是越來越好。

營委員：

可不可以用什麼證據來表示「情況已經越來越好了」？

唐院長：

剛剛向你說明的是從內部的角度來看問題，在內閣新組成的時候，他們對於行政事務不是很熟悉，對於如何在立院和各個委員會……

營委員：

可不可以請你列舉四個月來新政府的具體成就在哪裡？

唐院長：

四個月來，每個部會未來的施政方案都已經逐漸成熟，有的已經通過立法，有的正在研擬方案，有的正在推動準備工作中，營委員如果給我時間，我可以向營委員慢慢的報告。

營委員：

我可以告訴你的是，老百姓的觀點不是這樣，如果我們做民意調查的話——雖然最近這幾天沒有民意調查，但是最準確的民意調查就是股市的起落，那是最眞實的民意調查，所以我們現在看看股市。麻煩工作人員把圖表放一下……工作人員在不在？本席的助理二十分鐘以前已經將資料拿來了，現在沒有資料就不對了，本席要求主席處理這件事。本席的助理在二十分鐘前就將圖表拿到議事組……本席絕對要等圖表。

（質詢因工作人員一問三不知中斷數分鐘）

現在請唐院長看看這張圖表，這張圖表是從三月十八日陳水扁先生當選開始到現在的股市曲線，三月十八日有一萬點，五月二十日還有八千多點，現在則一路下降，已經跌破七千點。我們看到這個圖表時，心裡多麼沉重，到底是什麼原因造成股價一路下降？今天早上許部長已經說了很多原因，但是完全沒有說服力，唐院長是行政院新成立的財經小組的召集人，請問唐院長，到底是什麼原因？唐院長和財經首長說了很多話，說台灣的經濟基本面很好，只是人民沒有信心，但是爲什麼會沒有信心？請唐院長說明一下。

唐院長：

經濟和財政的基本面良好，這是事實，也有數字在，並不是空口說的，但是現在股市不好，基本上股市受到影響的因素有二：一是全球性、國際性的，一是國內的，全球性的因素有油價高漲和電子工業的不景氣。

營委員：

唐院長說的和早上許部長說的差不多，本席對財經不是專家，但是本席要提出本席的看法，請唐院長參考。

爲什麼人民對於股市沒有信心？因爲對新政府沒有信心。新政府上任四個月來沒有任何成就，在重大問題上，一直延宕不決、該決而不決，台灣的投資環境惡化，新政府沒有提出任何對策，投資者

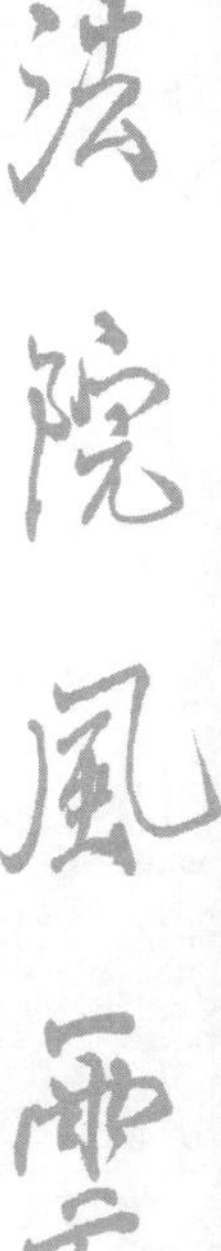

對於新政府的政策，從政治面到經濟面都沒有信心，所以股市才會一再滑落，唐部長認爲這種說法對不對？

唐院長：

我一直認爲股市是人爲炒出來的。談到對於新政府的信心，五十二年來第一次有政黨輪替現象，要求新政府接替的四個月內就拿出改頭換面的政策，而且要有成效是不切實際的。

營委員：

確實如此，但總要讓人看得出端倪與方面，然而新政府給人的感覺卻是一個沒有方向、沒有理想性、蹣跚而行搖搖欲墜的政府，這是人民普遍的感想，不知唐院長有沒有這種感受？

唐院長：

營委員說的不錯，但是營委員應該比我清楚，現在的憲政體制造成執政的政黨在立法院是少數黨，而在立法院占多數席次的政黨是在野黨的情況，在此情況下，每個人對政府的政策都有不同的意見，對於任何一種政策都會有不同的聲音。

營委員：

本席要向唐院長報告，現今國會席次以在野黨占多數席位的情況實屬正常。例如，現在美國是由民主黨籍人士擔任總統一職，但是，國會中卻是共和黨占多數，這是十分正常的現象，當年共和黨雷根當總統時也是民主黨在國會當多數黨。所以，我們不能將其原因歸罪於憲政體制，說是不正常。

新政府要有能力處理這樣的事情，並應與國會中占有多數的在野黨互相合作、交換意見，妥協而提出接近完美的政策。然而，本席認爲新政府對於溝通、協調合作既沒有誠意又沒有能力。

此外，近日股市的走勢不斷下跌，目前仍持續下跌之中，今早股市又下跌了兩百多點。請教唐院長，股市的跌勢不知何時才能打住？請唐院長告訴我們答案？

唐院長：

我想，營委員應該比我更清楚。今天台股遭受大挫實因全球股市均遭受下挫所致。當外資抽出它的資金時，我國股市自然會受到許多影響；但這又回歸民眾對股市是否具有信心的問題，因爲外資占我國股市的比例並不是很高，但它會帶動民眾又回到股市信心的問題。今天在全球股市均下挫的情況下，台股會跟著下挫，倒不是市場經濟不正常的現象。

營委員：

本席不否認有外在因素及國際市場因素，但是你們也不能逃避自己的責任，自認爲政府做得很好、方向正確，至於人民對股市沒有信心，是他們不應該對股市沒有信心，人民對政府沒信心，是他們不應該對政府沒有信心，這就大錯特錯。本席說過：股市是最好的民意測驗，是騙不了人的民意測驗，就是因爲大家對新政府的作法、方向感到捉摸不定、沒有信心，所以股市才會這樣的下降。本席希望新政府能夠在這方面努力，拿出政績來讓人民有信心，大家才會對股市有信心。

再者，請教財政部許部長，當你看到這幅股市跌跌不休、一路下降的圖表時，你心中有何感受？你對此事是否會感到難過？

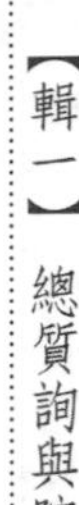

許部長嘉楝：

本人先向營委員報告，這張圖表是比較簡略的圖表；倘若我們不看今天的股市的話，事實前兩天的股市已有回升的趨勢。我想，委員可能已經閱讀今日晚報，晚報的標題寫著「目前全球正逢股災」，我國的股市也是受到這個影響，如果沒有這項因素的話，本人預計股市應該回升，所以……

營委員：

所以，依照部長「非常樂觀」的看法是股市將會止跌回升？

許部長：

我對這方面是比較樂觀。當然，股市也確實代表著民眾對國內經濟的信心指標；不過，我們從今天的例子也可以看得出來，有時股市的下降與民眾對國內經濟是否具有信心，其實這是兩碼子事。

營委員：

我想大家對於你專業性的說法與專業才能都能肯定，問題是會讓民眾作最現實直接的反應的就是對這個政府有無信心？而對政府有沒有信心就反映在股市上。倘若股市走勢不如部長所想的這麼樂觀，仍持續下降時，你有何因應之道？有沒有考慮到應該負起政治責任而辭職呢？

許部長：

這與政治責任也許……

營委員：不相干嗎？

許部長：我不是說這與政治責任不相干。不過，我還是必須強調，就財政部的政策而言，我們在近日也推出許多對振興股市有正面效果的措施，如果股市仍然持續下降時，這就表示仍有其他因素干擾，而那些因素，就譬如今日的國際股價，就是一個例子。所以我們盡力做我們該做的事情。

營委員：你們對於國際股價情況的因應就束手無策嗎？你們做了這些事情以後，就可以不負政治責任，是不是？

許部長：我想，屬於我能力所無法掌握到的部分，若要我負責，也許……

營委員：如果這是部長「能力沒有辦法掌握」的話，你是否應該考量負起政治責任，讓有能力的人來擔任呢？

許部長：假若你更換不同的部長，他無法掌握到的，還是無法掌握到。當國際股價下降時，無論更換哪一

位部長上任，大概都無法因應。

營委員：你是說沒有人比你做得更好嗎？

許部長：我沒有這麼說。

營委員：如果股市再下降至六千點，你會不會負起責任辭職呢？

許部長：我該負責的時候，我就會負責。

營委員：如果股市再下降至五千點呢？

許部長：……

營委員：四千點呢？

許部長：……

營委員：
三千點呢？
許部長：……
營委員：兩千點呢？
許部長：……
營委員：
兩千點還不辭？眞是說不辭就不辭！
許部長：
我該要負責的時候，我就會負責。我也要向委員報告，我不是很在乎部長的職位。
營委員：
謝謝！我們已經瞭解部長的態度。我們認爲，新政府另外一項讓我們感到失望的是該負責的時候，卻不願負責。陳總統也說過：若內閣閣員中有做得不好的話，就考慮換人！但是，到目前爲止，我們看不到新政府有人願意負責任，也看不到新政府要考慮換任何人，對此我們深感遺憾。謝謝！
其次，請教院長，近日李光耀先生即將來台訪問，不知你是否知道此事？
唐院長：

我從媒體上知道。

營委員： 院長是從「媒體上」知道此事？行政院內部沒有人員向你報告？

唐院長： （猶豫）有。

營委員： 爲何你強調是從「媒體上」知道？是不是內部的報告不夠詳細？

唐院長： 因爲李光耀先生目前並不是負責國家政治的重要工作者。

營委員： 所以，政府對於李光耀先生來訪視爲普通人物來台訪問一般嗎？果眞如此，我們感到非常的失望。因爲李光耀絕對不是一位普通人物，當年他在兩岸關係上發生不少潤滑性的作用。假使今天我們的政府仍然希望促進兩岸關係的話，就會希望藉由李光耀先生來訪這樣機會，發揮一些功能，但是我們的政府到現在爲止，竟然將李光耀先生來訪視爲「普通人物」來台一般。你若說的是眞的，本席感到非常的難過；尤其，現在我們也搞不清楚李光耀到底是由何人邀請來台？這就像個謎一般。我們問外交部，外交部的答覆是：「毫無所悉」；我們問總統府，總統府也說不知道。難道李光耀先生來訪

是在無人邀請的情況下，自己跑來的嗎？這眞是件奇怪的事情。所以，本席認爲政府在處理此事的態度眞是非常的怪異，難道是將李光耀先生視爲不相干的人物來訪嗎？白白錯失了能夠促進兩岸關係的機會。請問唐院長你是同意呢？還是反對呢？

唐院長：

對於營委員所表示的另一種角度的看法，本人不表贊同。因爲李光耀先生一再強調他是以私人的身份來台灣訪問，並不代表任何官方的立場，也不代表任何第三者來台灣訪問，我們要尊重他個人的願望。

營委員：

本席再向唐院長確認，政府對李光耀先生來訪是否僅視爲一個普通外國人士的到訪，並不打算與他談及任何重要事務？是否僅止於寒喧問候，也不希望他對海峽關係發生潤滑劑的作用？如果是這樣的話，本席請院會留下紀錄。

唐院長：

營委員問話的方式很特別。

營委員：

看不出特別的地方。

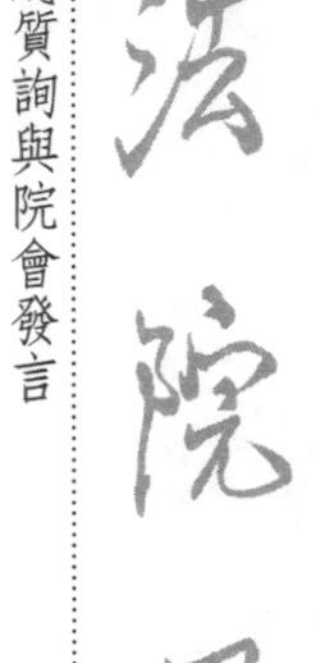
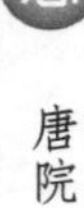

唐院長：任何一個人到台灣來，他的意願我們當然要加以尊重；如果他表示是來瞭解台灣政權更替後的狀況，以及政府對兩岸問題的看法……

營委員：這個本席瞭解，本席只是想知道政府是否有這樣的期望？如果李光耀先生願意的話，政府是否願意與他接觸、交談關於這方面的事情，請他發揮一點潤滑的作用？

唐院長：李光耀先生願不願意就這個問題對外公開發表他的意見，主導權在於他個人，我們不能強求他。

營委員：本席不是說要強求他，而是先給你一個假定：如果他同意的話。

唐院長：他同意的話，也僅是他個人的選擇。

營委員：也就是說我們的政府還不一定同意？

唐院長：

如果我們能從李光耀先生身上得到很多建議，政府是很歡迎的。

營委員：

謝謝唐院長，本席已經瞭解政府的態度了，也請留下紀錄。接著本席要向唐院長請問核四的問題。外面有一個說法，提到唐院長在接任行政院長之前曾經拜訪過連戰先生，經過向他的諮詢後，你曾向他承諾過將來會繼續興建核四廠，所以傳說指出你個人現在主張要繼續蓋核四是在就此承諾表態，請問唐院長是否眞有這件事？

唐院長：

完全沒有這回事。

營委員：

是否連一個字都不正確？

唐院長：

完全不正確。

營委員：

非常好，如果眞有這種事，那外界豈不又要說你是「身在曹營心在漢」？

外面還有一種說法，提到民進黨立委拜訪了政府相關單位之後，回來向大家宣稱政府早就決定不蓋核四，要停辦核四；可是本席又看到唐院長向大家宣布將來是否繼續興建核四，還是要等到看過再

評估意見後，由行政院院會決議來決定。這樣就出現兩種可能性，一個可能性是行政院在玩假的，另一個可能性則是民進黨立法委員在胡扯，請院長告訴我們究竟是「行政院在玩假的」？還是「民進黨立法委員在胡扯」？

唐院長：

行政院的態度曾由本人在立法院議場上正式說明過，我們依法並不能就廢核四或不繼續興建核四表示任何立場；但是基於執政黨的意見以及近年來民意對廢核、反核四有強烈的聲音出現，所以行政院對這個問題再做一次評估。

營委員：

本席再請教院長，民進黨員說「政府已經決定不辦核四」，究竟對不對？

唐院長：

行政院到現在為止沒有任何決定。

營委員：

既然「行政院沒有任何決定」，是否表示行政院以外的政府單位已經做了決定？譬如說總統府？

唐院長：

這個問題本人不知道。

營委員：

院長不知道，那麼唯一的可能就是民進黨所說的是總統府的決定，本席譴責總統府這種不守憲政體制的作法。請問經濟部林部長，本席記得民進黨立法委員所拜訪的政府機關就是經濟部，實際情況是否如此？

林部長信義：

謹向營委員報告，經濟部到目前爲止，已經就核四續建或不建的問題所應採取的因應措施做分析——如果決定續建則需追加預算，預算應增加多少？應如何溝通？如果決定不建則是否有替代方案？電力夠不夠用？電價是否要調整？……

營委員：

所以經濟部尚未做成決定？

林部長：

完全沒有。

營委員：

院長先生，本席聽你說過一句話，不曉得你是否說過「行政院長是總統的幕僚長」這句話？

唐院長：

本人未說過這句話。

營委員：

那應該是報紙寫錯了？我曾看見很大的標題是這樣寫的。本席建議院長如果報紙報導錯誤，你應該馬上更正，否則大家會以訛傳訛，因為根據憲法規定，行政院長絕對不是總統的幕僚長。

本席再請問唐院長，你個人的主張是要續建核四，而民進黨則主張要廢核四，如果將來行政院做成續建核四的決定，而與民進黨的意見或總統的意見不一樣時，你曾說過就會辭職，是否眞是如此？

唐院長：

請問營委員的意思是否是要證實我曾說過這句話？

營委員：

是的。

唐院長：

是的，本人曾講過這句話。

營委員：

請問你說這句話的理由爲何？本席並不瞭解。

唐院長：

如果行政院的決定與執政黨的意見不一樣時，也就是說行政院需要執行執政黨的政見，而執政黨

的政見與本人個人的意見不相符時，本人必須要有所選擇！

營委員：

請教院長，你的內閣是「全民內閣」呢？還是「民進黨的內閣」？如果我們的瞭解是正確的話，新政府上任以來所宣揚的就是「全民內閣」而不是民進黨的內閣，而你也不是民進黨員的身分，爲什麼要稱民進黨爲「執政黨」？誰是「執政黨」？爲什麼以你身爲憲法明定爲最高行政機構首長的身分，你的意見與民進黨意見不同時就要辭職？本席認爲你沒有必要辭職！你應該堅持你的理想，才是有擔當、有魄力的表現。

現在外面已經在流傳，民進黨與國民黨的某一個次級團體都要你辭職，都在逼宮，甚至報上連可能的繼承人選都寫出來了！院長先生，你究竟有無辭職的打算？你應該是沒有這個打算吧！

唐院長：

本人先要再次說明，依據我國憲政體制，行政院長由總統提名，現任總統是由民進黨籍候選人當選，總統的政見，也就是說民進黨的政見，執政黨應該去執行；但是如果這個政見超過行政院所能執行的範圍時，例如，依法律面、財政面或經濟面來看是行政院不能執行的政見，行政院應該與總統進行研究。

營委員：

院長先生，根據中華民國憲法規定，行政院是「國家最高行政機構」，而你是行政院長，這是一個

事實。本席記得你曾說過「雙首長制」，即使我們把現在的政府體制當做是雙首長制，你也有你的份量。陳總統在就位之始就說不再參加政黨活動。「全民內閣」也沒有「執政黨」，民進黨不過是「另外一個黨」而已。爲什麼另外一個黨說你做得不好，你的意見跟他們的意見不一樣，要你辭職時，你就要辭職？本席非常想不透。

唐院長：

本人認爲營委員很清楚我們現在的政府體制不是雙首長制。

營委員：

這句話本席曾在報上看過，報上寫著「唐院長說，根據我們現在的雙首長制……」，這是否也是「媒體錯誤的報導」？唐院長沒有說過這句話嗎？

唐院長：

本人曾說過我們現行政府體制既不是總統制、也不是內閣制，也近乎於雙首長制但又不是雙首長制。因爲如果是雙首長制的話，行政院長具有民意代表性……

營委員：

雙首長制並不表示行政院長有民意代表性，兩者完全不相干。

唐院長：

行政院長是由總統提名，無需任何條件或其他人附署、背書，換句話，本人是由陳總統提名擔任

行政院長，我要爲陳總統所屬執政黨政見負責，除非它是不合法的……。

營委員：

本席從憲法上完全看不到這樣的描述，我們看到的，只是行政院長是國家最高行政首長，對於行政須負起責任，這是我們所瞭解的。希望院長有所體認，要拿出魄力與擔當，不要管其它人的意見。本席並無贊成繼續興建核四的成見；但是有些事情，讓我們覺得大家對體制的認識不夠清楚，希望院長堅持這一點，拿出個人的風骨來施政。謝謝院長。

接著本席要請教行政院張俊雄副院長。

主席：

副院長不能接受質詢，請問營委員是否要對副院長兼任的職務提出質詢？

營委員：

副院長爲何不能接受質詢？依據何在？

主席：

委員的質詢是由行政院答覆，而不是由副院長答覆。

營委員：

但是我們也看副院長常常出來放話。

主席：副院長有兼任消保、救災方面的職務，委員只能就此職務提出質詢。

營委員：什麼道理？什麼理由？有那一條規定說委員不能質詢副院長？

主席：依立法院職權行使法第十八條的規定「立法委員對於行政院院長及各部會首長之施政方針、施政報告及其他事項，得提出口頭或書面質詢。」並沒有包含副院長在內……

謝委員章捷：（在席位上）請主席打開麥克風，我們沒聽到。副首長都可以代替首長備詢。

主席：但是，這要首長不在的時候才可以代理。

營委員：首長在的時候，副首長就不能說話了，是這個意思嗎？但是，我們看到院長在的時候，副院長也說話；部長在的時候，次長也說話。如果說可以說話的話，爲何不能接受質詢？這要如何解釋？

主席：這個問題我們私下再檢討……。

營委員：

現在就面臨這樣的問題。

謝委員章捷：（在席位上）

議事規則有哪一條規定副院長不得上台備詢？

營委員：

對。沒有任何規定副院長不能上台備詢。

謝委員章捷：（在席位上）

輪到本席質詢時，就要直接請副院長答詢，看主席如何處理？主席加油啊！本席是第一次聽到副首長不能上台答詢。

主席：

根據立法院職權行使法第十八條及第二十二條的規定，都是由行政院長及各部會首長來做施政方針報告。行政院長既不是部會首長，又不是行政院長，也沒有代理行政院長，所以這一點還請營委員諒解。

營委員：

好的，本席今天就不爲難主席。

謝委員：（在席位上）

我們不是要副院長報告，而是要他備詢。

主席：

這件事我們可以再檢討；既然立法院職權行使法已如此規定，主席就要按照規定執行。

營委員：

請主席宣讀第二十二條的內容。

主席：

好的。「依第十七條及第十八條提出之口頭質詢，應由行政院院長或質詢委員指定之有關部會首長答覆」。

謝委員：（在席位上）

行政院副院長不是部會首長嗎？

主席：

他不是部會首長。

謝委員：（在席位上）

他有沒有兼任行政院災害重建委員會主委？

主席：

對。我剛才也請教營委員是否要就副院長兼任消保或行政院災害重建委員會的職務部分提出質詢，若是，這是可以的。

謝委員：（在席位上）

主席如何得知營委員不會提出此方面的質詢？

主席：

所以我剛才已經請教營委員。

營委員：

本席不爲難主席，其實本席要請張副院長上台答詢，也不是要爲難張副院長，因爲大家以前都是立法院同事，想藉此機會與張副院長就若干問題對談而已，但是主席卻顯出「如臨大敵」的模樣，好像我想算計張副院長一樣，令人啼笑皆非。

本席再請教唐院長有關政治偵防的問題。提到政治偵防，讓人感覺新政府與舊政府好像是難兄難弟一般，仍然依循傳統，照搞不誤。我們的政府首長不是說政府的決策、政策是有延續的嗎？本席認爲在這點上還眞有「延續性」；但此事亦有好的轉變，譬如調查局已同意將來不做政治偵防的工作。卻又表示在法律尚未修改之前，仍要繼續做政治偵防的工作。據本席瞭解根本不需要修正相關的組織條例，事實上，只要將其九大職掌中的國情偵查的內容定義，釐清解釋即可。院長，請告訴我們時間

表，調查局除了對共諜、外諜及犯罪、治安方面的調查外，何時能夠停止做人身等不相干的政治調查？

唐院長：

行政院已三番二次要求法務部轉告所屬單位，除刑事偵防、國家安全偵防外，早已通知他們停止其他有關個人、政黨等的偵防工作，不需要等什麼時候才開始實施。

營委員：

你的意思是說，也不需要對國情調查的定義做一釐清，現在起就沒有了，是不是？

唐院長：

應該是沒有了，否則就是違法。不僅個人違法，單位也違法。

營委員：

我再說一遍，從今天此時此刻，除了對共諜、敵諜跟治安性、警覺性的調查之外，沒有任何對個人的調查，對不對？

唐院長：

應該是。

營委員：

非常謝謝，我們都聽到了，我們也會繼續注意這一點。另外，對於兩岸關係的狀況，院長先生是

否可以為我們描述一下，到現在為止，兩岸的狀況到底是風平浪靜？日有進步？還是輕舟已過萬重山？

唐院長：

目前雙方都在觀望，沒有進一步的進展，雙方過去動不動就要動武的時代已經過去了。

營委員：

謝謝院長。你覺得中共是不是有一個趨勢，就是準備低調處理「一個中國」的問題，而儘量來完成三通，先做三通？有沒有這樣的趨勢？

唐院長：

我覺得兩岸的問題實際上要到明年春天以後……

營委員：

但是我們陸委會的蔡英文主委卻做過這樣的表示，她說中共現在傾向「低調處理一中的問題」，我覺得院長先生和蔡主委應好好溝通一下，為何這種重要性的訊息與重要性的發展沒有報告給院長？她報告了嗎？這種說法正確嗎？

唐院長：

我們彼此間沒有隔閡。謝謝

民國八十九年九月二十二日於立法院

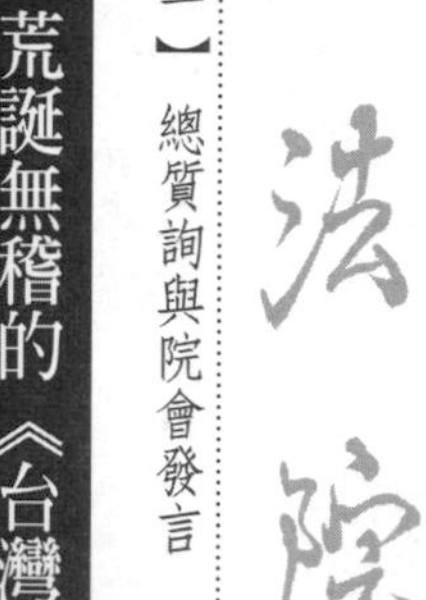

荒誕無稽的《台灣論》——對行政院長張俊雄施政總質詢

主席：請謝委員啓大、營委員志宏聯合質詢，詢答時間共爲六十分鐘。

謝委員啓大：

主席、行政院張院長、賴副院長、各部會首長、各位同仁。請教張院長是台大法律系畢業且具有律師背景，阿扁政府的執政團隊，從總統、副總統及行政院院長都是台大法律系畢業，而且都具有律師背景及司法經驗，相信你對法律方面非常瞭解，本席和營委員志宏也都具有法律背景，所以，今天想就法律方面的問題來向你請教。

依照憲法第五十二條之規定，總統於在職期間除了內亂及外患罪之外，原則上並不受刑事訴究，請問能否於其在職期間，偵查他所涉及的犯罪行爲？

張院長俊雄：

我並不清楚該案是用何方式來處理，又處理的確定效力如何我也不清楚。

謝委員啓大：

依照憲法第五十二條是規定不得訴究，因此事實上是不能起訴，不能追究。但是在陳水扁總統五

月二十日就任後，居然在六月二十二日就決定不起訴處分，如果規定不能繼續追查，怎麼可以在他就職以後還繼續調查及作出不起訴處分？這件事報紙上有刊登過，憑良心說，這件事我們都懂，我們都知道違憲，可是我們當時是想，既然他剛剛當選總統，我們就不講話。

可是最近的興票案，經過一年以後不起訴竟然有那麼多人講話，因此我們就把這件彩票案拿出來給大家看，在三月十五日，調查局在競選期間作的鑑定，鑑定的結果是署名陳水扁的筆跡及字跡極爲相似，可是在陳水扁總統當選以後，五月十一日調查局的鑑定就變了，就變成字跡在佈局及外觀上極爲相似，但是有足夠的細部特徵不相似，所以排除是他的可能性。

但是更可笑的是，在他就職後的六月一日，刑事警察局就直接了當的說，字跡特徵不符，研判二者並不相同，並且認爲是僞造的。在他競選期間，是認定字跡相符，當選以後就認爲有點問題，就職以後就完全不同。憲法第五十二條規定，總統於在職期間除了內亂及外患罪之外，並不受刑事的訴究及不繼續偵查，這項規定主要是爲避免造成國家的不安，對於此案的處理，你覺得有無違憲？一位懂法律也當過律師的總統，這樣的人面對這樣的案件，他對於圖利自己的案件，他要怎麼說？

那件案子，如果是宋楚瑜先生當選總統，宋先生與連先生的興票案是在他當選以後不起訴處分，你如果是立法委員，陳水扁如果也是立法委員，請問你們會怎麼說？

張院長俊雄：

謝委員的指教，有部分是假設性的問題，有關興票案不起訴，我如果是當委員……

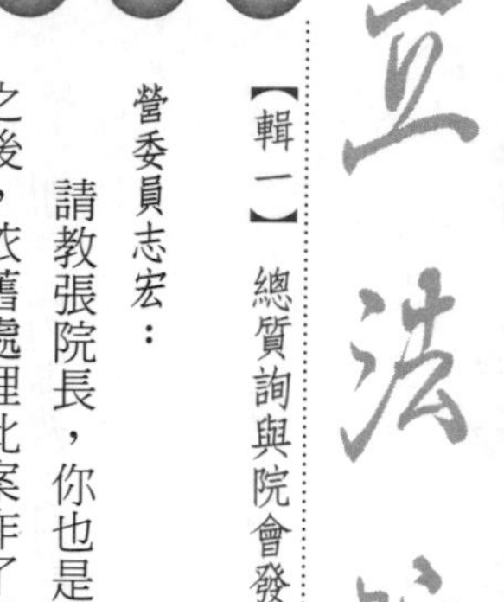

營委員志宏：

請教張院長，你也是學法律的，今天承辦的檢察官公然違反憲法第五十二條的規定，在總統就職之後，依舊處理此案作了處分不起訴，這是公然違反憲法的行爲，難道說此種檢察官公然違反憲法的行爲，身爲長官的行政院、法務部，可以不聞不問嗎？

張院長俊雄：

基本上，他並不是作形式追究的起訴。

謝委員啓大：

這不叫追究，你是再繼續調查，因此不叫追究，依照此種情況，幾乎所有的案件，如果不停下來，所有的案子都會處分掉，除非是政治鬥爭嘛！

營委員志宏：

當我們問到新政府的成績單時，新政府總是答不出來，唯一可以說的就是司法掃黑；我也肯定陳定南部長做了一些事情。

但是我們可以看看彩票案是如何處理的？彩票案是貪瀆罪，有二十年的追訴期，也就是說陳水扁總統在任期結束後，無論是四年或是八年任期，都還可能受到彩票案的繼續追訴；但爲什麼我們的檢察官，在他就職後的一個月期間就匆匆予以不起訴處分而結案，這分明是替陳總統脱罪，讓他在任期滿後不受追訴，這種作法是違憲、違法的，然而行政院與法務部對此卻不聞不問。

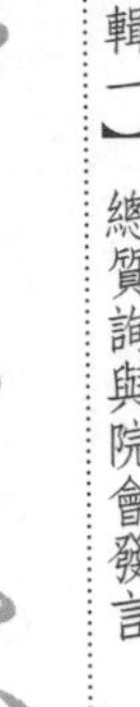

另外有關拉法葉案，明明走錯了方向，而我們的政府也是不聞不問。請問我們到底還要不要向法國索賠？我們吃了這麼大的一個悶虧，若根據合約的規定，我們是可以向他們索賠的。五億美元、八億法朗並不是小數目，如果是老百姓吃了錢做了這樣的事，政府一定會追究到底；但是今天我們竟然沒有做出向法國索賠的行爲，這樣對嗎？我們的理由是什麼？政府爲何這樣軟弱？這是我們所不能理解的，同時我們還認爲政府的確在政治辦案，也就是說拿幾個軍官來做代罪羔羊，而不敢眞正去追查幕後政壇的高層人士。

請問張院長將用什麼樣的行動，來表示政府的確有這樣的決心？陳水扁總統說：「即使動搖國本，也一定要把這個案子辦下去。」我可以告訴你，如果能解決此案証明了司法獨立，這不但不會動搖國本，還可以鞏固國本；但爲什麼不敢做下去？我們不相信特調小組是這樣無能的，我寧可相信他是無心的，無心去辦；假如不敢辦下去的話，我們只能將陳水扁先生的話作另外的解釋，也就是說如果是動搖國本，他就會繼續辦下去，但如果是動搖「扁」本，他就不會繼續辦下去。

對於法務部的表現，我們仍然予以肯定，是各部會中唯一稍微可看的。但如果拉法葉案一天不破，就證明新政府在司法改革、獨立辦案上是不及格的，因爲拉法葉案具有指標的作用。

謝委員啓大：

請問院長對於此案將如何結案？要不要對法國索賠？我們將要怎麼做？

張院長俊雄：

依法可以做的，我們絕對做到底。

謝委員啓大：

你要代表人民去追索，無論有無法律都要去找，找到法律以後再去做；否則你現在怎麼知道有沒有法律依據，你可曾找過法律？你要代表人民去做這件事，但是你到現在都不敢講出這樣的話。

營委員志宏：

這件事情依法絕對可以做，張院長是法律人，相信你跟我們一樣很明白這件事可以做，請你現在就去做。

陳部長定南：

究竟對方有無違約，必須要透過特調小組查明。雖然報紙或法國方面有一些報導或傳聞，然根據我們的刑事訴訟法，法庭以外的陳訴未具證據力，所以這部分若是查明後，相信行政部門一定會要求有關單位依法索賠。

謝委員啓大：

說到現在，我已經不相信了！你只要告訴我現在就去查而且會查到底！剛才我浪費那麼多時間說了這麼多，就是要告訴你，這個事實就是如此！

營委員志宏：

在進行下一個議題之前，請大家看看這張圖表，這是一本書的封面，請問張院長有無看過這本書？

謝委員啓大：

張院長你看過這本書的內容嗎？你有無熱血澎湃，氣得怒髮衝冠？

營委員志宏：

我們看到的是一個日本武士手裡揮舞著帝國主義的長刀，踐踏並砍向一粒小土豆，這粒小土豆就是台灣！他將台灣砍成兩半，也將台灣的人民分裂成兩半。

再看下面一張圖片，這是大家圍在一起請吃飯的鏡頭，請的是作者小林善紀，主人是蔡焜燦先生。這些圍在一起的人書裡說：「都會說一口流利的日語，他們在不知不覺中忘記自己是台灣人，於是在場就獻唱了幾首軍歌與歌頌明治天皇的歌曲」。請院長看看這張圖片其中有一個人是誰呢？在圖片右下角的旁白指出這位臉胖胖戴眼鏡就是駐日代表羅福全先生，也就是說我國駐日代表羅福全與這些主張帝國主義者，在台灣的歡迎小林的晚宴上高唱日本軍歌及歌頌日本天皇的歌曲。另外還有旁白指出參加的人除了這些日本人外，還有「新任的駐日大使及外交部、警察單位的相關人員」，亦即在現場以日文唱日本軍歌及歌頌日本天皇的這些人當中，不僅是羅福全而已，還包括「警察人員」與「外交部的外交官」。請問院長，你看到這張圖像後，有何感覺？這是我們的外交官、我們的大使及我們的警察人員應該做的事情嗎？

張院長俊雄：

坦白說，我沒有讀過《台灣論》一書。其次，身爲外交官或政府官員，絕對要有國家的尊嚴。

營委員志宏：

你們到底要不要調查？要不要處分？其實羅福全先生還不只是做了這件事情，他擔任駐日代表時，曾在其就職茶會上邀請了三位日本貴賓並作發言，第一位是日本自衛隊的前軍官，第二位是主張軍國主義的日本學者，第三位是日本台灣總督的後裔，這三位一直在當場緬懷舊時代，認爲台灣應該向日本靠攏，並且要「擺脫中華思想的控制，創立台灣文字」，這就是我們的駐日代表做的事情！

謝委員啓大：

你要不要調查？調查後若是屬實，要不要撤換他？

營委員志宏：

你要不要作處分？至少要做調查吧！

張院長俊雄：

我現在將責成外交部查明，是否有如兩位委員所說的那種情形，此事確有調查的必要。

營委員志宏：

請給我們一份調查報告。

張院長俊雄：

在就職典禮的場合，緬懷、回復過去的軍國主義，實在是令人無法想像的事。不過既然委員提出質疑，現在我就針對本案責成外交部長，深入徹查。

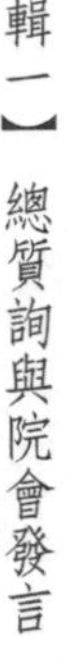

營委員志宏：

接著請看下面一張圖片，這是一張描述早期台灣人民在日軍入侵時，對抗日軍的圖片。在《台灣論》一書中提到這些人是「流氓」，是「幫派份子」，當時他們在那裡欺壓老百姓，讓「百姓過著牛馬不如的生活」，是爲了「維護他們自己的既得利益」，起來組織抗日武力，對抗日本軍人。

謝委員啓大：

這明顯是對我們義民的污辱。

營委員志宏：

大家看看圖片的左下角被畫成面目猙獰，非常醜陋，像豬狗一樣的人，就是抗日的武裝力量，也就是抗日的人民。這是誰的意見呢？下面那個說話的人頭是誰呢？就是許文龍先生。旁白中許先生最後的結論是：「誰來統治，都是一樣！」

謝委員啓大：

居然有人這麼樣地污衊我們的人民，污衊我們當時的抗日英雄，而且認爲誰來統治都是一樣！這是許文龍說的話。

營委員志宏：

大家看看這張圖像的右角一張大大的臉，又是許文龍先生，他說慰安婦事件是一個謊言。請看他說每位慰安婦「反而都出人頭地」，「對他們來說，再好不過了」。再看看圖上畫著滿臉笑容，前往登

記的小姐，高興得像是要去登記中國小姐一樣，那就是前去登記當慰安婦。請問這是一個事實嗎？

謝委員啓大：

現在請播放一段慰安婦——一個阿桃阿嬷的證言。在台灣倖存的三十九位慰安婦中，她是唯一願意公開站出來露面的人，其他不願意的人，我們也都保護她們。

現在開始播放「阿桃的證言」，請大家聽聽看她怎麼說，許文龍到底有沒有問過她？

（播放影片）

謝委員啓大：

阿桃阿嬷是台灣目前三十九個慰安婦中唯一敢站出來的，許文龍資政居然說「她們是出於自願」、「這對他們是再好不過」；請問院長作何感想？

營委員志宏：

說慰安婦是爲了「出人頭地」；將抗日的人民說成是「流氓在抗日」；又說霧社事件是「原住民先挑釁，日本人不得不鎮壓反叛」。若說這話的人是普通人，我們罵他一句喪心病狂也就算了，但是，今天說這話侮辱中華文化、侮辱台灣人民的是被陳水扁總統聘爲資政的許文龍先生；此外，貫穿《台灣論》全書的還有金美齡，她也就是作者這本書思想的來源，而她也被陳水扁總統聘爲國策顧問。我們的資政和國策顧問就是這樣地在侮辱台灣人民、侮辱台灣歷史。請問院長有何感想？你是否會要求總統府調查然後將他們解聘？

張院長俊雄：

這本書所寫有關國策顧問和資政之事，究竟是否屬實，我並不清楚，我會將兩位委員所詢問題送請總統府瞭解。

謝委員啓大：

《台灣論》中提到南京事件沒有歧視；現在我們再看一段美國一位牧師所拍南京大屠殺、南京保衛戰的影片，這是眞實的記錄片。

（播放影片）

營委員志宏：

院長你也看到了，這是歷史的事實。但日本在他們的中學歷史教科書中宣揚的是「侵略有理論」，表示他們是被迫侵略的，就如同他們以前軍國主義時代的說法，也就是被中國、美國、英國壓迫，所以才向亞洲其他國家侵略。他們這種顚倒是非的作法，已經引起亞洲各國的憤怒，中國大陸和南韓政府已向他們提出嚴厲的譴責，要求他們改正。

請問院長打算如何做，你是否要譴責日本政府這種行爲？你要不要求改正？

張院長俊雄：

《台灣論》中所提慰安婦是出於自願，這是嚴重……

營委員志宏：
要不要提出譴責？

張院長俊雄：
這是嚴重扭曲事實。

營委員志宏：
那就應該譴責。

張院長俊雄：
政府會幫助慰安婦討回公道，希望日本政府能道歉。

營委員志宏：
對於日本歪曲歷史的教科書，你們預備如何做？不譴責也不要求改正？

張院長俊雄：
我會請外交部專家學者研究，我尊重他們。

營委員志宏：
此事不需外交官研究，你自己就可以決定，除非你根本就是畏懼日本政府。

謝委員啓大：

南京大屠殺的部分，你是否要提出譴責？

張院長俊雄：

南京大屠殺也是歷史的事實，任何的扭曲，都和歷史事實相違背。

營委員志宏：

院長是否要向日本提出譴責？是否要求他們改正教科書？難道要讓他們繼續用這種錯誤的思想教育他們的人民？

張院長俊雄：

我會表達政府嚴正的態度，因爲，南京大屠殺是歷史事實，只要扭曲這個歷史事實，就是不應該的。

謝委員啓大：

最近，陳水扁總統對國軍幹部表示，他預判五年後，中共可能以武力犯台。呂副總統則詢問金門縣長及人民：萬一兩岸打起來，你們要靠哪一邊？張院長接見美國傳統基金會時，亦曾詢問他們願不願意賣防禦性武器給我們。請問你們三個人在二天內分別提出這些談話，是否覺得台灣的安定日子過太久了，而想打仗呢？

張院長俊雄：

事實剛好和謝委員所講的相反，我們認爲眞正的和平，必須建築在雙方力量均衡上，如果兩方的

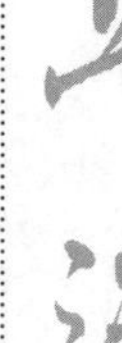

力量過於懸殊，期盼和平，根本就是一個夢想，我們希望購得防禦性武器，純粹是要自衛，並不具攻擊性。

謝委員啓大：

中國大陸建軍的目的是爲了打台灣嗎？事實上，以我們目前的武力根本無法和中共抗衡，他們也不必爲此建軍。平心而論，中共之所以要如此大費周章地擴大武力，就是要和美國爭世界霸權，在此情況之下，我們即使購買再多的防衛性武器，對一個想和美國爭世界霸權的國家而言，根本都不夠看。陳水扁總統曾提出「境外決戰」的至理名言，不僅我們希望「境外決戰」，美國若和中共打起來，他們也希望「境外決戰」，而他們的「境外」就是台灣的上空，也就是說，不管我們買再多的防禦性武器，我們和中國大陸都打不成仗，我們甚至連第一擊的能力都沒有。此外，我們再來比較台海兩岸的軍事將領，台灣目前的三軍統帥——陳水扁總統只擔任國民兵數月，反觀對岸的台海戰區全委書記——張萬年先生，則是國共戰爭塔山英雄團的英雄，並在中越諒山之戰大敗越南；本席對國防部伍部長並無不敬之意，但我國自八二三炮戰之後，就沒有打過戰，伍部長當然亦無幸參與，所以，伍部長並無重大戰役經驗，但是中共的國防部長遲浩田先生不僅參與過國共戰爭，在韓戰的長青湖之役更重挫美海軍陸戰隊；我參謀總長湯曜明先生也沒打過重大戰役，但中共的總參謀長傅全有先生則打過世界經典肉搏戰的中越嶗山戰役，並打敗越軍；兩相比較，相差實在很懸殊，即使我們買得到武器，買得到軍事將領、軍事指揮嗎？如果買不到，本席必須在此敬告執政當局務必要謹言愼行，不要有挑釁的行爲，因爲中國大陸的土地是我們的三百倍，人口是我們的五十多倍，也早就有原子彈等足以打太空戰

的武力，請我們的總統、副總統、行政院長謹言慎行。

營委員志宏：

這是一個戰略思考的問題。最近我們發現兩個非常有趣的統計數字，一是我國不知何時已成爲「世界最大的武器輸入國」，五年來共購買了一三三億元美金的武器；此外，根據針對美國菁英所做的民意調查，如果台海發生戰事，五一％的美國人反對美國出兵介入。由此足證，我們大量購買武器，期待美國介入以保衛台海安全的戰略思考恐怕要落空了。此時最可靠的國防觀念應該是維持台海兩岸關係和諧，早日使兩岸關係解凍，而最能解凍的方式是，讓雙方擁有共同的統一遠景及以「一中各表」作對話基礎。不在這方面努力，而把希望寄託在外援和武器上，那是捨本逐末。

民國九十年二月二十三日於立法院

爲何不爲死難同胞降半旗？——對行政院長張俊雄施政總質詢

營委員志宏：

主席、行政院張院長、賴副院長、各部會首長、各位同仁。對於這次納莉颱風襲台，本席在此向死難的同胞致哀，並且向參與救災的軍警消防人員致敬；同時本席也知道，從張院長以下，很多政府

首長努力推動救災工作，我們也予以肯定並致謝意。但是，我們的政府首長在某些行爲上，本席覺得仍然有偏差之處。譬如陳水扁總統在颱風來襲前表演「點名秀」，若只是表演也就罷了，他竟還特別在電視鏡頭前問：「馬英九來了沒有？」「哦！馬市長不在！」。這不禁讓我們感到奇怪，何以首長非要在防颱中心而不能到各處看看是否已做好防颱準備？

再者，據聞張院長你在勘查台北市抽水站時，曾大發雷霆，在尚未確認有無過失之前，你就把台北市政府養工處點出來，這種作法令人不由得不聯想到這是不是「政黨之見」？是不是意欲讓其他政黨在媒體上看起來難看呢？當然本席也知道你一定會說，你沒有這個意思。然而很多人卻看在眼裡，也的確有這樣的感覺。

張院長俊雄：

主席、各位委員。營委員可有看到我當時在應變中心對於抽水站問題的所有講話內容嗎？

營委員志宏：

你在電視上大發雷霆之怒，大家都知道你的矛頭指向誰？縱然你無心爲之，但你應避免給人這樣的感覺，本席基於善意提醒張院長。

張院長俊雄：

謝謝你。我所說的內容，其重點在於我們設置了很多的抽水站，理應在關鍵時刻發揮應有的功能。

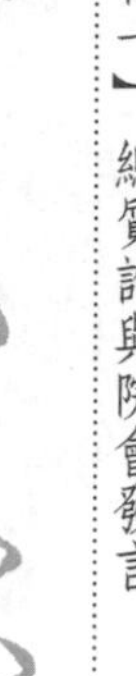

拍總統準女婿馬屁

營委員志宏：

本席希望你能弄清楚原因之後再指責，否則，會給人一種錯覺認爲台北市淹水就是某某人的錯。另外一件事情，我在今早於國是論壇已有談及，即報載由行政院下令，空軍總部執行，派出兩輛車和八名士兵前往總統的準女婿新居中去清掃及堆置沙包，結果是所有鄰舍都泡在黃湯裡，唯有準女婿的新居安然無恙、高枕無憂。今天早上張院長在休息室表示本席冤枉你了，因爲你沒有下這樣的指令，現在本席就給你一個解釋的機會，請問你到底有沒有下這樣的指令？

張院長俊雄：

行政院從來沒有下這樣的命令。

營委員志宏：

是沒有下書面的命令嗎？有沒有下口頭命令？

張院長俊雄：

營委員所指是陳水扁總統的舊居，我並沒有下這樣的命令，我也是看報紙才知道。

營委員志宏：

你沒有下命令，那麼行政院其他人呢？

張院長俊雄：
行政院也沒有下這個命令。

營委員志宏：
是書面命令，還是口頭命令？

張院長俊雄：
我不清楚，因為和國軍方面的互動，是授之於每個應變中心，亦即每個應變中心中都有個對口單位和部隊取得聯繫。

營委員志宏：
中央應變中心有沒有下這樣的指令、指示，或者是告知、建議？

張院長俊雄：
中央應變中心有沒有下這個命令，我不得而知，因為我雖然有關心，但是所有應變中心裡另有指揮官、副指揮官和執行長在。

營委員志宏：
誰是指揮官？今天有沒有到場？

張院長俊雄：

我們是請陳錦煌政務委員擔任指揮官。

營委員志宏：

那麼本席就請陳政務委員上台來說明，有沒有人在你的單位中下了這樣的指令、指示或者建議，要求你們派人到陳總統的準女婿家中去清掃和堆沙包？

陳政務委員錦煌：

沒有。

營委員志宏：

是沒有書面命令還是沒有口頭命令？

陳政務委員錦煌：

據我所知是沒有。

營委員志宏：

你的意思就是行政院和救災中心完全沒有下這樣的指令，而是我們的空軍總部或參謀本部自作主張去拍馬屁的？

陳政務委員錦煌：

這我沒有辦法加以臆測。

營委員志宏：

如果行政院沒有拍馬屁的話，很明顯的就是空軍總部在拍馬屁，因爲我們看到的是空軍總部派出兩輛車和八名士兵到那裡去清掃和堆沙包，結果是周邊的鄰舍全都泡在黃湯裡，唯獨總統準女婿的新居沒有泡在黃湯裡，這種情形實在令人感到非常遺憾！

另外，本席有個問題想要請教賴副院長，其實本席對於賴副院長向來印象很好，可是報紙登了這件事，本席不得不問清楚。賴副院長如果不願上台，那本席把話說了，你就沒有答辯的機會了。

賴副院長英照：（在席位上）

我願意出來，但是……

營委員志宏：

隨便你要不要出來，本席只是要告訴你，報載台北水災發生時，全市有四千多棟大樓的地下室淹水，可是救災中心卻立刻派人到賴副院長家中抽水，以致其他市民家中沒有機會抽水，大家都泡在水中。對於這件事，原本本席是要給賴副院長一個解釋的機會，但賴副院長你卻自動放棄了。當然，你先給自己家中抽水也不是完全沒有道理，畢竟你必須先弄好自己的家裡，才能夠出來救災，本席只是希望你能親口解釋，並沒有責難你的意思。不過，我們也要想一想，台北市有四千多棟大樓的地下室必須抽水，而且每棟大樓都積了好幾萬噸的水，以抽水一小時費用爲五千元計算，幾乎要花上兩百萬元才能抽完一棟大樓的水，如果賴副院長的家中先抽水，看在百姓眼裡，心中會怎麼想？大家是不是會問：何以賴副院長家不必花費這兩百萬元，就可以把水立刻抽完，而百姓家中，千拜託萬拜託也不見人來，最後還必須花這麼多錢才能抽水？

剛才本席說過，本席並沒有責怪賴副院長，因爲你有你的顧慮，必須先把自己家中的水抽完之後，才能出來救災，可是這種事情給人的感覺是不好的，希望行政院在這方面能夠……

張院長俊雄：

這次災害發生之後，行政院立刻由經濟部統合所有部會，徵調所有縣市和民用的抽水機，全力投入，協助民間抽水。營委員非常關心這件事，所以我要特別說明，事實上，我們一開始就把南部所有機具調上來支援台北。

營委員志宏：

本席瞭解，可是有關賴副院長的事，張院長恐怕沒有辦法代爲回答，因爲你也不知道。

張院長俊雄：

賴副院長沒有上台，主要是囿於體制。

營委員志宏：

體制我比你清楚。其實你們去徵調民間機具根本來不及應變，因爲大家都泡湯了，請問你還有什麼計畫和辦法可以解決這個問題？

林部長信義：

這個問題請容我說明。台北市共計有兩千兩百一十棟大樓泡水，到今天下午一點爲止，只剩下四

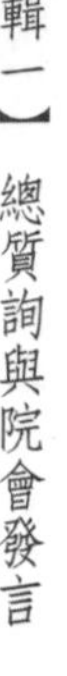

百四十一棟尚未完成抽水，亦即有一千八百棟抽完，其中有一千六百多棟是由民間自行抽水，我們調來的幫浦完全交給市政府，由於必須修復電源，我們建議市政府……

營委員志宏：

對於剩下的四百多棟，你們有什麼計畫？

林部長信義：

我們完全交給市政府分配給里長，至於先抽哪一棟，除了要接電且變電盤在底下的部分，我們給市政府建議之外，其他均是由市政府自行安排。

營委員志宏：

本席希望你們能夠多提供一些抽水機並且多派官兵協助，因爲我們的百姓現在正處於水深火熱之中，現在的做法是不夠的，這件事絕不能等閒視之。

林部長信義：

有的，包括國防部、營建署、水利處以及國營事業單位等人員，我們都已調派過來。

營委員志宏：

好的，謝謝。

張院長俊雄：

關於賴副院長的問題，他個人已對外說明並沒有這件事。

營委員志宏：

本席是請賴副院長上來回答，你不知道就不要回答。

張院長俊雄：

他之所以不上來，是因爲憲法上的體制，副院長不能上來回答。

營委員志宏：

本席並沒有強邀他上來，可是你不知道的事，也請你不要回答！

張院長俊雄：

依照憲法的規定，副院長不能上台來回答。

＊好像活在滿清末年

營委員志宏：

你怎麼還在搞這個？我說過沒有要他一定要上來回答，可是他的事情，你不知道，也請你不要替他回答。

另外，本席要請教，這次風災，到昨晚爲止，總計有八十人死亡，請問政府有沒有降半旗以示哀悼的打算？

張院長俊雄：

我想營委員關切的應是針對美國的恐怖攻擊事件，我們降半旗以示對罹難者哀悼之意，關於這點，個人要分成兩個部分說明：第一，恐怖主義的攻擊行爲，受到侵害的包括人類文明及自由的普世價值；第二，全世界有三十八國家已經是降半旗，所以……

營委員志宏：

你不要杯弓蛇影好不好？看到我，就以爲我要拿別的事來搞你。請院長直接回答本席的問題，對於這次風災死難的同胞，你準不準備降半旗？

張院長俊雄：

對於失蹤的人，我們將盡所能全力搶救，至於死難者，我們也會全部給予撫卹，但是沒有準備降半旗。

營委員志宏：

爲什麼？何以別的國家有人死難，我們要降半旗，而對我們國家自己的死難同胞，卻不降半旗？道理在哪裡？是因爲我們的同胞生命不值錢嗎？

張院長俊雄：

對於我們的同胞死難，我們心中尤其悲痛，所以必須以比較實際的行爲來給予安撫。

營委員志宏：

降半旗有什麼不實際？在給予撫慰的同時，下降半旗，又有何不可？爲什麼別的國家有人民死難，我們就降半旗，而我們自己國家人民有死難，你就硬是不肯降半旗？

張院長俊雄：

因爲二年前發生九二一大地震的時候，我們也沒有降半旗。

營委員志宏：

請問，如果舊政府做錯了，新政府就可以跟著做錯嗎？這算什麼理由？本席認爲我們駐在美國的外館降半旗，完全是正確的，因爲我們必須尊重地主國。但是我們也應該想想看，剛才院長所說的三十多個爲美國降半旗的國家，多半都是歐洲的國家，他們和美國的關係非常特別；在亞洲則只有日本與帛琉兩個地方爲美國降半旗，請問帛琉是一個什麼樣的國家？彈丸之地，我們要向它看齊嗎？日本一向以美國馬首是瞻，跟美國有特別的倚存關係，只要美國做什麼，他們也就跟著做什麼，請問我們是不是一定要這樣做呢？如果說這是國際禮儀的話，本席絕對贊成，但是一件事做得適中那是禮貌，如果做的過了份的話，那就是巴結，那就是在降低我們的國格。總而言之，禮貌要做得適當才行，本席希望張院長能夠想想看，我們是不是做的超過了適當的標準？

張院長俊雄：

本人在此必須說明兩點：首先，九一一事件並不只是美國的事情，這是國際恐怖主義的打擊行

爲，也是對於普世價值破壞的問題。第二點……

營委員志宏：

本席不怪張院長爲美國九一一事件降半旗，本席只想拜託你將我們的同胞一視同仁，比照一下你們對待外國人的標準，既然你可以爲外國人降半旗，就請你也爲此次在颱風中的死難同胞降半旗，好不好？拜託拜託！

張院長俊雄：

颱風是天災，面對因爲颱風而受難的同胞，其實政府的責任遠比降半旗一事還要來得大、來得多，因爲這並不是國難，所以我們不會降半旗。

營委員志宏：

本席不想再問這個問題了，但是本席爲此次因爲颱風而死難的同胞感到悲哀，「你們死得眞冤啊！」

張院長俊雄：

這只是營委員個人的意見，並不是政府的意見，也不是本人的意見。

營委員志宏：

這當然是我個人的意見，因爲本席很知道你不願意爲我們同胞降半旗，我們兩人的意見怎麼會相同呢？

張院長俊雄：

因爲這是天災，所以我們沒有降半旗的道理。

營委員志宏：

本席也知道多說無益，總而言之，政府就是不肯給同胞等同外國人的待遇，我好像回到滿清末年。

另外，在美國發生九一一事件之後，大家都在憂慮台灣會不會怎麼樣？很多人馬上想到的就是中共會不會犯台？依照本席的看法應該是不會的，因爲中共現在最大的目標是將經濟發展起來，之後才會去做別的事情，在這種情況下，他們應該是不會發動戰爭的，因此這一點大家可以放心。但是如果美國與阿富汗打起來，萬一台灣海峽的兩岸也打起來的話，美國是沒有能力同時應付世界上兩個大規模的戰爭的，一旦這種情況發生，將是對我們最不利，讓我們最吃虧的時候。在這種情況下，我們是不是應該反省？本席認爲光是依靠美國人的力量是沒有用的，因爲可能會有漏洞，也就是會有空窗期產生，如果南亞或中東地區一旦發生戰爭，美國根本不會有心，也不會有力量來顧及我們的安危，因此，如果我們光是依靠美國的保護，結果將是很可怕的。希望政府能夠從這個事件上進行省思，其實，我們與大陸之間的兩岸關係，跟我們與美國的關係是同等重要，這是政府應該深思的地方。

張院長俊雄：

本人在此謹作兩點扼要的說明：首先，九一一事件發生後，中共江澤民主席曾致電美國總統布

希，表示願共同合作，打擊恐怖主義的暴力行爲，而中共外長唐家璇也表示在對抗恐怖主義暴力的鬥爭中，中國人民與美國人民是站在一起的。在當前這種情況下，針對兩岸之間的關係，我們將竭盡所能的穩定局勢，我相信應該不會因爲我們譴責暴力與國際恐怖主義，以至於海峽兩岸就發生戰爭，我認爲兩岸之間對於譴責暴力的看法並沒有什麼不同。我必須告訴營委員，我們必須譴責暴力。

營委員志宏：

本席並沒有說譴責暴力有什麼不對，本席剛才根本沒有提到這一點，爲什麼院長會那麼敏感的想到這一點呢？是因爲心裡有成見嗎？

張院長俊雄：

因爲委員剛才曾提到美國九一一事件發生之後，政府的動作可能會引起兩岸……

營委員志宏：

我沒有這樣說，你的理解有問題。而且本席並沒有說譴責暴力有什麼不對。

張院長俊雄：

我必須再次說明我們將盡全力穩定兩岸之間的關係，維持台海的和平。

營委員志宏：

另外，本席也關心我們有沒有辦法應付恐怖活動的問題，我們雖然不是國際恐怖主義份子的主要

目標，但是我們必須有備無患。據本席瞭解，賓拉登在世界上三十五個國家中都有其組織存在，據說他們的亞洲總部就在菲律賓，且聽說這個組織將我們列爲不太友好的國家，因此本席認爲我們也應該要未雨綢繆才行。到底我們對於類似的恐怖組織有多少情報？我們對他們的瞭解有多少？他們有沒有可能對台灣採取行動？他們的組織狀況是如何？爲了讓台灣的同胞安心，請張院長告訴我們，你們到底有沒有這方面的情報？我們對於他們的瞭解又有多少？

張院長俊雄：

謝謝營委員關心這個問題，曾經有某一份報紙傳載國際恐怖組織將台灣列爲不太友好的國家，針對這方面的情報，經過我們全力調查之後，事實上並沒有辦法證實。其次，針對營委員所提出的問題，在國家安全的範圍之內，我們已經全力以赴在留意這件事，包括機場、港口、飛航安全的檢查等等，我們都盡一切所能在維護國家安全。關於這一點，我們一定會密切注意，同時我們也要籲請全國同胞在心防上必須很堅定，而且要緊密的凝聚在一起。

營委員志宏：

但是本席還是感到非常憂心，因爲我們對於國家的安全單位實在無法放心。事實上，我們的安全單位一直在出錯，大家可以看到國安局負責人事安全單位的主管竟然跑到大陸去了，而負責主計、會計的主管也捲款潛逃。試問如果連自己單位內的事情都管不好，怎麼能夠管好全國的安全問題？在這種情況下，台灣的同胞是不是有憂心與擔心的理由？

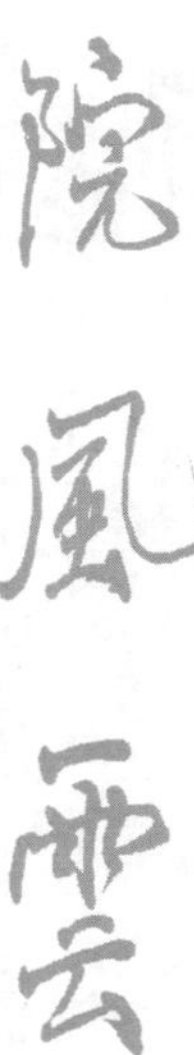

張院長俊雄：

其實，有這種危機感是一件可喜的事情，不過，在國軍應有的戒備當中，我們將盡全力維護國家的安全。我們很感謝營委員關切這個問題，同時也會依照營委員的指教全力加以落實。

＊WTO，我們準備好了嗎？

營委員志宏：

安全單位出了問題是可喜的事情？我們馬上就要加入WTO了，這是我們奮鬥了十一年的結果，現在終於要在張院長手上開花結果，我們感到非常高興，同時也要恭喜你。

張院長俊雄：

我不敢當，因為這是過去十二年來，所有行政院相關單位的努力，而立法院也配合通過許多相關法案，本人絕對不敢獨攬功勞，在此我也要對大家的付出表示感謝。

營委員志宏：

張院長你太客氣了。雖然你所說的我都承認，立法院的確也一直在加以配合，而舊政府十多年來的確也做了大部分的工作，但是我們也不會忽略你的那份努力。我有說全是你的功勞嗎？

不過，在這個時候我們感到非常憂心，因為現在正是我們經濟最不好、失業率最高、最缺錢的時候。在我們加入WTO之後，對國內產業將會發生一連串的衝擊，例如，我們的關稅稅收馬上就會大幅

減少，據說三年之內將會減少二百八十億元，四年之內失業人口將會增加十萬人，而汽車、電子、金融、農業等產業更有可能會一敗塗地。現在全國人民都非常擔心，對於現在已經低迷、破落的經濟會不會雪上加霜、一發不可收拾？

請問張院長，我們是否已做好準備？相信現在全國人民都希望聽到院長親口說出我們已經做好準備了，當然，這句話將會列入立法院的正式會議紀錄，將來我們也會拿出來驗證。我們希望能夠親耳聽到張院長說：「我們已經準備好了。」。

張院長俊雄：

加入WTO後，我們雖然有我們的優點，但也有剛才營委員所提到將受到的衝擊，尤其對農產品而言，因爲受到降低進口關稅、開放市場與減少政府補助的影響，有些必須離開，因此我們的農業單位由去年五月二十日開始，就成立了加入WTO的因應小組，列出許多方案，包括農委會、經濟部、勞委會等相關部會，都研擬了因應措施，等一下可由經濟部長就我們如何準備的情況，做扼要的說明。

營委員志宏：

我現在只要聽院長說一句話，就是我們是否已經準備好了？

張院長俊雄：

我們都已經準備了，而且已準備相當長的時間，譬如農委會的因應小組就由去年五月成立到現在，而在此之前雖然沒有因應小組，但我們也做了實際上的準備。

營委員志宏：

院長是否可以親口回答，我們是否受得了這樣的衝擊？本席剛才的問題是「我們是否已經準備好了？」院長的回答卻是「我們已經做了準備」，但是並未表示我們是否已經準備好了，所以本席才不放心的再問：我們是否受得了這樣的衝擊？

張院長俊雄：

這個衝擊我們可以因應，而且我相信我們絕對要超越這個衝擊所帶來的挑戰，我們的經濟才會更上層樓。

營委員志宏：

聽了院長的這句話，我們就放心了。這句話也在立法院的紀錄之中。

其次，長久以來，政府有一種思維，就是對於兩岸之間的談判，因為對方堅持「一個中國」，而我們對此不肯讓步，所以認為在進入WTO後，就可以透過此一機制，雙方貿易正常化自然而然就沒有問題了。現在我們馬上就要加入WTO，但我們由對岸所聽到的是，很多事情是非談判不可，而談判必須以「一個中國」為基礎。我方到目前為止，尚未達成「一個中國，各自表述」的認可，請問院長，在WTO之下，我們真的可以迴避「一個中國，各自表述」的原則，真的可以達成這個任務嗎？

目前的形勢是非常嚴峻的，我們的經濟已經低迷到這樣的程度，我們不得不再找經濟上另外的一個出路，如果我們在經濟上被封死，沒有出路，台灣只有往下沉淪這條路可走。到目前為止，如果我

們仍然拒絕「一個中國，各自表述」，又如何能讓對方坐下來談？在繼續拒絕「一個中國，各自表述」之下，你真的有把握讓對方坐下來談，解決我們經濟上的困窘嗎？

張院長俊雄：

對於剛才營委員所說加入WTO之後，就可以進行政府與政府的談判，我認爲這二者之間並不能劃上等號……。

營委員志宏：

我沒說。你又搞錯了。

張院長俊雄：

加入WTO之後，台灣與中國大陸都是在WTO共同的規範下進行經貿，相信兩岸之間應當有更穩建的經貿交易，但談判的問題是否就能迎刃而解，倒是未必。至於「一中各表」，相信營委員所提的就是九二共識的部分，事實上，國民黨當年主政時，對於九二共識所做有關「一中各表」的解釋，中共是反對的；也就是說，單單在九二共識方面，兩岸之間對此就有分歧，而國內之間對此也有分歧，譬如在經發會中要對九二共識建立共同意見，就無法達成，因此，我相信當前我們必須要努力建立此一共識，但兩岸之間如果能擱置爭議，進行交流，做對等的談判，我認爲這應當是一個好的方向。

營委員志宏：

院長表示對於「一個中國，各自表述」，對方說反對，這一點也沒有錯，他們過去就曾經有過這樣

的言語，但是按照我們的觀察，如果我們眞的願意接受「一個中國，各自表述」，他們是可以容忍、可以默許的。這句話我已經不知說了多少次，當初謝長廷要前往大陸訪問，對方非常冷漠，邀請函也不來，但等到他說我們的憲法是一個中國的憲法（那當然是用我們的方式表述）之後，對方的邀請函就來了，熱情的要接待他；由此可知，對方有些話是不可以說出來，但是可以容忍、可以默許的。

最後，本席要請教院長，我們護照上「中華民國」的名字是否要改名？現在已進行到何種程度？

張院長俊雄：

沒有。

＊是要改國名嗎？

營委員志宏：

院長，你對這個問題就太不進入狀況了。我們的總統陳水扁先生在今年六月曾告訴人家說，護照上的名字要改，是「勢在必行」的事情，院長你連這件事都不知道，消息未免太不靈通了。

張院長俊雄：

是要改國名嗎？

營委員志宏：

是要改國名。

張院長俊雄：

我想是要改成「中華民國在台灣」吧！

營委員志宏：

「中華民國在台灣」是我們的國名嗎？這並不是國名。憲法讀過沒有？

張院長俊雄：

以前我們對外都是用這樣的名稱，這個問題是否可以請外交部長來回答？

營委員志宏：

護照是官文書，官文書上的名字是可以隨便改的嗎？外交部應該有這樣的知識才對，官文書的名字是不可以隨便改的。

張院長俊雄：

我們行政院這邊是沒有這樣的消息。

田部長弘茂：

營委員，是否可以由我來回答這個問題？

營委員志宏：

已經沒有時間了。

張院長俊雄：我們以書面答覆營委員好了。

民國九十年九月二十日於立法院

【輯二】

委員會質詢

騙了我們一次還是兩次——

就金援科索沃事質詢外交部長胡志強

營志宏委員：

主席、各位委員同仁、胡部長。

首先我要向胡部長致意，部長先生最近貴體微恙，外交委員會還請你到會接受質詢，本席深感抱歉。但是因爲最近發生的事情深受社會大眾的關切，其中又有許多疑點，我們必須瞭解。因此一定需要你親自說明，請部長見諒。

我的疑問是，部長先生你在本月七日那天，邀請外交委員會成員到外交部，「徵詢」我們對援助科索沃一事的意見。當時本席特別請教部長，本次援助科索沃，大約要花多少錢？部長回答，應該不會花很多錢，不會超過一千萬美元；但是一個半小時後李總統宣布的金額卻是三億美元。

六月九日，部長你又邀請我們到外交部，向我們解釋你在七日當天所說的都是正確的，你眞的不知道援助的金額是三億美金，而且是最後被告知的一位。

但是，到了六月十日，部長先生卻又推翻了前面的說法，把之前所說的話全吞了下去。你說你全程參與決策過程，也知道金額是三億美元。

我在這裡要請教部長先生，你到底是矇騙了我們兩次呢，還是只矇騙了我們一次？你到底是在七

日和九日騙了我們，還是在十日那天騙我們？

胡志強部長：

主席、各位委員。講話要憑良心，因此希望營委員引述本人的談話時，能將全文引述出來，好讓大家明白本人所回答的用意爲何。

營志宏委員：

主席給我的時間，包括你回答的時間，只有八分鐘，我怎麼引述你的全文？但是我引述的內容，全是正確的。

胡志強部長：

既非全文，便不夠正確。

營志宏委員：

那就請教部長先生，什麼地方不正確？

胡志強部長：

本人從頭到尾未曾欺騙過任何人。六月七日當天，我們在談論的過程中一直很順利，到最後，王雪峰委員首先詢問本人關於援助金額的問題，然後營委員繼續追問，表示不能亂花，一定要花在刀口上。本人回答的第一句話是：「我不知道要花多少錢」，然後又加了二句，現在想起來令人覺得非常後悔。我說：「我不知道多少錢，但我相信初期不會太多，我們在馬其頓花了七百萬，連日本外長都被

當成台灣外長，所以援助科索沃初期大概是「一、二千萬」，這是本人的猜測之言，因為我們彼此太熟了，所以談話時就像私人朋友聊天似的，但其實外交部長和外交委員會委員聚會時，是不該用這種方式的，我不能像記者一樣，採背景說明的方式，這是我個人的疏失，因此事後本人也對此一席話所造成的困擾表示歉意。本人不該發表個人的猜測，但這才是當天真正的談話內容，本人藉此向其他委員說明。

其次，本人當時表示不清楚三億美元這個數目字，更不知道當天會宣布，政府要以三億美元金援科索沃的消息，這是眞的，否則，明明知道一個半小時後要發布的新聞，我豈會在一個半小時前謊稱援助金額是一、二千萬美元？這未免太沒原則，手法也太粗劣，我不會這樣做的，到了最後一次，也就是營委員說本人把話吞掉的那一次，本人向國安會同仁解釋，說明本人的確是誤會了他們的意思，不知道要宣布一個三億元的援助案，他們也能瞭解，還告訴我不應發表個人的猜測之言，應該說關於此一問題總統尚未決定，待總統決定後自會宣布。這個建議本人能夠接受，身為外長，本人在當時應表示對該問題仍不清楚，一旦總統有了決定後，就會宣布。事後本人自我檢討，在處理過程中有二處不盡理想，首先，本人應在開完會後才向立委報告，而不該在未完全掌握資訊前，急於向立委說明，而且也說多了。其次，本人不該作背景說明，說出「大概會花多少錢」這樣的猜測之語，但事實上，到今年底是否會花二千萬仍是個問號，所以本人的話也不見得完全錯誤。另外，本人在六月十日說我全程參與決策過程的原因是，總共只召開三次會議，而本人都參加了，因此可稱為全程參與。但本人在第三次會議未召開前，先向立委說明之舉，在事後想來，眞的是我個人的疏忽。其實應待會議結束

後再加以說明，可是，在開會前我又知道一旦會議結束，就要立刻向記者宣布，而究竟要先向委員說明，或者讓委員從記者口中得到消息後，覺得不被尊重再說明？著實令我非常難爲。總而言之，如果三個會議都參加就算全程，則我也只能說自己全程參與決策過程，然而本人在第三次會議召開前，就向立委說明，且提出私人意見，這是不當的作法。我已嚴格檢討自己，並承認錯誤，假使當初能作一妥善的處理，如今就不會如此複雜，因此本人需扛起責任。

營志宏委員：

跟部長先生說法不一樣，我並沒有聽到部長說「初期」兩個字。外交部與立法院之間的互動方式也有問題，你前兩次找我們到外交部開會，是與體制不合的，因爲行政單位首長是沒有權力召集立法委員開會的，去以前還不告訴我們爲什麼開會。你應該先到外交委員會中，針對此事報告，在委員會的發言，一切內容都有紀錄可查，誰對誰錯就有錄音爲証。

我們大家心裡明白，三億美元的援助金額並不是你的決策，你所提出的一千萬美元遭到國安會這個「幕僚單位」否決，因爲總統說要三億美元。該決策的人不決策，不該決策的人一把抓。部長先生儘管你拒絕承認，但你的確被架空了。

總統所提出的三億美金數目毫無根據。這個數字究竟從何而來，到今天還是個謎。儘管官方一直否認三億美金是美國所指定，但是，如果不是美國指定，則在從未估算，也未曾列出項目用途的情況下，會有三億美金這個數目出現，其中顯然有問題存在。我國外交承受美方壓力是眾所周知的，既已是事實，就不需要太隱諱。因此，如果三億元的金援數字是由美方提出的，那就請部長明白的說出

來，不要爲了面子的問題向國人隱瞞事實。

最後，我建議部長先生你考慮辭職。我其實很同情部長，你身不由己，承受上級的壓力。但是看看馬英九先生因爲抗拒上級不當的壓力而辭職，結果反而受到人民的肯定及讚賞，現在有了更多服務人民的機會。本席基本上肯定部長的作爲，在此之前，你的表現一直很好，遠勝過你的前任。也因爲如此，我不願意看到你的上上級爲了顧全自己，掩飾自己獨斷獨行的行爲，而犧牲部下，犧牲了胡部長你的形象和信譽。所以，我建議胡部長你立刻辭職，這樣還可以保全令名，也能得到人民的讚賞與肯定。等有朝一日，也才能得到更多服務人民的機會。

八十八年六月十七日於立法院

「男女平權」觀念的落後國家——質詢人事行政局長張哲琛

營志宏委員：

我以爲我們現在在經濟上，沒有問題的已經可以算是相當進步的國家。但是在一些思想和觀念上，我們卻是相當落後的。尤其是「男女平等」和「工作權利相等」方面，由剛才各位官員的報告來看，我更是覺得我們在思想上不過是一個「開發中國家」。最清楚的例子是，到現在我們竟然還允許行

政院的若干下屬單位，在舉行特考時，對女性錄取名額做諸多限制。這是什麼時代的心態？

我請問張局長，你們這種做法有沒有違反憲法中「男女平等」的原則？是不是違憲的行爲？

張哲琛局長：

主席、各位列席官員、各位同仁。一個觀念的改變是相當不容易的。以兩性平權而言，受到中國傳統之男性沙文主義的影響，想要一下子就把觀念改變過來，實在很難達到預期的目標。再者，最近幾年，從數字上可以看出，政府已不斷的做了許多努力，無論是在女性或身心障礙者的任用與升遷方面，這是眞實且不可否認的事情。有關男女平等的問題，事實上，目前的考試是有若干的限制，我們將針對現有的八種特考，與考試院、考選部及八種特考的相關機關，做出通盤的檢討，希望有關女性考試之限制予以取消……

營志宏委員：（打斷）

張局長，我不能同意你的用詞，你剛才一直在用「希望」、「將做檢討」、「觀念上的改變不是一天可以做成的」這樣的話。但是你聽聽剛才幾位委員的問答，有沒有一位支持你的觀點？每一個委員都要求改變，可見立法院和整個社會在觀念上都已站在「男女平等」和「工作權利不設限」上，爲什麼我們的政府在觀念的改變上這樣遲鈍？事關人民的憲法權利，爲什麼不能劍及履及立竿見影地做改革？

張哲琛局長：

人事行政局將立刻召集相關機關，並會同考選部，對八種特考，儘快檢討。

營志宏委員：

剛才張局長與考選部許慶復次長一再表示，目前的做法是，各機關的考試如發現有女性錄取率限制時，你們就會致函給該機關，做溝通與協調，希望他們增加一點女性錄取限額。張局長，在我看來，這根本不是可以讓人感激的德政。因爲你們是把女性看作是工作能力較差的二等公民，你們在把大部分名額都給男性的情況下，施捨一點名額給女性同胞。這是非常不對的作法，本質上是輕視女性；如果你們認爲這樣做已經很夠，女性同胞應該感激零涕，那可就犯了大錯誤。

我以爲最根本的做法應該是把這個違反憲法精神的「女性錄取額度設限」撤除。任何機關任何考試都不准設女性錄取名額的限制，只除了監所管理人員，因爲男性監所必須由男性管理，而男性犯人較多，這是說得過去的。除了這些少數工作外，設限都說不過去，因爲女性的工作能力並不會輸給男性。

假如你們不能立即做到「全面撤限」，起碼可以做到的是，把現在的做法轉換一下，不是由各機關擬出「設限」的考試辦法，你們認爲不妥才和他們協調；而是以「不設限」爲原則，萬一機關想要設限，必須得到你們的特別批准才得設限。我要求人事行政局往這個方向思考與設計。

下面請交通部郵政總局的代表答詢。

【輯二】委員會質詢

主席：

請郵政總局黃水城副主任委員。

營志宏委員：

我想請教黃副主委，如果我說你拿了不實在的資料來矇騙立法委員，你同不同意？

黃水城副主委：（猶豫，未能作答）

營志宏委員：

請黃副主委作答。

黃水城副主委：

不曉得營委員指的是？

營志宏委員：

你的報告中說，外勤郵務士的工作爲郵件的投遞、收攬與接送等耗費體力的工作，「由男性擔任，在世界各國均不例外」。本席在美國住了二十多年，我就一天到晚看到女性的郵務員穿著跟男性一樣的制服，夏天短褲冬天夾克，在街上高高興興地送信，你怎麼可以說世界各國的郵務士都由男性擔任，「均不例外」？

黃水城副主委：

報告裡的意思是指一般的看法，即郵務士的工作較適合男性。

營志宏委員：

難道美國的看法也是這樣嗎？你可以說「均不例外」嗎？美國還算是個大國吧？還算是個先進國家吧？你做統計資料時可以把美國漏掉矇混過關嗎？

黃副主委你是真的不知道嗎？在美國這些先進國家，不要說是郵務員了，就連卡車司機和救火隊員，女性都不受限制，可以與男性自由競爭。我希望郵政總局改正你們的資料和心態，不要以為立法委員連外國的郵差都沒見過，竟然拿出假資料來矇騙我們。

另外，你們的報告中說，郵務人員的士級有八千七百七十五人，其中女性有四百三十二人，後面的附註寫著：「比率不低」。女性只有男性的二十分之一，黃副主委，你認為這樣的比率不低嗎？

黃副主委：

是說士級以下的比率不低。

營志宏委員：

中間是有句話，但是前面的話之後用的是逗點，當然是說士級的比率也不低了。假如你認為士級的比率低，為什麼不寫出來，而要這樣連在一起矇混我們，讓大家以為士級和士級以下比率都不低？

黃水城副主委：

這是作業上的疏失，而將符號打錯，那個逗點應是句點，我們會改進。

營志宏委員：你們的書面資料上解釋郵遞工作不適合女性的原因很多，譬如，現在的郵件很重，可能有五、六十公斤，女性搬不動。

黃副主委，請仔細想想，是不是所有的女性都搬不動五十公斤的東西，或所有的男性都可以搬動五十公斤的東西？

黃水城副主委：依據以往實際的情況，女性進入到工作單位裡，有很多是達不到這類標準。

營志宏委員：好，只是「有很多」，而不是「全部」。

那麼你們爲什麼要拿「男性女性」做標準，而不拿「是不是舉得起五十公斤」作考試的標準？只要是女性就被排斥在外，不管她是不是搬得動五十公斤，你以爲這樣的限制合理嗎？

郵政總局往後會不會改正這一點？

黃水城副主委：我們在書面後有說明，以後會按照考試科目方面來改進。

營志宏委員：你在報告中也提到，女性不適合擔任送信的另一個原因是，女性郵務員會「經常受到頑童、惡

犬，及精神異常者的騷擾」。但是，是不是有些女性郵務員有辦法應付這些狀況，而不受騷擾，或者有些男性郵務員也會被這些事騷擾到呢？

黃水城副主委：

當然郵務士可準備防身的器具。

營志宏委員：

所以這是郵政總局的責任，你們應該先告訴他們，這份工作是有可能受到「惡犬和精神病患」的騷擾的，讓他們自己決定願不願意報考。而不是就以此為原因，不准女性來報考。

你們的另外一個排斥女性的說法，是由於某些法令如「勞基法」的規定，使女性無法擔任某些時段的工作，因此不適任。但是為什麼不能彈性地將女性調到晚上十點以前的工作時間，而不做十點以後的工作？如果你說這會造成男女不平等，我們要想到女性是弱勢族群，多年來已經受到不公平的待遇，因此，現在多給一點工作保障，也是應該的。假如有人認為這是男女不平等，那在選舉上的女性保障名額不也是男女不平等？這是因為多年來的不平等，即便是給女性一些方便與保障，也是說得通的。

最後，關於眼前的這次郵政特考，副主委剛才報告說原來是要不准女性報考的，但因上級考慮，擔心引起「婦女團體的抗議」，所以你們決定在台北考區，以十分之一為女性錄取名額。

我發現你們單位的心態非常不正常，極需改正。原來你們放出一點女性錄取名額，並不是為了男女平等，而是「怕婦女團體抗議」。假如人家不抗議，你們就不改正了？這是什麼樣的心態？是政府單

位該有的心態嗎？

你們說，既然已完成報名程序，這次郵政特考還要以既定的設限方式去考，因爲怕影響報考人的權益。但我以爲你們唯一妥當的處理方式就是延期考試，修改考試設限規定重新報名，因爲這樣子將錯就錯的去考，影響了太多女性同胞的報考權利，那就更不應該了。所以本席要求現在就公布延期考試，把限制取消，讓婦女得到公平的考試機會。

總而言之，我今天發現，你們每一位官員都說今後對八種特考要改進，要改進對男女平權的觀念，但是你們就是不肯從現在開始做，而是要「以後再研究改進」。這是錯誤的應付心態，所謂改革，就是要劍及履及、立竿見影，如果一直拖下去，什麼時候才做好？難道一直要做一個男女平權問題上的「開發中國家」？所以，我建議從這次郵政特考就開始改正。

謝謝兩位的答詢。

民國八十八年十一月十七日於立法院

（後記）

在質詢之後，法制委員會作成決議，請人事行政局研擬取消基層特考的性別限制。

人事行政局與考試院於一月四日取得共識，除了監所管理員等少數業務性質特殊的特考，其它特考一律取消性別限制，改由體能測驗決定應考生的工作適任性，人事行政局表示，新制今年就可實

施。

我們欣慰於行政、考試兩院在「重砲轟擊」下所作的立場改變，希望我國從此脫離「兩性平權」的落後國家之列。

民國八十九年一月十日於立法院

為什麼我們的朋友都愛「胡扯」？——質詢外交部長程建人

營志宏委員：

主席、各位列席官員、各位同仁。

本席有幾個問題想請教程部長。首先本席在此也不能免俗地恭喜程部長接任外交部部長的職位。以您的學歷、資歷而言，老早就應該要接任部長一職，今天終於是「多年媳婦熬成婆」，當上了部長的職位，我們都替您感到高興！同時也期勉您好好地做，雖然說喜歡作秀、又會作秀、也有能力的胡部長一直揚言明年三月要回到外交部，但是如果您做得好的話，他一定是回不來了，您一定可以繼續擔任部長的職任。

主席：請外交部程部長答覆。

程建人部長：

主席、各位委員。如果胡部長希望能夠回到外交部的崗位上，我也希望他能夠回來。

營志宏委員：

但是在你接任部長的職位之後，本席要給你一些忠言，就是你一定要記住「角色的變化」。你現在已經不是行政院新聞局局長，不再是「政府的化妝師」了，尤其是你現在已不是海工會主任國民黨的黨官了，所以你不能夠在這裡配合國民黨的立委「一搭一唱」地抨擊其他黨派的總統候選人，把他們矮化，這不是你應該做的事情。你如果這樣做，會失去我們對你的尊敬，希望部長先生今後能夠記得這一點。

關於我國和馬其頓之間的關係，我們對馬其頓的第一個投資計畫，是位於其首都史高比耶的加工出口區，但是這項投資計畫是頗受爭議的。譬如說，負責執行評估這項計畫的中華開發公司所做的內部評估，認爲這項計畫根本不具有投資價值，所投入的資金將來可能會全數損失。不知部長對此事件的看法爲何？是否認同其說法？外交部有無比較負責的行動？

程建人部長：

關於我本身角色扮演的問題，可以在此向您保證，我並非第一天在公家機關工作，而是已經從事公職三十餘年，因此我本身的紀錄，您可以加以檢視。我是不是在任何一個工作崗位上，爲了奉迎，或是爲了自己的升遷而做出任何對不起國家的事情？我想這一點您可以加以檢視的。

營志宏委員：

但是您今天在立法院的表現就是這樣，讓我們非常地擔心。

程建人部長：

今天是因爲有委員問到，而我只是一再強調我要把事實說清楚。他甚至希望我能夠作進一步的表示，但是我都沒有照做，因爲我的立場是僅僅希望能夠把事實說清楚，所以這一點您可以放心。

其次，關於馬其頓的整體情況，加工出口區的設置在開始時的確相當地困難，也有人表示不同的意見，但是，這個加工出口區可以說是當地第一個加工出口區，可能遭遇到的困難事實上都應該可以預防得到，就如同我剛剛舉的一個例子，我們在中美洲哥斯大黎加所設置的加工出口區，剛開始推動的時候也是遭遇到很多困難，但是後來經過大家的努力加以調整之後，哥斯大黎加的加工出口區現在已經做得不錯。而在馬其頓這方面，我們也希望能夠把它做好，因爲馬其頓這個邦交國對我國而言非常地重要。

營志宏委員：

中華開發公司的人員是不是有做過相關的評估，認爲此項計畫完全不具投資價值，將來一定會血本無歸？

程建人部長：

很抱歉，我到外交部以來還未看過這方面的詳細資料，若是營委員允許的話，我把全部資料看過

之後再向您提出報告。

營志宏委員：

外交部本身是否有針對此一計畫做過評估？有無做出一份評估計畫報告？

程建人部長：

我是否可以請部內的同仁上來作詳細的說明？

營志宏委員：

不必了，因為我今天是來詢問部長的，不是來問「部裡的同仁」的。所以我希望部長能「進入狀況」，出現在外交委員會之前時要能夠瞭解情況，如果部長無法達到此一要求的話，那就算了！另外，外交部在國合會裡是不是有設置一個專戶，針對史高比耶的加工出口區計畫提供貸款？

程建人部長：

中華開發公司與國合會合資的公司的確已經成立了，可以馬上進行開發。

營志宏委員：

根據我的瞭解，此項計畫的貸款條件非常地優惠，而且是到了「不可思議」的程度。例如，借款的年限二十五年，利率百分之三點五，寬限期是七年，前四年的利息暫緩支付，而本息的部分從寬限期滿開始，分年由租金與其他營運收入來攤還，如果寬限期滿三年之後，借款人還無法清償借款，則由「雙方另行協商訂立還款的計畫」。這樣的貸款計畫，簡直可說是「肉包子打狗，有去無回！」就是準備完全犧牲這些貸款了，不知部長對此有何看法？

程建人部長：

因爲這是屬於相當細節的部分，我到外交部後還沒來得及看過這方面的資料，不過中華開發與國合會……

營志宏委員：

我希望您能夠趕快「進入情況」，因爲在外交的戰場上，兵馬倥傯，刻不容緩，沒時間等待的。所以您一定要把握時間，馬上進入狀況才可以，好不好！

程建人部長：

好的，謝謝！

營志宏委員：

大家都認爲他們無法清償貸款，事實上也是如此。但是如果馬其頓方面無法清償貸款，那這筆款項是否會落入馬其頓官方某些特定人士的手中？您覺得會不會有這方面的疑慮？如果您認爲不會有這方面的疑慮，則外交部做了什麼措施來防止這些情況發生？

程建人部長

這個個案牽涉到相當細節的部分，營委員也非常地關注，我回到部裡進行全盤而深入的瞭解之後，再向您回報。

營志宏委員：

還是「不知道，不瞭解」？好，希望您馬上進入狀況，能夠儘早給本席一個答覆。另外，關於阿爾巴尼亞的問題，有人說我國是以十億美元來換取邦交，可是我昨天也聽見您說這個說法是「胡扯」，對不對？但是到底這個「胡扯」的說法，是指媒體人士的報導在「胡扯」？還是說阿爾巴尼亞的國會議員列西先生在「胡扯」？

程建人部長：

我是指報紙上報導列西先生所說的話，事實上根本沒有這回事。

營志宏委員：

那是媒體在「胡扯」？還是列西先生在「胡扯」？

程建人部長：

兩方都牽涉在內……

營志宏委員：

那是雙方都在「胡扯」？

程建人部長：

並非如此，而是這件事的事實在「胡扯」。

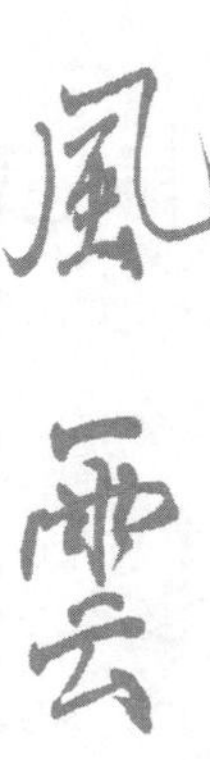

營志宏委員：

您是說媒體和列西先生雙方都在「胡扯」。

程建人部長：

是媒體說列西先生說了這樣的話。

營志宏委員：

但是並非只有一個媒體有如此的報導，好幾個媒體都作了同樣的報導，而且列西先生說，是我國駐馬其頓的代表鄭博久先生親自、主動地向他提出這項構想，同時蕭院長在八月份訪問馬其頓時，也向他提及十億美元之事。

程建人部長：

沒有，絕無此事，百分之百沒有這件事！

營志宏委員：

的確是「胡扯」，對不對？

程建人部長：

的確是「胡扯」。

營志宏委員：

好，就算是「胡扯」，那我覺得非常奇怪，爲什麼這麼多的國外人士都對我們「胡扯」？不只是馬其頓、阿爾巴尼亞、中南美洲這些國家也常常言之鑿鑿地說我們要花多少錢來換取邦交，爲什麼有這種情況呢？爲什麼會有這麼多人對我們「胡扯」？爲什麼我們交了這麼多會「胡扯」的朋友？爲什麼我們的朋友都是會「胡扯」的朋友呢？

這不是很奇怪的一件事情嗎？你想想看，原因會出在哪裡呢？原因其實就出在我們自己的身上。我們的駐外代表是不是急功好利，爲了建立邦交可以不擇手段？私下去暗示他們，講一些曖昧的話，告訴他們我國要花多少錢來建交？有沒有這樣的事情呢？我們是不是的確也曾經在一些地方「收買」邦交，以致於讓其他的國家眼紅開始勒索我們？是不是有這樣的情況呢？本席認爲，要杜絕這樣的事情，首先必須嚴格地訓令所有的駐外代表，在與對方交涉之時，不可以提及具體的數目字，以免對方「胡扯」。另外就是從此不要再進行任何牽涉到金錢的外交活動；同時必須嚴正地告訴他們，由外交部正式發函給那位「胡扯」的列西先生，說他是在「胡扯」，以後不得再對我國有類似恫嚇、要脅、勒索的行爲。唯有採取這樣的作法，才能夠眞正杜絕這種恫嚇與勒索的行爲，因爲若是只在這裡說他「胡扯」，阿爾巴尼亞是聽不見的，光是在這裡說他「胡扯」是沒有用的，所以希望外交部能夠發函，正式表達出嚴正的抗議。

程建人部長：

事實上我們已經請駐馬其頓的公使非常嚴正地告訴他，不是事實的事情不可以隨便發表。

營志宏委員：

好，希望您能嚴守此立場。同時，您在國內使用什麼樣尺度的言語，在國外也應該要用同樣尺度的言語。另外，關於出席此次「西雅圖部長級會議」，外交部方面總共出動多少人？

程建人部長：

本部重要的同仁當中，國際組織司的夏司長和駐西雅圖的劉融和處長都有出席。

營志宏委員：

您覺得這些出席官員的表現如何？

程建人部長：

不僅是在此次會議夏司長參加過許多次國際會議，表現一向都不錯。

營志宏委員：

是的，我希望也是如此。

程建人部長：

而劉融和處長此次最主要是負責招呼國內此次前往參加會議的政府官員、立法委員與媒體。

營志宏委員：

但是就我看到報紙上的外電報導我們的代表完全沒有在會場從事議事運作，而只是「陪同上級、

安排上級的活動」。

程建人部長：

我想不會有這樣的情況發生。

營志宏委員：

但是這樣就致使我們完全坐失了這次大規模國際會議的學習機會，無法從事議事運作的學習和議題的討論，由此可見我們的表現是相當差的，不知部長對此事的看法如何？

程建人部長：

應該不是這樣，事實上這次出席會議的代表也不只有外交部的同仁，其它還有經濟部等相關部會都有代表出席，而除了大會之外，其餘很多的雙邊會談我們都有參與，也都有很多的報告提回國內。就以駐西雅圖的劉處長來說，不光是招呼國內去的代表，在暴動發生之時，他都全時地和所有政府官員、民意代表、媒體以及僑界聯繫，相信地辛苦！我覺得他的表現應該是不錯的。

營志宏委員：

所以這也是「媒體報導的錯誤」，部長當初是擔任新聞局局長一職，那媒體為何會老是「報導錯誤」？你是否應該要檢討一下？

程建人部長：

我不知道營委員所指的媒體是哪一個，倘若這些報導是事實的話，我們會進一步來瞭解。

營志宏委員：

希望部長在部內能夠進行檢討，同時既然您曾經擔任過新聞局局長，現在又擔任部長一職，假如眞如您所言，那應該要能夠讓媒體充分地瞭解外交部的作爲，好不好？謝謝部長，也祝您工作順利愉快！

程建人部長：

謝謝！

民國八十八年十二月八日於立法院

「僑民三等論」只做不說？——質詢僑務委員會委員長張富美

營委員志宏：

主席、各位列席官員、各位同仁。方才洪委員讀說和你是小同鄉，如果是這樣的話，我大概算是你的大同鄉，因爲你住在舊金山，我住在洛杉磯，所以是「君住加州頭，我住加州尾」。但是我發現你對於洛杉磯的情況並不是很瞭解，甚至對於全美國的情況都不是很瞭解，你說這件事發生之後，有洛杉磯的人，例如，王桂榮、王錦聰告訴你僑胞的情緒經過安撫之後已經很好了，老僑已經接受你的說

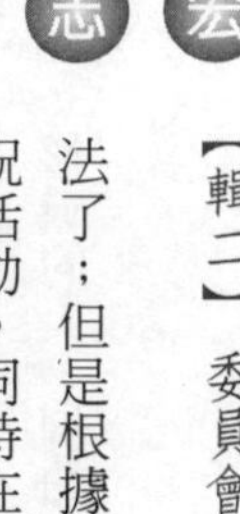

法了；但是根據我最近去美國的瞭解，全美的中華會館都決定不掛陳水扁的照片，不參加總統就職慶祝活動，同時在我親自訪問各地老僑時，他們告訴我，你去的時候，他們要用雞蛋來歡迎你。這件事情到現在還沒撫平，我身為僑選的立法委員，我和我的選區是有聯繫的，他們告訴我「要用雞蛋來歡迎你」的立場還是沒有改變。其實王錦聰和王桂榮，本席也很熟悉，也是我的朋友；但是你應該知道他們僅是代表某部分人的意見，只是民進黨人的意見，所以你身為政務官，一定要做到「兼聽」，也就是說不能只從一方面得到消息，否則在你推行政務時，一定會發生很大的錯誤。請問這點你願意改進嗎？

張委員長富美：

主席、各位委員。我方才可能沒講清楚，我是說我從台灣僑務委員那裡知道，他們從前也較少和傳統僑社聯絡，可是這次他們認為有必要伸出援手，也有必要走出去和他們溝通以進行瞭解，所以王桂榮才會說，由於張富美事件才會讓我們有機會來反省。

營委員志宏：

本席只是要告訴你，老僑的憤怒一點都沒有平息，所以你要瞭解僑情。

張委員長富美：

謝謝。

營委員志宏：

另外，你說老僑還是支持中華民國，這點沒錯。但是他們雖說要支持中華民國，可沒說要支持陳水扁政府，也沒有說今後要支持僑委會，這完全是兩回事。如果說他們心裡還是支持中華民國，那是僑胞本身的愛國心，我們當然很感激。但如果今後他們不支持僑委會的政策、不和僑委會來往，也不認同陳水扁是總統的話，你們可想而知僑委會在海外將會是多麼尷尬的狀況，所以特別要請你注意這點。

張委員長富美：

謝謝指教！

營委員志宏：

另外是你的「僑民三等論」理論完全建立在「資源不夠分配」的說法上，但是我請問你，國家的資源什麼時候足夠分配過？任何一個國家的資源都是不夠分配的；但是不能因爲這個原因，就把我們的僑民分成三等，尤其是你把我們的老僑列爲第三等。前任的僑委會委員長焦仁和先生曾說，抗戰時，我們政府所收到的捐款，有百分之八十五都是來自海外的僑胞，你想想看，那時候的僑胞是什麼呢？是不是都是老僑？

本席一直在協助抗戰時期在海外所發行的愛國公債兌現的工作，曾接觸當初購買愛國公債者的子女。每當本席看到一張張陳舊的愛國公債時，都非常感動，因爲每張愛國公債，都寓涵著一個感人的故事。這些人都是老僑，當初國家在抗戰危難時，他們並未想到自己「與國家的關係較淡薄」（張委員長語），他們在洗衣房做事，節衣縮食省下的錢，去購買愛國公債，以捐助國家。今天政府不還錢給他

們，表示「反攻大陸」才兌現愛國公債，不但向僑胞賴帳，而且反過來說他們是「三等僑民」，他們能不痛恨與憤怒嗎？委員長你要設身處地爲他們想想。

張委員長富美：

個人絕未將他們界定爲三等僑民之意，只因資源有限，如二年前印尼的排華運動時，中華民國政府也派機接他們回國，第一優先的是有中華民國國籍、護照的僑民，若尚有機位則安排給與我們有關的僑生，然後才能輪到也認同我們的傳統僑團、僑社，這是個人的思維模式。

營委員志宏：

所有的「分類、分等、分優先」的作法，都是分化僑社的作法，也是違反中華民國憲法的。你是學法律的，應該知道中華民國憲法，開宗明義就說「中華民國國民一律平等」。委員長你不要告訴我老僑沒有中華民國國籍，事實上很多老僑很珍惜的保有中華民國國籍，也是中華民國的國民。假若今天你將其「分等、分類、分優先」的話，就是違反中華民國憲法，要是你執意在海外落實這種歧視性的理論，你就會面臨「違憲」的挑戰，這個事情可能是無休無止的。

本席看到你提出的「僑民分級說之爭議」的書面資料，指出僑委會將會秉持服務所有「認同中華民國的僑民」的原則做事。所以，僑委會將來服務的原則，就是以其「是否認同中華民國」爲標準？

張委員長富美：

對！

營委員志宏：

若是如此，在美國有些社團，是不認同中華民國，而只認同「台灣共和國」的。如建國黨海外的社團至今不認同中華民國，部分的台灣同鄉會迄今仍不願掛中華民國國旗，不認同中華民國。今後僑委會，對於這些台灣同鄉會與建國黨的分支機構，是否也認定是服務的對象？

張委員長富美：

個人要設法去影響他們。

營委員志宏：

但你的報告指出是以「認同中華民國」爲原則。

張委員長富美：

原則也有例外的情形。

營委員志宏：

例外就可以不寫入報告嗎？你是學法律的。

張委員長富美：

個人不願寫得太長，這是原則問題的探討。

營委員志宏：

要說清楚、講明白，就不是長短的問題。爲了省幾個字，就不把這樣嚴重的例外列入？

張委員長富美：

以後就依照營委員之意。

營委員志宏：

要爭取他們是嗎？

張委員長富美：

對！

營委員志宏：

好，有許多人由大陸來到海外，一時之間，尚未能認同中華民國，但是他們若到我們海外的華僑服務中心參加活動，看到中華民國的國旗、聽到中華民國的國歌，將來也可能認同中華民國。對於這些由大陸來的同胞，有心要認同中華民國者，是否也爲服務對象？

張委員長富美：

個人在舊金山有服務僑胞的紀錄，我們是爭取當地的政府提供雙語教育，即教導英文，來選課的學生中，也有從中國大陸來的僑胞。

營委員志宏：

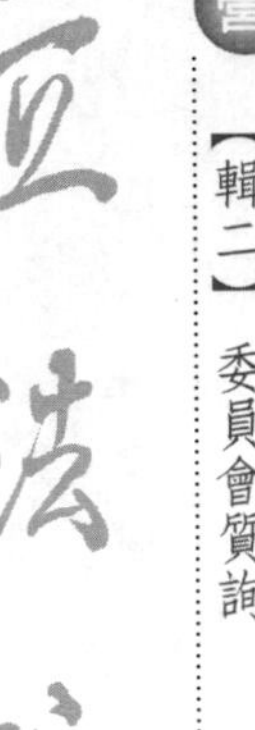

我不是談你個人以前做的事，而是談今後政府的政策問題。即今後僑委會在服務時，對將來可能認同中華民國的大陸同胞，是否列為服務的對象？

張委員長富美：

若為大院的政策，當然會努力的執行。

營委員志宏：

推到立法院身上？僑務委員會就完全沒有觀點、沒有立場和政策嗎？

張委員長富美：

目前僑委會是有關心這點，但到底做了多少，個人並不清楚。

營委員志宏：

既然你方才說主張台獨的社團，將來可能爭取他們認同中華民國，會予以服務，那麼請你對這些由大陸來，現在尚未認同中華民國，但將來也可能認同中華民國者必須一視同仁。他們認同中華民國後，對我們是非常有幫助的，將來中共要再犯台時，他們會認為這是不理智的行動，而予以阻止。希望你能注意到這一點，必須對他們一視同仁，這些人同樣是你服務的對象。

關於海外僑校的教育問題，你最近的一些做法，讓海外的僑民非常的疑慮，不知道將來僑教的政策是否會有所改變。請問將來給海外僑民小孩的中文課本內容會改變嗎？課本上是否會只有「我是台灣人」，而不說「我是中國人」？會不會把「台灣文化」從「中華文化」中予以分割為另一種文化？甚

至說「台灣不是中國的一部分」？這種事，會不會在你任上發生？

張委員長富美：

我們會對整個教材重新的評估，到目前爲止，僑委會都是用注音符號。

營委員志宏：

我沒有跟你說注音符號的問題。

張委員長富美：

個人會重新考慮，尤其是多元化的教材，如原住民朋友們，非常認同將文化遺產予以闡揚。

營委員志宏：

這些本席都贊成，但我問的是你是否會在課本中，只說「我是台灣人」，而不提「我是中國人」？

張委員長富美：

有關教材的部分，將找編輯委員會審查，個人也會予以關心。

營委員志宏：

你沒有回答本席的問題，即在教材中，是否會只提「我是台灣人」，而不說「我是中國人」？

張委員長富美：

應該不會吧！

營委員志宏：

你是不確定囉！

張委員長富美：

個人剛上任十天，尚未開始……

營委員志宏：

你是剛上任，但是僑委會的委員長已發表一段時間了，而且你在海外住了這麼久的時間，又當過僑選國代心裡會沒有定見？本席認爲你是在逃避這個問題，而非準備不夠。

張委員長富美：

我的爲人，您總該相信吧！我是老老實實，講實在的話。即到目前爲止，我們是在作業務報告。

營委員志宏：

你今天若不作肯定的答覆，海外的華僑就無法放心，沒有人能對未來的僑教政策放心。這個消息傳至海外，會是非常嚴重之事。

至今爲止，你對「僑民三等論」未做徹底的交待。你上次至新黨黨團見面時，曾經應新黨的要求，爲你的說法作了道歉。今天，在很多的委員要求下，你又再度作了道歉，但是在道歉的過程中，我們看得出是「心不甘，情不願」。本席以爲這種道歉，仍是不夠的。你要做的事情，是要做個書面的道歉，而道歉的文字中，不能夠不徹底，不能以外交辭令來迴避，譬如「若」對台灣海外僑民有侮辱

的話，我「感到」報歉。這種花俏式語言的道歉，根本沒有誠意。本席認為要道歉，就要直接了當的道歉。而且道歉本身不是重點，你必須宣布收回你所說的話，而且向僑胞保証絕不以行動落實「僑民三等論」。

另外本席聽到你說的一句話，感到不放心。即你說這種事「只能做不能說」。即使是你聽別人講的也好，你是心裡有此印象才會脫口說出這種事「只能做不能說」。我們是否可在這裡作個結論，即目前為止，你心裡所想的，是「以後不說僑民三等論」了，但仍要「去做此事」是嗎？

張委員長富美：

這是要怎麼解釋的問題，只是有人跟我反映，指我太天真，認為這種事只能做不能說。

營委員志宏：

是你脫口而出的？

張委員長富美：

不是的。

營委員志宏：

你準備「只做而不說」？若是如此，海外華僑仍然不會放心，你到海外時，可能仍要吃雞蛋。我們實在不願意看到你到海外時吃雞蛋，因為你是政府首長，那到底是不體面的。本席建議你作個書面的道歉，徹底的向海外僑民道歉，並且將你所說的話，全部收回，同時保證今後絕對不會落實你曾經說的這些錯誤的話，這才是對僑民完整的交代。若你能這麼做的話，相信海外的僑胞，一定可以對你表示諒解，你願意這麼做嗎？

張委員長富美：

到目前為止，如越、棉、寮部分，即一再強調沒有提起越、棉、寮這三個字，就認為我是歧視，不能接納他們，像這種話眞的是誤解，對我而言，越、棉、寮是在傳統僑團，僑社的範疇中，可能以往僑委會是把他們歸類為新僑，所以，越、棉、寮就反彈，即我提到新僑，是指台、澎、金、馬，而未包括越、棉、寮，這種問題是相當的複雜，我要進一步的私底下與他們溝通。

營委員志宏：

你只是「私底下與他們溝通」，而不願意作正式完整的道歉，同時保證不落實你的政策？

張委員長富美：

這不是我的政策，不能我一人說了就算，這個政策一定要經過法定程序。

營委員志宏：

僑委會的政策，僑委會的委員長說了不算，那誰說了算？不算的政策能隨便亂說嗎？海外僑胞聽了你今天的這些話，會非常的失望。謝謝答詢。

民國八十九年五月三十一日於立法院

外交部「希望參與」外交決策？——質詢外交部長田弘茂

營委員志宏：

主席、各位列席官員、各位同仁。首先恭喜部長，部長是學者從政，希望能帶來一番新的氣象。剛才蔡同榮委員做了一點「理念的宣揚」，所以我也在此做點「理念的宣揚」，蔡委員說今後外交部有關的組織跟會議應該用「台」字，而不用「中華民國」的字眼。對於這點，我提醒外交部絕對不可以這麼做，因為我們現在的國號是「中華民國」，陳水扁總統口口聲聲提到的也是「中華民國」，所以沒有不把「中華民國」國號放在組織跟會議的名稱中的道理。如果說因為對面也用「中」字的縮寫，擔心混淆，那麼我建議我們就用「華」作縮寫字，彼此就不會混淆，不曉得部長先生覺得如何？可否請您簡短的回答一下？

田部長弘茂：

主席、各位委員。現在我們的慣用名稱中，例如，外賓來訪時，有以「來華」訪問稱呼的，所以我們已經在使用了。

營委員志宏：

所以說我們絕對不會用「台」字來取代中華的「華」，對不對？

田部長弘茂：

我想這個不是替代的問題，在國際社會上有很多不同的場合，有時候用甚麼名稱不是完全能由外交部決定的。

營委員志宏：

但是在外交部可以做決定的範圍內，你是否會使用「華」字？

田部長弘茂：

官方上我們絕對是尊重中華民國的體制。

營委員志宏：

謝謝你，我也肯定你。另外我想討論一下關於外交部長這個角色的定位問題。對於前任外交部長胡志強先生的能力，我們是很肯定的，對於他在外交部長任內的表現我們也肯定，但是有一件事讓我們印象深刻，是件非常遺憾的事，就是關於援助科索沃一事，胡部長在此事的決策中幾乎完全被架空，連三億美金的數目字他都不知道，後來外交部也是用「唾面自乾」的方式處理這件事，我很遺憾，也不希望此事再度發生在田部長身上。然而我剛才聽到田部長回答問題時，表示你「希望」將來外交部在決策上有自主權和控制的權力，聽了這句話，我又覺得非常不安，因爲你本來就有這個權力，怎麼還要「希望」有點自主權呢？你在「希望」誰？這讓我非常不放心，不知道這是否代表你們

仍然想把決策權讓給國家安全會議，讓一些憲法上的幕僚單位來作決策，而外交部長只等待著執行呢？我非常不安，是否可請你澄清一下？

田部長弘茂：

謝謝營委員的關心，我個人也有同感，事實上我剛才已經提過，過去我對我國的外交決策是由身爲學者的立場來瞭解，針對科索沃三億美元援助案的整個決策過程，正如您剛才及報導雜誌所提，不全然是由外交部作決定，因此我個人有感，希望以後外交部在大的外交政策上更能有參與制定的空間。

營委員志宏：

部長是否認爲外交部應該是決策的主要單位與主要角色，而不只是「參與」？我聽到你口口聲聲說「希望參與」，這讓我覺得奇怪又不放心。

田部長弘茂：

根據憲法規定，總統對外交部跟國家安全方面有最高的制定權。

營委員志宏：

我的解釋不是如此，我們的憲法增修條文是說「總統爲決定國家安全有關大政方針得設國家安全會議」，然而總統只是決定國家安全的「方針」，所謂方針是指大目標、大方向，不是指Detail，三億美金是Detail的事。外交部長毫無疑問有主要的決策權力，希望你不要自己放棄這個權力，否則會讓我們

很失望，如果你能挺起腰桿爭取決策權，立法院一定會全力作你的後盾。

田部長弘茂：

謝謝你。我不會主動放棄。

營委員志宏：

還有，關於人權外交方面，我有一點感想，也有一點憂慮。感想是陳總統的演說中提到了人權，人權我們非常歡迎，但是人權的主要作法、方向應該是在國內，譬如說設立「國家人權委員會」、在立法院通過人權的國內法，或者是作人權教育，這都應該是在國內來做，應該確確實實的提昇國內的人權。至於應用在外交方面，我們也不反對，但是這到底是一個邊際功能而已，不要把它當作一個主要策略來用。我們的人權紀錄也不是那麼好，不是個「人權大國」，絕不到新政府可以沾沾自喜的地步。我們不要「本末倒置」，在國內提昇人權才是「本」，但那不是外交部的主管範圍。所以我是否可以請部長轉告唐飛院長及陳水扁總統，千萬不要本末倒置？

田部長弘茂：

謝謝，我會轉告。

營委員志宏：

我還有一點憂慮，我們的「人權外交」到後來會不會變成「金錢外交」？我們以前的外交部一向要去援助其他國家，說是投資，但是後來發現投資根本是血本無歸，是變相的一種金錢外交。請教部

長先生，將來以人權作名目去援助弱小的國家，後來會不會又變成金錢外交成爲金錢外交的煙霧彈？

田部長弘茂：

我們不會這樣做，我們會想辦法避免。

營委員志宏：

好，聽到你這句話，我們會看外交部將來怎麼做。另外我想跟你談件事，這件事發生在您就任之前，總統選舉後，我們的某些駐外單位已經開始看風向球、揣摩新政府的上意。多倫多的外館在發出邀請僑胞參加陳總統就職的慶祝活動的信函中，已經把中華民國的國徽去掉，而且把「中華民國」四個字從信的內容去掉，這不曉得是何心態？這是一種揣摩上意的行爲，我們的國號還是中華民國時，他就已經這麼做了，這樣背叛國家的公務員還要得嗎？請問部長知不知道這回事？

田部長弘茂：

這個事情已有人向我提到，我個人認爲這是不對的，我會把詳細的情況要外館報回來以利徹查。

營委員志宏：

另外一件事是傳聞，我們駐芝加哥的外館在討論籌備慶祝陳總統就職活動時，處長曾經提到是不是要把中華民國的國旗拿開，爲屬下所阻，不知道部長是否聽過這件事？

田部長弘茂：

這件事我還沒聽過，謝謝營委員的告知，我們也會徹查，這種作法是不對的。

營委員志宏：

既然你認爲這兩件事都是不對的，就請部長先生一定要徹查這件事。如果確有其事，一定要嚴加處分，因爲這樣的公務員是出賣自己的國家，在國家國號尚未改變時就做出這樣的處置，是不忠於職守。部長先生是否也是相同看法？

田部長弘茂：

我想我們一定會徹查這件事。

營委員志宏：

如果有的話，你是否會做處置？

田部長弘茂：

我們會處理。

營委員志宏：

我是說處置。是不是可以把徹查的情形、眞相及處置的結果送份報告給立法院？

田部長弘茂：

可以。

營委員志宏：

大概甚麼時候可以完成？

田部長弘茂：

我們儘快處理這件事。

營委員志宏：

大概要多久的時間？

田部長弘茂：

現在很難講。

營委員志宏：

兩個禮拜之內我等著部長的報告。謝謝。

民國八十九年六月一日於立法院

「說不清楚」也「講不明白」！——質詢駐日代表羅福全

營委員志宏：

主席、各位列席官員、各位同仁。

羅代表方上任，本席想知道一下你的背景與未來的走向，希望你不會介意。首先，請教羅代表，聽說你曾參加「台獨聯盟」？

羅代表福全：主席、各位委員。是的。

營委員志宏：曾經擔任何種職位？

羅代表福全：我擔任過中央委員。

營委員志宏：擔任過中央委員，那麼你在台獨聯盟有多久的時間？

羅代表福全：在美國講起來是一九七〇年。

營委員志宏：一直到現在嗎？

羅代表福全：

對。

營委員志宏：

現在還是台獨聯盟的成員？

羅代表福全：

對。

營委員志宏：

現在還是台獨聯盟的成員，那台獨聯盟是什麼樣的主張？

羅代表福全：

啊！這個呢！當然是，我們是對於這個台灣的這個將來有很大的期待，但是我剛才上面已經報告過了……

營委員志宏：

是不是主張「台灣獨立」？

羅代表福全：

啊！這個呢！我想是在我們憲法保証言論自由的範圍……

營委員志宏：

是主張「台灣獨立」的是不是？

羅代表福全：

言論的自由，我想在我們國家是有充份的保障。

營委員志宏：

當然啦！但是我要你直接回答我的問題，是不是主張「台灣獨立」？

羅代表福全：

這個是你要把台灣的定義要先搞好，我才能知道……

營委員志宏：

台灣還有什麼定義？台灣就是台灣啊！

羅代表福全：

好比講，我們正式用中華民國台灣……

營委員志宏：

中華民國台灣？你的意思是說，現在的政府是叫「中華民國台灣」，是不是這個意思？

羅代表福全：

這是一個主權獨立的國家。

營委員志宏：

你答非所問嘛！我問你的是我們的國號是什麼，你說這是一個主權獨立的國家，這就叫做「答非所問」！

代表先生請你不要答非所問。

羅代表福全：

我是不是可以將這個問題這麼說，現在我在國內也看到五星旗在飄揚……

營委員志宏：

你看到五星旗？

羅代表福全：

我覺得我們今天中華民國的民主制度已經糟到某種程度……

營委員志宏：

五星旗是某些人在放，我今天問的是你，不是「他們」。

羅代表福全：

我就說我宣誓就職以後，完全放棄個人的立場。

營委員志宏：

我到現在完全沒有對你個人的主張做任何的臧否，我只是問你「事實」啊，所以你應該以「事實」回答我，我沒有做任何贊成或反對啊！不要這麼敏感，連話都不敢回答。

羅代表福全：

個人的思想自由是憲法保障的，我不用去在這定義這些主張。

營委員志宏：

因爲我想瞭解你的背景，我剛已經說明白了。你現在是不是還是主張「台灣獨立」呢？

羅代表福全：

我不會把個人的意見放在代表的職位上，代表國家我就是代表國家，我完全沒有個人的立場。

營委員志宏：

你的立場就是代表中華民國嘍？

羅代表福全：

對。

營委員志宏：

還是「中華民國台灣」？

羅代表福全：

百分之百我忠於這個中華民國台灣的這個……

營委員志宏：

那還是「中華民國台灣」啊！不是中華民國。

羅代表福全：

中華民國是，就是中華民國。

營委員志宏：

就是「中華民國」，好，你要說清楚講明白啊！你現在是外交官，你是駐外的代表，說不清楚講不明白會發生誤解的，對不對？假如說你心裡不是這個意思，也會發生誤解的，對不對？

羅代表福全：

我從就任以後，我對這個問題百分之百的站在國家的立場。

營委員志宏：

外交官首要的條件就是要「說得清楚」，你要說得清楚才行，我發現你今天就是說不清楚，是非常讓人遺憾也擔心的事情。

您沒有日本國籍？

羅代表福全：

沒有。

營委員志宏：

是「從來沒有」，還是「現在沒有」？

羅代表福全：

從來沒有。

營委員志宏：

那您以前有美國國籍？

羅代表福全：

從七三年以後我有美國國籍。

營委員志宏：

現在已經放棄了？

羅代表福全：

已經放棄了。

營委員志宏：

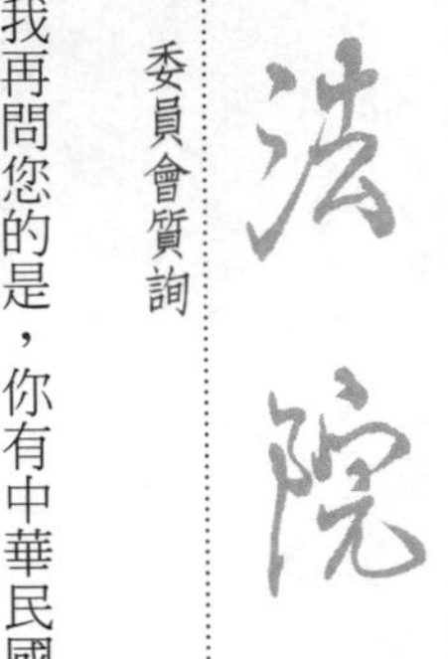

那我再問您的是，你有中華民國國籍？有中華民國的護照？

羅代表福全：

對。

營委員志宏：

什麼時候開始有？

羅代表福全：

我留學的時候就拿中華民國的護照出國，有一段期他們沒有給我延期，但是我在九二年恢復。

營委員志宏：

你在九二年恢復拿到中華民國的護照？

羅代表福全：

因爲以前是他們不給我延長。

營委員志宏：

我現在期勉你的就是，你以前的事情是另外一件事情，我們不會追究這個事情，但是你現在是「中華民國」的駐外代表，要嚴守「中華民國」的立場，如果你嚴守中華民國的立場，我們對你沒有任何成見，這點可以跟你保証；但是，如果你不守「中華民國」立場，我們會嚴厲的監督，而且會不斷的糾正你。

你出任駐日代表是哪一位先生的推薦？

羅代表福全：我自己都不曉得。

營委員志宏：你自己都不曉得，您跟陳水扁總統熟不熟呢？

羅代表福全：我是在公共場合見了幾面，因我在國外跟他沒有私交。

營委員志宏：跟陳總統沒有私交？那到底是什麼原因讓陳總統賞識您，讓你當駐日代表？

羅代表福全：我想這個陳總統可以回答這個問題。

營委員志宏：陳總統可以回答這個問題？您是要陳總統來回答這個問題？

羅代表福全：老實講，我自己完成是意外，我四月三十號，我退休回來，準備在台灣過個平凡的生活，所以我

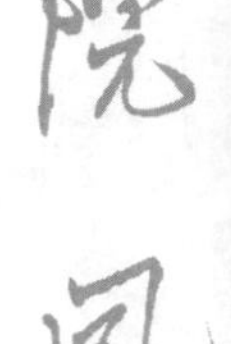

自己也沒有做什麼規劃，所以完全是從天上掉下來的。

營委員志宏：

所以你這件事情不是說不去弄明白，你要去弄明白，你要自己瞭解爲什麼人家要你去做駐日代表？你的長處到底在哪？將來你才可以發揮。我們也有興趣到底是誰推薦你，到底陳總統爲什麼會賞識你？是你的意識型態呢，還是你眞的有些我們現在還看不明白的長處。

我看到你的報告了，有很多點，例如說釣魚台列嶼的問題。在四月二十九號的時候日本右翼團體「日本青年社」在釣魚台設立神社，我們代表處也在五月一號、五月二號向日本政府提出抗議，這個是以前的事情，你上任以前的事情，請問抗議的內容是怎樣？你瞭解不瞭解？

羅代表福全：

我非常瞭解。

營委員志宏：

是怎麼樣的內容？

羅代表福全：

第一個，我們堅持我們對釣魚台之主權……

營委員志宏：

在駐日代表處提出抗議後，日方的反應是怎樣？

羅代表福全：

日方可以說是各自表述。

營委員志宏：

他們有他們的表述，那他們表述後我們有沒有進一步的行動，在五月二十號您接任以後？

羅代表福全：

因爲我五月二十九日宣誓，五月三十號到日本，到今天只有差不多十天的工作天，我對於這個事情，還沒有做到這一點。

營委員志宏：

有沒有想對日做「更一步的表示」？

羅代表福全：

我們有自己的立場，當然以我們的立場對日交涉。

營委員志宏：

我們現在的立場，是不是要對這個問題做「更進一步的表示」？

羅代表福全：

這個幾個原則是非常重要，其中有一個比較現實的問題就是漁業的問題。

營委員志宏：

這個問題我們的「下一步」是什麼呢？

羅代表福全：

第一個是堅持我們的立場，第二個是同意漁業方面……

營委員志宏：

下一步代表處表示準備對日本方面做什麼樣的表示？

羅代表福全：

每一次要表態我們的立場。

營委員志宏：

什麼時候會表態？

羅代表福全：

當然是每一次我們跟他接觸……

營委員志宏：

每一次是這個月還是下個月？

羅代表福全：

這個我會馬上跟我們處理面安排程表……

營委員志宏：

什麼「程表」？我們會跟日方做進一步的表示、進一步的抗議，是不是？好，我們會密切的注意這個發展，希望你不要說了就算了。

對於「慰安婦」，我們將來會對日方做什麼樣的交涉？

羅代表福全：

其實慰安婦的問題有兩個問題，一個是原則的問題，我們一定要日本公開道歉的賠償，並不是用民間的方法。

營委員志宏：

你用什麼方法讓他做到這一點？

羅代表福全：

這個五月二十四號左右，我們幾個委員在那裡向日本國會提出這個案件，這個案件因為國會解散而變成廢案，但是這個六月二十五日……

營委員志宏：

你有沒有信心可以完成這個慰安婦的正式道歉？

羅代表福全：

就是說六月二十五號新的國會我們應該再提出。

營委員志宏：

有沒有信心？

羅代表福全：

這信心是要做到那一點，但是我們一定要提出。

營委員志宏：

所以是「沒有信心」，對不對？

羅代表福全：

不是這個問題。我一定要努力實現。

營委員志宏：

是「有信心」，還是「沒有信心」？

羅代表福全：

看你這信心是怎麼定義？

營委員志宏：

奇怪了，信心還要怎麼定義，信心就是信心。

再度讓我感覺到，大使您「講不清楚，說不明白」。

「對日索債」的問題也是一樣，你有什麼辦法能夠做的到呢？

羅代表福全：

這個案件，在報告裡面有報告這個行程。

這個是很長久的交涉，所以交涉的過程就是在這個報告裡面。

營委員志宏：

報告裡面我看不出來「信心」。

羅代表福全：

信心就是我們要很耐心來繼續……

營委員志宏：

代表先生說到現在為止，我只發現你說「要去做，要去做」，但是你說不出一個做事辦法來，也表達不出來你的任何信心，這個讓我們非常非常遺憾，也對你毫無信心。

另外一點，我想再討論一下，剛才我跟蔡同榮委員的語言爭議，我跟你說我並沒有排斥任何的語言，台語也是中華民國的語言之一，我當然不會排斥台語。我所以要請你在講台語後再講一次國語的原因，是因為你到這來是政府的官員，官員要跟我們委員說明，其實我也不是聽不懂台語，但是在立法院議事是非常嚴重的事情，要做到百分之百的清晰，如果有一點點差異，你說的話讓別人誤解的話，這個情況就很嚴重了，政府的損失就大了。希望你能理解這個原則，將來以後你在大使的位置上，也用同樣的原則，將來你在跟我們僑胞、同胞講話時候秉持這個原則去做，用大家都聽得懂的語言跟大家交往，才能讓僑胞百分之百的瞭解，才能拉進彼此的距離。

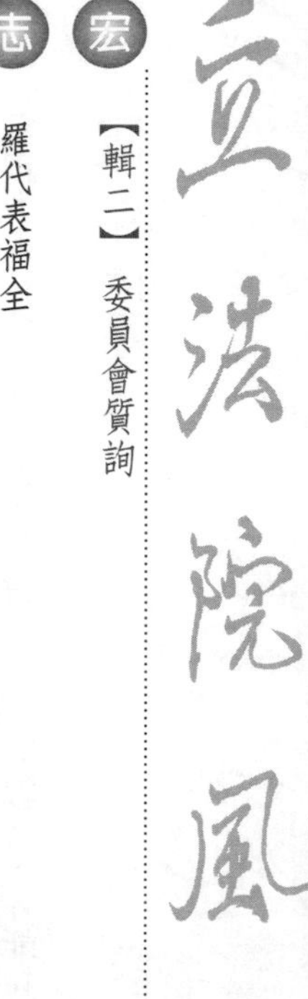

羅代表福全：

到今天為止，我在日本對於僑胞以開演講我都是用國語。

營委員志宏：

希望你稟持這個原則。我再說一遍，我對你沒有任何成見，以前的事就是以前的事，但以後的事我一定會密切監督，若有不對的地方，有用個人意識型態影響政策的地方，我們也會立即給予糾正！

民國八十九年七月三日於立法院

通用拼音與母語教學——質詢教育部長曾志朗

營委員志宏：

主席、各位列席官員、各位同仁。

請問部長，有關漢語拼音與通用拼音一事，現在到了什麼階段？何時、由誰來作最後的決定？

主席：請教育部曾部長答覆。

曾部長志朗：

主席、各位委員。這是行政院教改推動小組交付給教育部進行研議的，現在很多人都誤解了，原

來在台灣所使用的注音符號使用得很好，大家也都很滿意，雖然每個符號都有它的問題，但是大家使用幾十年了，……

營委員志宏：

這個過程本席瞭解，本席要問的是何時、由誰來作最後的決定？

曾部長志朗：

我們對於所交付的問題會做最後的裁定，然後送回給教育改革推動小組。

營委員志宏：

所以是由教改小組作最後的決定？

曾部長志朗：

對，他們作好決定後，會送到行政院做最後核定。

營委員志宏：

所以是由行政院作最後核定？

曾部長志朗：

是的。

營委員志宏：

部長在這個週末會作出自己的決定？

曾部長志朗：

是的，我們會根據各方的意見，做最後的建議案。

營委員志宏：

部長做這個最後建議案的最大考量爲何？

曾部長志朗：

我最大的考量是現在所提出的修改方式，是否符合我們原來的目標。

營委員志宏：

最近這幾天來，社會對此有很多的反應，本席認爲決定這個案子的最重要因素應該是我們能不能與國際接軌，到目前爲止，我們最重要的任務是走入國際社會，政府不是說要成爲亞太營運中心嗎？若是我們的系統與國際的不同，我們的小孩子到國外將沒有辦法去查資料、我們的商人也將無法進入狀況，這都是非常嚴重的事。本席在報上看到曾部長所發表的一些談話，個人非常有信心部長會對是否能與國際接軌做最大的考量。

另外，國語推行委員會做了一個決議案，該決議表示在海外也是要用通用拼音，理由是僑委會已於八月二十五日在海外與大家達成共識，本席要告訴部長，國語推行委員會在胡扯，並沒有這個共識，據本席瞭解，八月二十五日，僑委會與中文學校的一些人談話時，大家都很驚訝，居然搞出通用

拼音，大家都搞不清楚這是什麼，所以絕對沒有這樣的共識存在。

曾部長志朗：

營委員也知道我對僑界的發展非常的瞭解。

營委員志宏：

假若國內作出決定要用漢語拼音，僑委會不可以自己去搞通用拼音，也不可以走在教育部的前面，希望部長能瞭解這一點，該堅持的時候要有所堅持。

曾部長志朗：

我會把營委員的意見轉呈行政院。

營委員志宏：

好的，非常謝謝部長。部長是個有國際觀的讀書人，對於國家有利的事，本席希望部長能堅持理念。

另外，本席贊成母語教學的走向，畢竟小孩子多學一種語言也是好事，同時也能促進我們對鄉土的重視，但是其中有一些事必須先做深度的研討，請問部長，我們會準備多少種的母語供小朋友選擇？

曾部長志朗：

原住民的語言大約是九種到十一種，另外，還有客家話及閩南語，這些是準備得比較好的。

營委員志宏：

部長認爲十三種母語就夠cover台灣所有人的母語嗎？

曾部長志朗：

應該是不夠的，所以我們還有一個案子是包括其他的方言，如果有可能，我們也會幫忙。

營委員志宏：

您說可能，本席看是不可能了！

曾部長志朗：

這很難說。

營委員志宏：

目前你們打算納入母語教學的原住民的語言有九種，但是原住民的語言很多，部長知道原住民的語言有多少種嗎？

曾部長志朗：

不可能到這麼細的部分，我認爲能夠代表那個群族的語言就可以了，不用細到每一種小方言的層次。

營委員志宏：

日月潭有一個族群是邵族，請問部長，他們的語言有沒有cover在母語教學中？

曾部長志朗：

應該是有。

營委員志宏：

是哪一種語言？

曾部長志朗：

就是邵族的語言。

營委員志宏：

但是你的報告中並沒有提邵族的語言？假若你們要母語教學，就該讓每個人都有機會學習到自己的母語，否則就不應該用「母語」這個名詞。請問部長，馬祖的人是否有機會能學習到福州話？

曾部長志朗：

因爲當地有一些耆老，他們可以教，所以馬祖人應該可以學習到福州話。

營委員志宏：

部長打算在馬祖也實行母語教學，也就是福州話的教學？

曾部長志朗：

只要有教師，並且其他的語言可以包括，應該就是包括在內，我這個星期日會到馬祖去看一看。

營委員志宏：

台灣有多少人的母語並沒有包括在這十三種語言中？

曾部長志朗：

有很多。

營委員志宏：

部長準備對這些人實施何種母語教學？

曾部長志朗：

大部分是以國語爲主，國語還分北方官話及南方官話，也是涵蓋了相當多華語方面的語言，以廣東話來說，也可以找到老師來教，應該不會有很多問題，也就是說，比較顯明的、找得到老師的，應該就可以施行。

營委員志宏：

除了廣東話之外，有多少種？

曾部長志朗：

應該有很多，以群來說，有粵語、閩南語、北方官話、南方官話等等，只要有語言的老師即可，不一定要細到每一個單一的方言。

營委員志宏：

部長以教育工作者的態度，當然可以這樣說，但是學生或是學生家長可能就不這樣想了，他們可能會認爲別人有機會學習自己的母語，爲何我不能學習自己的母語？本席不相信部長能把山東話、山西話或是四川話都拿出來教，這是不可能的。

另外，部長的報告是「國中依學生意願自由學習」，這是很好的，但爲何國小學生就變成是必選呢？大約有百分之十幾的人會發現自己的母語不在其中，但是名稱卻是母語教學，這是不對的，難道要他們選擇不是自己母語的語言來當母語嗎？這就變成名不正言不順了！學生本來對客家語、閩南語很有興趣，但那並不是他的母語，可是名稱又是母語教學，這樣就不對了。

曾部長志朗：

課程標準的名稱是鄉土語言，不是母語。

營委員志宏：

將來這門課程的名稱不是母語教學，而是鄉土語言教學？

曾部長志朗：

是的。

營委員志宏：

這也是本席原本想向部長建議的，所以本席肯定鄉土教學這個名稱，但是你的報告還是「推行母

語教學」，請問部長，以後會不會改過來？

曾部長志朗：

好的，我們會把這部分改過來。

管委員志宏：

這是一個重要的觀念問題，否則很多人會發現自己的母語不在母語教學課程中，這樣就不對了。另外，本席建議鄉土語言教學應該用選修的方式，而非必修的方式。

曾部長志朗：

有關這個部分，今天早上已經有很多委員做此建議，我們會列入考量，而且這還牽涉到師資等各方面，所以我一定會嚴肅的看待此事。

管委員志宏：

本席相信師資也是不夠的，請問部長，師資夠嗎？

曾部長志朗：

我們希望在培訓的過程上，利用兼任、認證等其他方式來促成鄉土語言教學的可能性，師資是培養出來的。

管委員志宏：

但是馬上就要實行了，而且部長希望能納入所有的語言，如此一來，師資絕對是不夠的，若是如

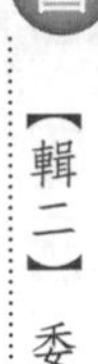

此，爲何不將此課程用選修的方式來施行？

曾部長志朗：

政策是延續性的，但是有關這個部分，我會好好的思考，並研究配套措施是否能做到。

營委員志宏：

鄉土語言教學目前在實驗階段，本席認爲既然是實驗性質，最好不要以必選的方式來實施，如此才能知道此實驗是否可行，如果一開始就是必選，不但師資、教材沒有辦法配合，一開始就走上這條路並不妥當，所以本席希望部長能審慎的研究，將鄉土語言教學都訂爲選修的課程。

曾部長志朗：

我會慎重的考量。

營委員志宏：

另外，有關台商子弟學校一事，本席非常支持教育部做這件事，東莞的台商學校已經開始了，請問部長，我們對於台商學校做了何種協助？

曾部長志朗：

校長是我們這邊過去的，是我的學長，老師也是由我們這裡調派過去的，而學生將來在寒暑假時回來的補修教材也是部裡面幫忙的。

營委員志宏：

將來是否會陸續設立這些台商學校？

曾部長志朗：

這要以各地的發展情況來做考量，有人提出來是否應該往前走，當然部裡面是玉成這件事。

營委員志宏：

好的，謝謝部長，希望部長能繼續支持台商學校。

曾部長志朗：

好的，謝謝。

民國八十九年十二月於立法院

她是多麼偉大的人才？——為蕭美琴事質詢總統府祕書長游錫堃

營委員志宏：

主席、各位列席官員、各位同仁。

本席要先為今天的主席馮滬祥委員講幾句公道話；今天他在這裡發言時，本席並不在場，所以說了什麼事情，本席不能評論。但是本席知道，今天他在發言台發言時並不是主席的身分，而是和每一個人一樣，都是發言委員的身分；所以今天民進黨委員在這裡動不動就說「今天的主席怎麼樣」，是完全錯誤的事，因爲他並非以主席的身分在此發言。我們知道「立法委員行爲法」裡禁止的是「辱罵」，不得有「辱罵之言詞」，本席雖未完全聽到馮委員的談話，但是本席聽到的部分並沒有辱罵的成分；本席今天下午在此聽到的，倒是有民進黨委員在這裡說「三八！」「ㄒㄧㄠ話！」；我們平靜的想想，這句話有無「辱罵」的成分？「三八」和「ㄒㄧㄠ話」不是辱罵，還有什麼是辱罵？他把秦慧珠的名字也說出來了，可以辱罵自己的同仁嗎？不可以的。你們自己檢討一下，不要專門指責一個人。

另外，請教秘書長，方才我們收到了蕭美琴女士致馮委員滬祥的說明書，它還是on the record，非常正式的東西；但是內容實在是不敢恭維。本席在此做個評論，她在第三段裡說「我的護照是號碼X開頭的華僑護照，這本護照，除了入境中華民國之外，沒有一個國家承認。」本席要告訴大家，本席拿的也是X字頭的護照，相信那邊坐的關沃暖委員也是；但是這本護照好用得很，我們走遍世界三、四十個國家，每次拿的都是X字頭護照，一點問題都沒有，爲什麼獨獨蕭美琴有這個問題？這是很奇怪的事情。身爲總統府顧問，不可以這樣侮辱自己的國家！不可以這樣侮辱我們自己的護照！請問游秘書長，這是什麼道理？她又提到「如果今天我在沒有拿到台灣戶籍前，就放棄美國籍，在台灣的工作又沒有的話，我三個月後就會成爲無戶籍的國際流民。」好可憐啊！台灣不能住，哪裡也不能去，方才關委員說他也沒有戶籍，他也是拿X護照，你看他像不像國際流民？他還happy得很哪，絕對不是國際流民！唯有蕭美琴女士有這層顧忌，怕會變成國際流民。可真奇怪了，你說一年之內拿不到戶籍，其實蕭美琴在台灣已經四年了，還說拿不到戶籍，是你自己不願去拿罷了。事實上拿不拿戶籍，

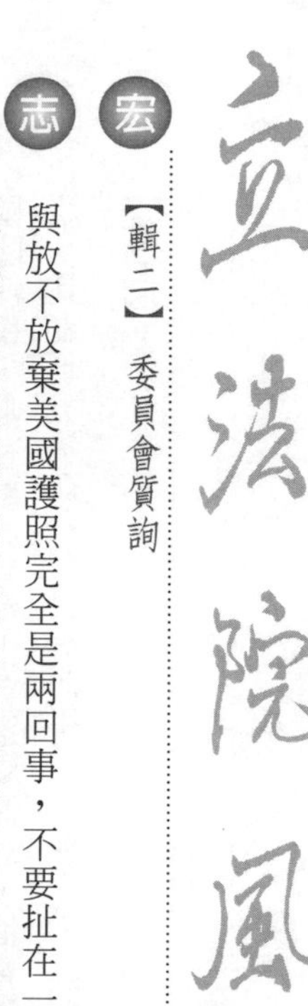

與放不放棄美國護照完全是兩回事，不要扯在一起。把自己說的這麼可憐，不禁令本席想起朱婉清，朱婉清老是說她不能回來是美國政府不讓他回來；今天蕭美琴說「我沒有辦法，我辛辛苦苦要拿台灣戶籍，中華民國政府就是不給我。」這是多麼可笑的事情！然後，就拿這個藉口說我不放棄美國國籍。你自己不願放棄美國國籍也就罷了，竟然推在我們政府身上！國家這麼高層的人物——總統府的顧問，不能說謊話！你不要放棄就說你不要放棄嘛！關委員不是放棄了嗎？我們大家都放棄了，放棄美國國籍有這麼痛苦嗎？還要編這麼多理由，這麼多的藉口嗎？完全是胡扯！請問游秘書長，蕭女士的頭銜到底是什麼？

主席：請總統府游秘書長說明。

游秘書長：

主席、各位委員。她是顧問。

營委員志宏：

顧問應該做顧問的事，她的說明書中說她是擔任「總統府不具機密性的涉外事務研究、英文傳譯及文稿審核的工作」，這是顧問應該做的事情嗎？本席認為這是機要秘書應該做的事，是外傳她的真正頭銜「機要室副主任」的職責，而顧問應該是總統有問題問她，她負責答詢，是某方面諮詢的工作，現在怎麼是做「翻譯、審核文稿」的工作呢？

游秘書長：

因爲目前在機要方面不一定有這樣的人才，而她所執行的潤稿、審稿工作，等於是擔任顧問，提供她的意見。

營委員志宏：

蕭女士是多麼偉大的人才？請問我們現在是「民國初年」、還是「滿清末年」的時候？一個英文的人才這麼缺乏嗎？如果說現在是滿清末年，能精通英文、也能夠擔任翻譯工作者大概只有少數人，恐怕就是容閎等幾個。但以現在的台灣來說，能夠做英文口譯及起草英文文稿工作的人，可以說是「車載斗量」，隨便到街上去都可以找到這樣子的人，她有多了不起？在美國獲得「國際關係碩士」學位的人很少嗎？事實上，在美國任何一個城市走一圈都可碰到幾百個唸國際關係的留美碩士，是這麼偉大都找不到的人才嗎？這不是很可笑的事嗎？這不是騙人的事嗎？

關於有無違法方面，秘書長表示沒有，但依照國籍法第二十條第三款的規定，「中華民國的國民取得外國國籍者，不得擔任中華民國公職」。但各機關專司技術研究設計工作，而依契約另聘非主管職務不在此限，但以具有專長或特殊技能，而在「我國不易覓得的人才」，而且「不涉及國家機密的職務」者爲限。蕭美琴這樣的人才在我國是「不易覓得的人才」嗎？我告訴你她這種是可以「車載斗量」的人才。至於是否可用聘僱人員的方法來聘僱，本席認爲是不可以的，絕對會違反國籍法，她的職務不可能「不涉及國家機密」，她是替總統當翻譯，當她替總統翻譯時，哪裡有不觸及國家機密的可能？這個職務，外交部找不到人來做嗎？外交部是幹什麼的？假如外交部找不到人，我們乾脆把外交部關掉算了！外交部不找人來做，非要找蕭美琴來擔任，你還表示沒有違法，其中不但違反了「國籍法」，亦

違反了「聘用人員聘用條例施行細則」，條文中規定，本條例所稱爲應業務需要發展科學執行專門技術，「非本機關現職人員所能擔任者爲限」。這麼大的一個總統府，在現職人員中，沒有一個人能擔任蕭美琴目前的工作嗎？秘書長，你自己說總統府難道連一個翻譯的人都沒有嗎？這還不違法嗎？她至少違反了兩個法，一個是「國籍法」，另一個是「聘用人員聘用條例的施行細則」。秘書長，違法就是違法，不該聘用就是不該聘用，你不要再替她遮掩，遮掩也遮掩不住。

游秘書長：

謝謝營委員寶貴的意見，我請人事處的朱處長說明。

主席：請總統府人事處朱處長說明。

朱處長永隆：

主席、各位委員。

固然就營委員所提到的，現今社會很多人英文造詣都很好，但最主要的是能夠非常配合總統的意思，並精準地從事翻譯，也就是與總統之間的語言配合度要很高。

營委員志宏：

我們的總統有什麼特別的語言習慣，非要翻譯人員跟他配合？眞奇怪，爲何我看不出來總統有什麼特別的語言習慣，他的鄉音很重，還是他口齒不清、發音困難，別人都搞不懂他的意思？非要有人與他配合不可嗎？外交部難道找不出這樣的人才？

朱處長永隆：

如果就國籍法的規定，我們認爲沒有違法之虞。

營委員志宏：

你們認爲沒有，但我剛才提到的問題你仍未說明。

朱處長永隆：

因爲我們認爲她具備的職能是總統府目前不易覓得的稀少人才。

營委員志宏：

那秘書長你應該覺得慚愧，這麼大的總統府找不到一個翻譯人才，這不是很可笑嗎？外交部的人都不能用？外交部的人英文都不及格？我們的外交部及總統府究竟是什麼樣的機關？連英文都不會講，是在混嗎？

游秘書長：

有數點向營委員報告，第一點，她是完全合法任用，而且經過考試院銓敘合格。

營委員志宏：

本席剛剛已說出不合法之處，你可否指出我的說法不合理的部分？

游秘書長：

這個部分我請朱處長把相關的法條列出。

營委員志宏：朱處長剛剛講半天也沒有回答我的說法有什麼問題。

游秘書長：第二點，蕭美琴女士過去在民進黨國際部任職，對總統及民進黨的政策或理念比較清楚，所以在文稿的部分，由於總統沒有辦法一一去細看，所以配合她的英文造詣及國際關係來給予總統協助。

營委員志宏：這件事很奇怪，她今天是替中華民國的總統做事，又不是替民進黨的主席做事，為何要熟悉「民進黨的理念」？難道這個職務不能由別人擔任？她又為什麼拿總統府的薪水辦民進黨的事？這就是為何別人說陳總統現在的政策都是意識型態掛帥，因為都不放心外人，只相信民進黨員，只相信意識型態與自己一樣的人，所以必須把民進黨員的資格當作必要條件，而把外交部的專業人員都放在一邊。

游秘書長：如果小布希或高爾當選總統，他們雖然都是為美國服務，但是他們兩人的政策理念一定會有不同，同理來說，國民黨執政時有其政策理念，現在是由民進黨執政，總統必須去落實當初提出的政見。

營委員志宏：

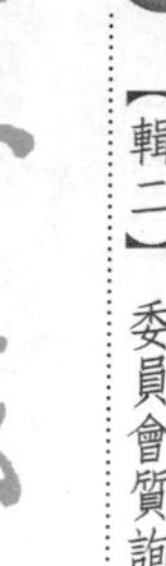

法律應是最重要的規範，今天你要任用自己的一批機要人員，當然可以，因為每一個機關首長都可以有機要人員，但是不應該用顧問的名義來聘用，何況還違反了「國籍法」及「聘用人員聘用條例」等兩項法律。本席並沒有反對總統任用機要人員，但是應遵照法律規定，不然就是違法亂紀，民進黨身為執政黨，陳總統身為國家元首，兩者皆不能違法亂紀，若眞的發生了，立法委員有替全國人民指正之責。

另外，關於李前總統月俸的問題，在九十年度的預算內，是否將李前總統的月俸編入？

游秘書長：

是的。

營委員志宏：

是比照陳水扁總統月俸的數字，還是補足差額？

游秘書長：

我們是依照他卸任時的薪水來編列。

營委員志宏：

現行「卸任總統禮遇條例規定」規定，卸任總統享有的禮遇，是依照現任總統的月俸按月支送。陳總統既已減薪你們替李前總統按卸任時的薪水編列就是超編。為什麼你們不按規定編列，請問超編的理由為何？

游秘書長：

因爲這筆預算在我上任之前就已編定完成。

營委員志宏：

但是你接任後，發現預算有不對、或違反法令的地方，就應該修改它。爲什麼你按照自己的意思超編預算？這樣一來，卸任總統的基本月俸竟比現任總統還要多，這是不合理的事，難道你要陷李登輝於不義嗎？在國家財政如此困難時，還因要補足差額超編預算，而不按照現行的法令來編列，這是何等嚴重的事，希望秘書長瞭解這點。

另外關於官邸，副總統官邸月租是否是四十六萬元多？

游秘書長：

是四十四萬元。

營委員志宏：

她所花的裝潢費用是多少？

游秘書長：

是三百七十一萬元。

營委員志宏：

可是我們聽到的紀錄是四百多萬元？

游秘書長：

寓所修繕的部分是三百七十一萬元。

營委員志宏：

總共的裝潢費用沒有超過四百萬元？

游秘書長：

如果包括其他設備、家具，合計是五百二十萬元。

營委員志宏：

而她的侍衛與相關人員房舍的租金每年又要七百九十五萬多元，請問副總統寓所的總坪數是多少？

游秘書長：

實坪是一百七十坪，包括公共設施是三百坪。

營委員志宏：

副總統是否一個人住？請問她需要這麼大的坪數？

游秘書長：

因爲副總統有很多接待外賓的場合。

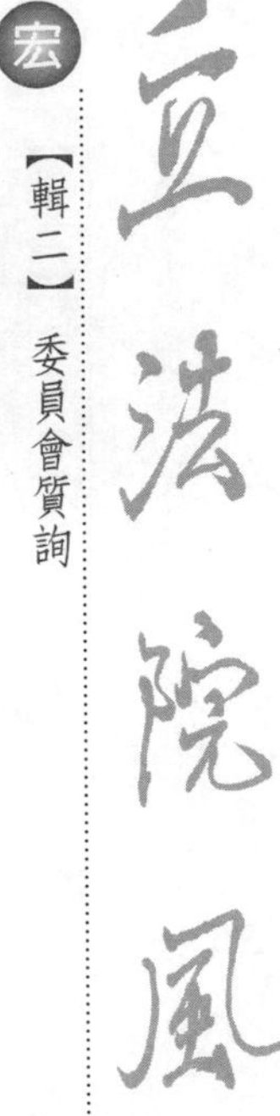

營委員志宏：

她需要在寓所接待外賓嗎？接待外賓好像是要在總統府吧！

游秘書長：

總統府一方面是辦公場所，一方面由於空間不夠大的關係。

營委員志宏：

辦公場所才是用來接待外賓的，而不是在自己的家裡。

游秘書長：

一般官舍也有接待外賓的功能。

營委員志宏：

但那只是附帶的功能，並不是主要的功能。請問在租金及裝潢費用上，你們是否有一套標準？

游秘書長：

由於我較晚上任，可否請主管單位說明。

主席：請總統府會計處馮會計長說明。

馮會計長瑞麟：

主席、各位委員。依據剛才我向委員作的報告指出，建築物使用坪數有一百七十幾坪，加上公共

空間設施後計算，平均單價在當地地段仍位在合理範圍內。至於裝潢部分必須考量國家元首跟副元首的接觸面以及實際上的需要，所以在一般預算編審辦法裡沒有辦法規範，只要是在合乎常態的範圍裡……

營委員志宏：

為什麼沒有辦法規範？任何事情都應該有個規則跟標準，然後按照這個標準來處理，如果今天副總統中意一幢豪宅，不論價錢多少，難道政府都必須依其要求承租嗎？本席以為沒有這種道理，這根本是漫無標準，只要副總統提出要求，你們就予以同意、編入預算，以致消耗納稅人的錢。本席認為應設立標準，讓每一屆的副總統都有所依循，不會因個人差異而在預算編列上給予差別待遇，所以本席沒有辦法同意目前預算編列的情形。必須確實刪減。

另外，為什麼副總統沒有固定的官舍，以致每次都會發生同樣的問題？

游秘書長：

謝謝營委員的指教，如果有固定官舍，當然比較好，但是依據選舉結束時討論的結果，興建固定官舍將緩不濟急。

營委員志宏：

今後有沒有這樣的計畫？

游秘書長：

我們可以考量研究，如果預算沒有問題，我們應該往這方面處理。

營委員志宏：

希望秘書長眞的會去研究，而不是只說不做，到了明年又發生同樣的問題。謝謝。

我們要自讓國家主權嗎？——就小林入境事質詢內政部長張博雅

主席：請營委員志宏質詢。

營委員志宏：

主席、各位列席官員、各位同仁。

看了今天早上的報紙，我們都替張部長捏了一把冷汗，因爲標題就是金美齡女士說「撤換張博雅否則總統下台」，張部長，你認爲如何？爲什麼金美齡有這麼大的權力，說話如此狂妄？竟表示若不將你撤換掉，就連總統都應該要下台，你對此事有何看法？

主席：請內政部張部長答覆。

張部長博雅：

主席、各位委員。我根本不認識她，所以我不知道爲什麼她會有這麼大的權限說這種話？

營委員志宏：

她是「國策顧問」啊！老實說，以前本席還不知道金美齡是何許人，就因爲此次《台灣論》一書，才知道她是小林善紀的思想啓發者，也才知道金美齡這麼偉大。這樣一位國策顧問，還可對內政部長及總統發號施令，眞是威風！我們也才知道這個人的來歷或許不簡單，竟認爲連張部長都得聽她的指示，我們希望張部長要挺起腰桿，不論其背景多麼嚇人，也不管她和陳總統是什麼關係，你都要堅持到底，該做的就做，該說的就說，千萬不要受別人影響，好不好？

張部長博雅：

好的，謝謝。

營委員志宏：

本席和陳委員學聖一樣，都顧及民族尊嚴，也都認爲《台灣論》一書中所提到有關慰安婦的說法污辱了我民族尊嚴及台灣人民，但本席和陳委員看法不同的在於究竟是否要准許小林先生入境我國。請教張部長，我國是否有權限制對我國有所不利者入境？

張部長博雅：

有。

營委員志宏：

根據何者而來？

張部長博雅：

根據移民法。

營委員志宏：

我們暫且不論是什麼法律，但其實這個根據就是「國家主權」，中華民國是一個主權獨立的國家，所以，我們有權禁止那些入境之後會對我國產生不利影響者入境我國。是不是這樣？

張部長博雅：

是的，我們的確有權利行使國家主權。

營委員志宏：

是否核發入境許可，即是最簡單的國家主權行使。若是要我們放棄國家主權的行使，究竟是不是一件對的事？那我們還算不算主權獨立的國家？

張部長博雅：

正因如此，此事並無法透過某一個人來處理，而必須經由審查委員會處理。

營委員志宏：

我國是一民主國家，也重視人權及言論自由。請問，美國是否是一個自由、民主且重視人權的國家？

張部長博雅：

是的，他們非常重視。

營委員志宏：

在這些方面，美國還是我們的表率，若是我國已向前走了五十步，美國起碼就走了一千步。那些主張屠殺猶太人有理者，及主張納粹主義者欲申請入境美國會得到許可嗎？

張部長博雅：

美國政府方面也有黑名單。

營委員志宏：

對，美國政府對於外國人是有黑名單的存在。本席希望大家分清一件事，政府對待本國國民和外國人可以而且應該採二種不同的做法，若是具備中華民國國籍卻不准其入境的話，是錯誤的，不論其是主張台獨或共產主義者，只要是中華民國國民，即有權入境台灣。因此，本席和民進黨人士持相同看法，那就是過去對自己國人的黑名單是一項錯誤的政策。但今天我們所設防的對象是一名外國人，小林善紀是一名日本人，而並非中華民國國民，任何一個主權獨立或是有國格的國家，都有權限制這些會對自己國家產生不利影響者入境。

美國容許主張納粹主義的公民在其國境內活動，雖然或許會有FBI的成員跟蹤調查；但如果那些主張納粹主義及屠殺猶太人有理的外國人欲申請進入美國境內，就算主張人權、民主及自由的美國，

一樣是不會准許其入境的，這就是二者之間的分別。對待公民與其他外國人的待遇是不同的，這是行使國家主權的原則問題。

我們都重視言論自由，也都贊成言論自由，但是，言論自由不是絕對、更不是毫無限制的，此限制之所在即是不可以個人的言論及顛倒史實傷害他人。《台灣論》一書的做法當然傷害了那些過去曾擔任慰安婦的婦女朋友們及其家屬，同時也傷害了台灣人民，因爲書中表示過去那些所謂的抗日份子，只是「流氓」及一些「幫派份子」爲了原先的既得利益才起而抗日。這樣的說法嚴重污辱了每一位台灣人民，今天我們要准許小林善紀入境以便可以繼續污辱台灣人民嗎？本席認爲准其入境是不對的事，言論自由是有限制的，我們不能毫無限制的允許這些人入境，並污辱台灣人民。再者，准其入境之後是否會對台灣造成不良影響？試想，小林善紀到了台北會遭受到什麼樣的對待，本席認爲一定會有成千上萬的民眾拿著雞蛋去歡迎他；另一方又會有許文龍之類的皇民爭相前去保護小林，屆時雙方一定會引起一場大戰的，如此一來，我們的社會能夠安寧嗎？本席認爲以內政部的立場，應不會願意看到這樣一場肢體戰發生的，你們也負不起這個責任，這就是本席非常體諒內政部審議委員會委員作出這種決定的原因。本席知道部長並非審議委員，但本席希望部長能夠仔細考慮，社會輿論眞的贊成讓小林先生來到台灣嗎？本席對此感到疑慮，聽聽其他人的建議再決定吧！部長不要屈於金美齡女士的威脅及恐嚇，即提出「再議」的批示，部長是否願意這麼做呢？

張部長博雅：

並不是她說了什麼話，我們才有所動作；其實，上週五下午審查委員會通過決議之後，即向院長報告，院長認爲是否應讓審議委員再作一審愼評估及審查後再作出最後決定，這些都與金美齡完全無關。

營委員志宏：

您身爲國家首席部部長，一定要有風骨，不論金美齡有何背景，身爲國家的部長維護國家的主權和尊嚴，絕不可屈服於某人的恐嚇及威脅。

張部長博雅：

委員請放心，這種事絕對不會發生。

營委員志宏：

我們就拭目以待，謝謝部長。

張部長博雅：

謝謝。

民國九十年三月五日於立法院

海基會「全程跟監」？——質詢陸委會蔡英文主委海基會許惠祐祕書長

營委員志宏：

主席、各位列席官員、各位同仁。

前幾天蕭萬長先生在圓山飯店舉行兩岸共同市場基金會的開幕式，本席知道蔡主委也有參加，當時你好像表示說「不敢不去」，本席知道蔡主委不只是財經專家，也是兩岸問題專家，請問你對蕭先生所提倡的兩岸共同市場有何評價？你覺得其可行性如何？陸委會是否贊成？

蔡主任委員英文：

主席、各位委員。本人不是不敢不參加，主要是因爲過去一段時間蕭先生在政府機關內服務時，對國家貢獻很大，而且在過去十年間本人有幸常有機會與蕭先生一起工作，受教頗多，所以從這幾個角度考慮的話，本人是不敢不參加，此外，因爲陸委會是主管機關本人本於職責當然也應該要去。關於蕭先生提倡的兩岸共同市場，包含許多不同層次；若就純粹性的全球經濟整合中之一環而言，兩岸將來勢必走向此一方向，過程中之障礙及階段性考量，均將成爲理想及方向，至於將來轉化爲政府政策時，執行單位便須嚴加考量。

營委員志宏：

請問陸委會是否願意將此主張列入計畫或者付諸實施？

蔡主任委員英文：

新政府的兩岸政策是以經貿爲主軸，經貿關係正常化，可使兩岸獲致共同利益，若雙方共享經貿利益，則兩岸的穩定因素便會增加；當然並非解決經貿問題，兩岸便將可長可久的維繫下去，兩岸尙有許多政治互動問題，然而至少在經貿上呈現穩定因素，是一個好方向，從這個角度而言，我們以經貿爲主軸，是兩岸經貿政策的方向。

營委員志宏：

請問在取捨上，是否將蕭先生提議的計畫放進你們的計畫中，或是僅作爲參考之用？

蔡主任委員英文：

他的想法屬於長期性引進的一個方向，就短期政策規劃而言，我們仍以兩岸經貿關係正常化爲主要作業對象。

營委員志宏：

那您是僅列爲參考之用？

蔡主任委員英文：

我方才已提過，蕭先生所提的是一長期演化的過程，然而就現階段的大陸政策而言，我們是以兩

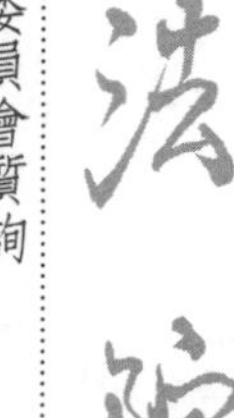

岸關係正常化爲主軸。

營委員志宏：

你是說陸委會及蕭先生各有屬於自己的計畫，但至少你已將之列入參考範圍。本席認爲有關蕭先生兩岸共同市場的說法中，有一點非常值得重視，他表示我們實施兩岸共同市場必須以「一個中國各自表述」作爲基礎，否則恐難達成兩岸共同市場的目標。請問蔡主委，我們是否需要這個基礎？

蔡主任委員英文：

我認爲蕭先生提到的這個共同基礎，是推演自歐洲共同體的經驗，亦即是兩個經濟體將從事共同市場的過程中，須有一前提要件，即雙方必須完全享有經濟自主性。因此在我的認知上，蕭先生所提一個中國各自表述的意思爲，共同市場的建構必須建立在政治對等的基礎上。

營委員志宏：

本席認爲「一個中國各自表述」是無可迴避的問題，最近辜振甫先生表示，我們須把握今年上半年的時間，達成兩岸互訪目標，若上半年不能達成互訪，則下半年兩岸處境可能又將改變，他並一再表示兩岸確有「一個中國口頭各自表述」的共識存在。由此可見，顯然這是海基會相當重要的看法，方才秘書長許惠祐也表示海基會以董事長的意見爲意見。然而海基會雖認爲兩岸有「一個中國各自表述」的共識存在，但據本席瞭解陸委會方面則持不同看法，兩個單位間存在意見不同的矛盾之處，而陸委會是指導海基會的單位，本席請教蔡主委，我們究竟是否能跨出這一步請辜先生到大陸訪問？但

是大陸方面在我們尚未承認一個中國之前，並不同意我們往訪，請問蔡主委我們如何打破此一僵局？

蔡主任委員英文：

有無共識及共識的內容爲何，並不是陸委會及海基會的問題，而是中華民國與中國大陸之間的共識問題。中國大陸在一九九〇年代中期以後，否認有一中各表的共識存在，在他們此一前提之下，即便我們主張一中各表，對兩岸關係的進程也不可能有決定性影響。

營委員志宏：

從種種跡象看來，中國大陸雖不願明說，但對於「一中各表」他們是可以接受的，若我們不能接受前政府一中各表光明正大的做法，我們將永遠無法打開兩岸僵局。

蔡主任委員英文：

如果中國大陸接受「一中各表」，他們就應該接受中華民國存在的事實。

營委員志宏：

各自表述並不要接受我們存在的事實，但是容許我們講話，「表述」的意思即是如此。

蔡主任委員英文：

若他們尊重前政府的一中各表，一個中國即是中華民國，是一個政治及法律性的存在，他們不應忽略此一事實。

營委員志宏：

請你注意，容忍表述並不一定要接受對方表述的內容。此外，最近美國政府政黨輪替，布希政府上台後，有部分幕僚不再提「三不政策」，引起我們朝野人士的遐想，本席懷疑政府是否因此拖延鬆綁戒急用忍、三通及兩岸對談政策。事實上「三不政策」美國目前僅是不提而已，並非將來永遠不提，完全是我們朝野人士的遐想及狂想。請問布希政府的兩岸外交政策是否將有所改變？而我們是否因爲美國外交政策可能改變而拖慢兩岸和解的腳步？

蔡主任委員英文：

在野人士我不敢說，但我認爲政府並無遐想及狂想的空間。政府必須仔細觀察美國對兩岸政策的思考過程，雖然美國大致的政策方向已經確定，但他們處理兩岸問題的正式官員均尚未到任，因此我們仍須做後續觀察，而且相信政府也不至於過分天真，認爲美國利益完全是台灣的利益。

營委員志宏：

本席很樂意聽見您如此的說法。再者，有關城市交流問題，最近的城市交流似乎是一次不愉快的交流經驗，白秀雄先生公開表示「陸委會說謊」，他以後「不願再與如此不誠信的單位打交道」。我們常常說大陸方面不守誠信，現在居然有人提到是我們的陸委會不守誠信，而認定陸委會不誠信的人，是我們台北市的副市長。本席擔心，如果大陸方面聽了此項說法，坐實陸委會沒有誠信，他們以後將跟白秀雄一樣再也不願與陸委會或陸委會指導的海基會打交道。請問主委，在處理城市交流的過程中，陸委會究竟是否有疏失之處？陸委會是否願意自我檢討？

蔡主任委員英文：

整個事件處理過程及相關會議均有完整之記錄，直至目前為止，提到陸委會不守誠信者，僅白秀雄副市長一人，此事可能源自於他對整件事情發展不瞭解，我們認為非常遺憾，我們希望他控制情緒，回想一下，在整個過程中陸委會對他的上海之行，已經盡了最大的努力，在法規許可的最大範圍內，盡力促成白副市長到中國大陸訪問。

營委員志宏：

我們一向認為白先生是一位很誠實，也很誠懇的人，他說這樣的話，的確令我們對陸委會的觀感有所改變，請問主委，陸委會在處理過程中，溝通方面是否有「官僚作風」？陸委會一點都不願做檢討嗎？

蔡主任委員英文：

雖然白副市長認為我僅「上任九個月，卻比做官三十年的人更官僚」，但這是我很難接受的。

營委員志宏：

謝長廷先生即將赴大陸訪問，請問他是否有任何阻礙？或已經掃清阻礙？

蔡主任委員英文：

並無阻礙的問題，謝長廷先生是高雄市長，高雄市是院轄市，謝市長的身份非一般縣市長或副首

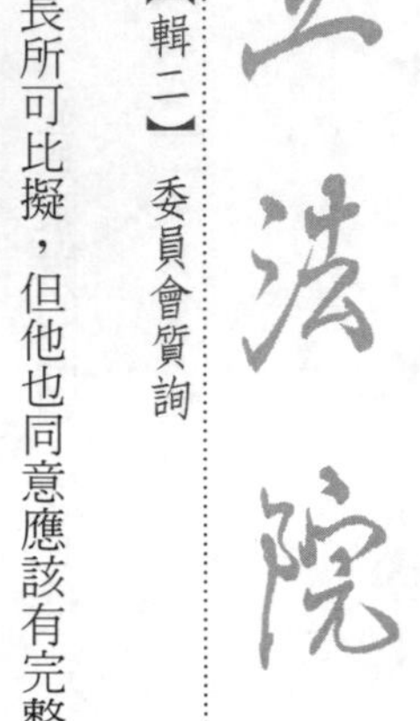

長所可比擬，但他也同意應該有完整法規上的規劃。

營委員志宏：

最後，請問許秘書長，關於大陸國台辦經濟局長何世忠先生訪台，本席發現海基會似乎又多了一項任務，報上報導海基會對何先生「全程跟監」，海基會並不是調查局，如此做法，難道是民主國家的行爲嗎？政府怎麼會做出這種丟人事情？雖然何先生發言未必妥當，但我們畢竟是言論自由國家，爲何海基會卻執行特務機關的工作？請秘書長解釋。

主席：請海基會許秘書長惠祐答覆。

許秘書長惠祐：

主席、各位委員。關於何先生來訪，我們是受主管機關委託前往瞭解相關行程，協助解決相關問題，並非所謂的跟監。

營委員志宏：

跟著他走當然形同跟監，若想瞭解全程任何方法都可以辦到，記者也一直跟著他走，因此想瞭解全程非常容易，問問記者或打電話到有關單位詢問也可瞭解，何必做得如此難看，居然全程跟監？

許秘書長惠祐：

海基會陪團是非常平常的事情。

營委員志宏：

海基會又變成「地陪」了？聽說新華社有兩位記者在台北，請問你們是否也「全程跟監」？

許秘書長惠祐：

我們只是做一些交流的工作。

營委員志宏：

是否做「跟監」？

許秘書長惠祐：

新華社不在我們的業務管轄範圍。

營委員志宏：

那是調查局在跟監？

許秘書長惠祐：

我不瞭解是哪一個主管機關的主管範圍，但我從未聽過有人跟監新華社的新聞記者。

營委員志宏：

你雖未跟監，但本席相信一定有人跟監，此種做法對我們國家的民主形象傷害甚鉅，本席希望海基會做法大方些，不要如此小家子氣，雖然在海基會與海協會的交流停頓後，海基會沒有事情可做，

但也不須要做跟監的事情。

許秘書長惠祐：

海基會每個月的服務案件，有五千至六千件，並非無事可做。

營委員志宏：

據本席瞭解，多半是馮滬祥的交流中心做的。

許秘書長惠祐：

可以拿出來比較，我歡迎比較。

營委員志宏：

那等一下讓馮委員與你們比較。

民國九十年四月十二日於立法院

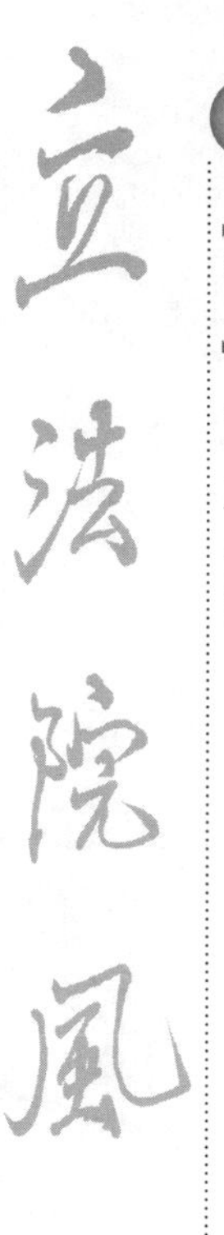

是陳青天還是陳綠天？——為抓賄選事質詢法務部長陳定南

營委員志宏：

主席、各位列席官員、各位同仁。

陳部長不敢辦，甚至不敢談陳總統及張院長涉嫌期約賄選的事，道理其實是很明顯的。古語說得好：「竊鉤者誅，竊國者侯。」偷竊鉤子的人被殺頭，而以不正當手段取得國家大位者卻變成尊榮的王侯。就是因爲他們是總統、是院長啊，偷竊鉤子的人是一般百姓，對於一個位居國家大位者的政策性賄選，我們是毫無辦法的，其理就在此。我們對陳部長的期望不止於此，陳部長既然被稱爲陳青天，就應拿出青天的樣子，不能在依循中國古代「竊鉤者誅，竊國者侯」的名言辦事，那不是包青天應做的事，更不是陳青天應做的事。如果陳部長對於所有委員的質詢仍以閃爍其辭的態度及屬於個案不便批評的答覆來閃躲問題，則陳青天的外號將無法繼續維繫，我們懷疑「陳青天」已經變成「陳綠天」了，凡是涉及民進黨高官的案子都一概迴避，不作任何表示。

剛才陳部長答覆這要由檢察官獨立偵辦等，事實上，根本沒有任何檢察官出面偵辦，假如你們仍然閃爍其辭迴避問題，又如何紓解累積的民怨？民怨如不紓解，對國家及政府是好事嗎？陳總統在台中助選說的話是標準的期約賄選，他在台中是這樣說的：「台中國際機場中央已經規劃好了，只要是

蔡明憲當選，這張支票就可以兌現。」這句話是什麼意思？是不是表示，如果是蔡明憲以外的人當選，這張支票就不會兌現了。這是不是告訴台中市民一定要投蔡明憲的票，否則就不興建台中國際機場？如果這樣標準的例子都不算是期約賄選，眞不知道何謂期約賄選。請問陳部長如何看待此事？

主席（陳健治委員）：請法務部陳部長答覆。

陳部長定南：主席、各位委員。是不是賄選的問題，必須看是不是有主觀的犯意，以及有沒有對價的關係。台中設立國際機場和升格爲院轄市，已經談論很久，其實在中部設立國際機場，爲既定政策，但是過去歷任部長中，由於地方配合有部分問題，這個案子才一直延擱下來。剛才營委員引述報紙報導，有關陳總統的談話……

主席：

你們實在太差勁！在選舉時，選擇你們認爲可以談的案子大談特談，而你們認爲不想談的個案，就一點也不談！

陳部長定南：

偵查中的案件我不能談。

主席：

亂講！你這是什麼政府官員？我從早上一直聽你答詢到現在，覺得很不高興！有些案子，你講得頭頭是道，可是有些案子你又說什麼都不懂，實在很沒有道理的！你是違心之論！

營委員志宏：

我們對主席的情緒反應非常認同、非常理解，部長今早的表現確實是讓我們很失望，你怎麼會連陳水扁總統沒有講的話，都曲意替他編理由開脫？對此我真的難以想像。陳總統說，這張支票，如果蔡明憲當選台中市長就會兌現，如果他不當選，張溫鷹或胡志強當選，支票就不會兌現，如果這不是期約賄選，那又是什麼？我也不爲難陳部長了，但是你的態度是不應該的，讓我們很失望。是不是你當部長之後，已發生質變？溶入官場文化？

另外，有關三十元算賄選的問題。我在美國加州洛杉磯住了很久，加州高速公路速限是六十五miles，但是大家都知道，開在七十五miles以下，都不會被取締，可是加州警察局也不可能定一個規定：七十五miles以下都不算超速。因爲這樣似乎就明白表示，七十五miles以下都不取締了。其實如果有人開七十miles，警察還是有權力取締。現在法務部定了三十元不算賄選的規定，其實三十元以下、有犯意的案子，法官還是應該取締，現在法務部白紙黑字寫出來，不是等於鼓勵候選人送三十元以下的東西嗎？這是錯誤的事。

法務部抓賄選眼睛要放大點，不要只看到小牙籤，卻看不到輿薪。中部國際機場的事，並不只是三十元而已，而是三十億的事。三十元的東西看得見，三十億卻看不見，這是什麼道理？這件事會玷污陳部長的一世英名，希望你要愼重考量。

關於民進黨募款餐會的事，你說已開始偵辦了，偵辦的方向到底是什麼？除了賄選外，是不是還觸犯其他法律？五萬元是很大的數字，分派給國營或民營事業，他們敢去拒絕這種分派嗎？他們一定

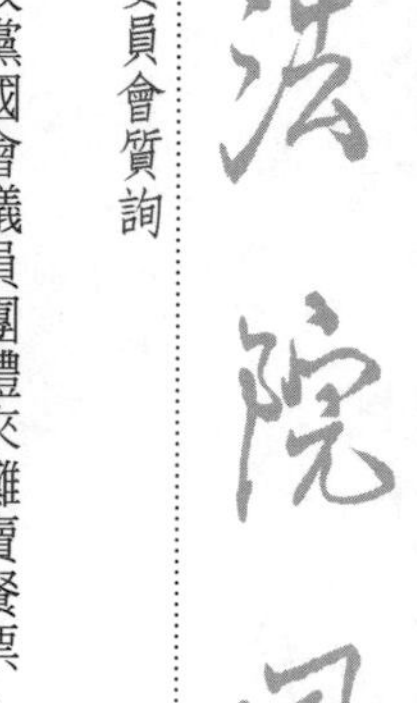

會想：執政黨國會議員團體來攤賣餐票，出席的又是總統副總統各部會首長，如果不花錢買票，將來會不會倒楣？會不會什麼事都做不通？可見這是不樂之捐，是不是除了賄選外，還觸犯其他法律？

陳部長定南：

究竟是樂捐或不樂之捐，應該不屬於法務部檢調機關主管範圍。

營委員志宏：

現在偵辦方向朝向哪裡？

陳部長定南：

根據我所接到的報告，這個案子有人提出檢舉，認爲違反選罷法，台北地檢署已經分辦偵辦中。

營委員志宏：

違反選罷法哪一條條文？

陳部長定南：

我所知道的是有人檢舉本案涉及賄選。

營委員志宏：

只是賄選問題？不樂之捐形同要脅勒索，你們不會去偵查？

陳部長定南：

台北地檢署接到的是賄選案，分案也屬於賄選案。

營委員志宏：

檢察官不會主動偵查？爲什麼一遇到官方問題，檢察官總是缺乏主動偵查能力？

陳部長定南：

只要是有犯罪嫌疑的，檢查官當然會主動偵查。但是不能僅憑一般風聲，就無限上綱，隨便動用偵查權。

營委員志宏：

你把外界民意反應都認爲只是「風聲」而已？

陳部長定南：

案件必須有相當事實根據。

營委員志宏：

難怪陳總統會說大家不要看報紙、不要看電視，這和你的說法是不是道理相通？其實民間的反應不只是「風聲」而已，報紙清楚寫出問題來了，專家學者也提出合理的質疑，你卻用「風聲」兩字就打發一切！

陳部長定南：

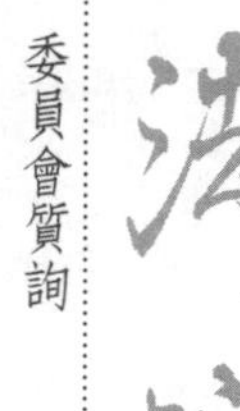

我是針對營委員所提：餐會募款是否涉及勒索脅迫的問題而回答，老實說，把餐會募款擴大到這樣的解釋，要檢調機關發動偵查權，確實是有困難的。

營委員志宏：

你不認爲這是合理的懷疑？受命買票的公、民營事業主管也同樣發出了這一方面的聲音，你卻認爲不值得發動偵查，我看你是把百姓的意見置諸腦後了。陳部長的態度讓我深感遺憾。張俊雄院長也稱讚蘇貞昌，助選時說如果是蘇貞昌當選縣長，錢不會有問題，可是其他軟腳蝦當縣長的話，錢就不給了，這是另一期約賄選。陳部長號稱陳青天，不要當軟腳蝦，請你要努力一點，讓我們恢復對你的好印象。

民國九十年十月十七日於立法院

【輯三】

國是論壇

誰在作不良示範？

主席、各位委員同仁、蕭院長：

謝啓大委員自動爲興票案作調查，被財政部長邱正雄說成是「對社會作了不良示範」。

在處理這件案子的過程中，的確有人作了不良示範，但並不是謝啓大委員。首先作了不良示範的，就是說這話的財政部。身爲政府單位不知道什麼是行政中立，竟然甘心淪爲執政黨的打手。在事實還沒有調查清楚之前，就不斷地配合執政黨放話，用以打擊另外一組的總統候選人。是你們，爲社會大眾作了最惡劣的示範！

另外一個作不良示範的，就是李登輝總統。李先生最近開始罵街，罵人家「作賊」、「夭壽」、「不要臉」！這種話小學生講出來都會讓老師叫去罰站的。這話像是國家元首講的話嗎？國際間哪一個元首講出過這種「限制級」的話？你叫老師怎樣教他們的學生父母怎樣教他們的子女？我們竟然有這樣一位口吐髒話的總統，這眞是中華民國的恥辱！這是對社會作了怎樣的示範？

謝啓大委員做這件事其實不得不然。這種事如果發生在外國，必然有獨立檢察官出來不受行政壓力公正無私地調查案子。而我們呢？行政單位替執政黨當打手，司法單位呢？國民黨高官自己都說：「法院是國民黨開的」。檢調單位監察院平常不去查陳水扁，他一競選就去搞他，選市長時搞一次，選總統時又要搞一次。台灣有值得信任的公權力嗎？人民有不被蒙蔽的機會嗎？謝啓大委員以她曾任法官的清譽，跳出來做這件吃力不討好的事，成爲執政黨打手們的眼中釘。這樣的勇氣與精神，我們不但敬佩，而且要讚揚！

司法獨立與行政中立對台灣人民來說，是一個太遙遠的夢。今天是二十世紀的最後一天，很顯然的，這個夢在這個世紀是無法達成的了。讓我們在這裡衷心祝禱，讓「司法獨立」與「行政中立」這個台灣人民卑微的夢想，在下一個世紀中終於能夠實現。

民國八十八年十二月三十一日於立法院

八千五百萬美金，請調查局查清楚

主席、各位委員同仁：

剛才有一位委員在這裡謾罵新黨的謝啓大委員、馮滬祥委員，說他們是「無恥政客」甚至「神經病」。這位委員你也許有罵人咬人的嗜好與宿疾，但是我要告訴你的是，在我們與廣大的人民心目中，謝委員與馮委員正是盡忠職守、替人民看守財產的優秀民意代表。這位委員你如果眞的自慚形穢不願意與盡忠職守的立委坐在一起開會的話，你就趕快辭職吧！

八千五百萬美金挾帶出境的事，調查局今天已經証實，的確有這樣數目的美金現鈔出境又入境。調查局也宣示要把這個案子查到底。調查局長久以來成爲執政黨的工具，在今天政權就要遞換的時候，我希望調查局能夠顯示風骨，眞正站起來，把這件事情查清楚，給人民一個交待。

「離島建設條例」在各黨委員的共同努力下，好不容易在立法院通過，卻馬上傳來行政院反悔，要提覆議案的消息。這個案子通過之後，金馬澎湖人民歡欣鼓舞，都希望「小三通」越快實施越好。國際媒體也認爲這是新、舊政府共同傳遞的一個善意。行政院今天出爾反爾，硬是要把對離島人民和對對岸的善意給收回去；作爲一個只剩兩個月任期的「看守政府」卻要做這樣一個政策逆轉，我請問蕭院長，你是不是要對新政府的施政舖設障礙？你是不是要在新政府上台之前給它一個難堪？

我在這裡勸告蕭院長謹慎爲之，不要爲了一黨之私，而對抗廣大離島人民的利益，耽誤兩岸和解交流的契機。假如你是敗選後的情緒反應也就罷了，假如你眞的要到立法院來搞覆議案，你先問問立法院各黨派誰會支持你。不要在交出政權退出立法院之前，留下一個難堪的失敗紀錄！

民國八十九年三月二十四日

誰是深宮怨婦？

主席、各位委員同仁：

這兩天最有趣的一個新聞，就是副總統當選人呂秀蓮對外宣稱她是「深宮怨婦」；吳淑珍女士聽了以後說她才是深宮怨婦。到底誰是深宮怨婦？我在這裡跟大家研究一下。

呂秀蓮是深宮怨婦嗎？選後只見她跟著陳水扁先生到處跑前跑後，並且大聲說話。她也許是「怨婦」，但卻不是深宮裡的怨婦，恐怕是個深宮之外的怨聲不斷的怨婦。

吳淑珍女士行動不便，不能跟著陳水扁跑前跑後，也許眞是在「深宮」裡。但聽說陳水扁對太太

一向體貼，也不見她眞有所怨，所以雖然眞有座深宮，吳淑珍女士卻也不是「深宮怨婦」。

那麼到底誰是「深宮怨婦」呢？倒是唐飛先生越來越有可能當深宮怨婦。根據我國憲法，是由行政院長將閣員名單呈報總統宣布，閣揆當然有人事主導權；即使把現行憲法解釋成「雙首長制」，那麼身爲雙首長之一而實際領導各部會的行政院長，也自然應該有最大的主導權。但這次組閣過程中，除了國防部長、退輔會主委外，唐飛何曾眞正主導過閣員人選？影響力還比不上民進黨內的派系，和「國政顧問團」。唐飛所做的，只是在人事名單傳出後，出來証實和背書而已。唐飛先生雖然很有節制，但是這個情形再發展下去，唐飛會越來越像，也越來越可能當上「深宮怨婦」了。

我們對陳水扁的新政府有很高的期待，也希望陳先生眞有組成「全民政府」開創新局的誠意。那麼就請陳先生從遵守憲法體制開始，給予行政院長適當的尊重與決策空間，不要再像現任的國民黨政府一樣，把行政院長當作總統的幕僚長或祕書長來使喚！

民國八十九年四月十四日於立法院

只敢辦小孩，不敢辦大官？

主席、各位列席官員、各位委員同仁：

今天是開議的第一天，我想跟大家談一件小事。一件看起來是小事，卻透露了司法人員心態的事件。

台中市參加新生訓練的一個國中一年級學生，不小心丟了一個網球到司法官宿舍前面街上，引起檢察官的震怒，當場指揮警員把這個小孩抓到警察局，後來並以「公共危險罪」送法院處理。現在這個小孩除了受訓誡之外，還要連續接受「假日輔導」，弄得他都不敢再去上學了。

這件事在任何一個尊重人權的民主法治國家都是不可思議的事，但是它確實發生在台灣。這位檢察官卻還振振有辭，指這小孩「惡性不輕」，要給他「法治教育」。其實辦這個案子檢察官所以會這樣「威武」，只不過對方是個絲毫沒有對抗能力的小孩，這個網球又丟到了司法官宿舍之前，直接侵犯了自己的權益，太歲頭上動了土。倘若侵犯的是普通老百姓的權益，恐怕就沒有這樣「奮勇向前」了！

這件事顯示的是推檢人員「小題大做」「大題卻不敢作」的心態。只敢拿小孩子開刀，耍要威風。控告李登輝的案子到現在沒有一個檢察官敢辦。「尹清楓命案」和背後的弊案發生已經七年了，當年面對高官辦不下去，七年後能辦到哪一個層級，還是沒有一個人有信心。

司法人員在人民的心目中就是這樣子的，「小題大做」而「大題不敢做」。我呼籲推檢人員不要「只敢辦小孩」，你也辦個「大官」給我們看看！

民國八十九年九月十五日於立法院

要「綠化」，多種一點樹！

主席、各位同仁。

昨天是三月十二日植樹節，陳水扁總統象徵性地種了幾棵樹，然而我們知道，民進黨眞正努力想做的是「綠化全國公營事業」！

政府掌握有人事權，所以民進黨政府應有權安排人事，問題是有幾個要點必須注意。首先，人選是不是適合、有無專業背景等等，必須要有一個標準。其次，公營事業是國家公器，不能以一黨之私爲之，不可作爲政治酬庸的工具，更不能爲了政黨策略的考量來任命國營事業的主管。本席聽聞，極峰原有意任命戴委員振耀出任台肥公司董事長，目的是爲了換取他放棄民進黨不分區立委的提名。各位想想看，這是一個政黨基於自己大選的策略考量，爲了解決自己內部擺不平的問題，而計畫的人事任命。還好，戴委員振耀是一個有原則的人，對這項任命予以拒絕。請大家想想看，一個政黨可以爲解決自己內部的問題，來交換國營事業董事長嗎？另外，讓我們看看這些被提名的人任職之後，又是怎麼做的，第一銀行董事長居然利用客戶的資料，發函要求客戶支持本來該是來監察自己的第一銀行監察人江昭儀參加民進黨黨內初選，各位想想看，這是一個什麼樣的狀況？這位董事長還說因爲「自己在美國住了很久」，所以有這樣的誤解，這些話眞是會氣死美國人，美國人哪有這種作法？據說還有許多銀行，現在準備將公關費予以凍結，等將來大選時拿來做爲支助執政黨之用，這些事情又算什麼？當初國民黨執政時，民進黨不是和我們一樣，不斷的抨擊這種公器私用、行政不中立的行爲嗎？

曾幾何時，民進黨一一學會了，而且變本加厲，做得更厲害！

本席要此誠懇的提出呼籲，新政府在國營事業的人事運用上，要少一點「綠」，多一點「專」，如果你們眞的想把台灣「綠化」，那就請你們多種一點樹吧！謝謝。

民國九十年三月十三日於立法院

南海撞機事件的省思

營委員志宏：

主席、各位同仁。

這兩天在南海上空發生飛機衝撞事件，讓世界上很多人都提心吊膽；這樣提心吊膽是有理由的，因爲這次並不是美國與利比亞間發生空戰，不是美國轟炸伊拉克，不是一方無招架之力，一面倒的局面，而是兩個核子強權間起了衝突。這個衝突可能引起一場打得到上海和洛杉磯的戰爭，所以大家都很擔心。我們的國防部說，台灣的人民不需要緊張，其實這個訊息所透露的正是「台灣的人民很可以有理由緊張」。因爲在叢林中兩個大猩猩打架，任何一隻猩猩倒下來，都會把旁邊的小動物壓扁，而台灣就是那個小動物。

我們由這件事情，可以引發一個戰略省思，究竟我們要與這兩個強權各保持一個相當的距離，然後從中避禍取利，或是一定要貼近其中某一方，一旦發生衝突，甚至不是由我們所引起的衝突如南海

事件，我們都有可能被波及在內。請大家不要忘記，如果戰事爆發，我們是處在第一線上。一旦發生戰事，被毀滅的將是台灣，不會是別人。所以我們不可以將自己的安全完全寄望在武器或外援上。如果我方購買神盾系統，據說要等八年到十年才能安裝成型。這種作法是否有著邀請或迫使對方在八年內攻擊台灣的意味？這是大家要省思的問題。

我們從南海上空發生的空中的擦撞事件，應該可以得到一個啓示，就是在與兩個強權的三角關係中，我們不要太貼近某一方，致使我們成爲一個賭注或棋子，這樣對我們自己是不利的。我們應該在兩大強權中取一個不近不遠的距離，來取得其中的利益，而不是把自己押在桌上成爲賭注。

民國九十年四月三日於立法院

一個李登輝重於幾千個慰安婦？

營委員志宏：

主席、各位同仁。

李登輝先生說，「日本人不給我簽証，實在是太見笑了」。在我們看來，一個前任的國家元首召開記者會，向日本人哀哀上告，說我的身體已經不行了，有生命危險，請依人道的精神給我簽証吧！本席認爲這才是眞正地見笑了。

只要李登輝拿得到簽証，本席並不反對他到日本去，但是我們不同意李登輝先生爲何要在此時發揮其媚日及崇日的精神。我們想想看，慰安婦事件、日本修改教科書的事件，李登輝先生對此均不發一言，在此時卻仍恣意於前往日本。這是什麼心態？台灣這種手術已經做過成千上萬個了，他卻仍然說只有日本人能救他的命。政府也串連在一起演出鬧劇，外交部表示要以「大動作」因應，但是，請問外交部對於日本修改教課書事件、慰安婦事件，你們什麼時候擺出過「大動作」？

陳水扁先生爲了這件事接見日本交流協會的山下所長，說了重話，說這樣會影響台灣與日本的關係。當慰安婦受侮辱時，我們多麼希望陳總統也能召見日本的山下所長，說出同樣的重話，但是，你沒有！當日本修改教科書時，我們也同樣希望你召見日本的山下所長，說出同樣的重話，但是，你沒有！這是什麼心態！這是否將李登輝先生一個人的重要性放在數以千計的慰安婦之上呢？

李先生的病況到底嚴重不嚴重，記者會本來應該有醫生參與，但是並無醫生參與，李前總統醫療小組的召集人連文彬先生被詢及李先生的病情嚴重與否時，表示「很難說」，其他台大醫院的醫生對此問題均不願回答，所以他的病情到底嚴重與否，可以思過半矣。

李先生，我們不反對你前往日本，但是，請停止這個見笑的鬧劇吧！也請我們的政府停止，不要串連演出這場鬧劇！如果你對人道主義、對台灣人民眞正關懷的話，就請多關心數千位慰安婦吧！

謝謝！

民國九十年四月十七日於立法院

【輯三】國是論壇

陳定南打武松

營委員志宏：

主席、各位同仁。

水滸傳中有個武松，他上山去打老虎，三拳兩腳就把老虎打死了，下山之後接受大家英雄式的歡呼。但是，現實社會中的武松就沒有這麼幸運了。他也上山去打老虎，剛剛擺出架勢要打老虎之時，誰曉得三拳兩腳就被別人打得趴在地上，這個打武松的人不是別人，就是法務部的陳定南部長。

上星期五晚上的人事大屠殺事件，有二十一個檢察首長紛紛中箭落馬，其中有許多位都是打老虎的英雄。法務部的解釋是說這些人辦案有程序上的瑕疵，當然，檢察官偵辦成大案件的確有程序上的瑕疵，但是那是因爲他們不成熟的緣故，也罪不及於調職。長久以來檢察官的弊病並非在於做錯，而是在於不肯做，在法務部此種做法之下，請問還有誰肯去打老虎？

據說，法務部此舉是受到老虎的壓力，因爲立法院可能刪除檢察官的緊急搜索權，所以陳部長才做出此種處置。假如陳部長真有此種心理狀態，那麼將來立法委員若以刪除法務部的預算相脅，部長豈不要把所有的檢察首長都捉去槍斃了嗎？

各位想想看，這不就是打小孩給別人看嗎？法務部陳部長素有「陳青天」之稱，但是此次所爲和「青天」的名號並不符合。我們看看包青天，包青天什麼時候會把王朝、馬漢拖出去打一頓給龐太師看呢？陳部長此舉還不僅僅是打小孩給別人看，根本是打武松給老虎看，打武松給老虎看的結果，就是從此沒有人敢像武松一樣上山打老虎，最終的結果，就是滿山都是黑金的大老虎。謝謝！

民國九十年四月二十四日於立法院

誰在搖小樹？

營委員志宏：

主席、各位同仁。

請大家看看現場螢光幕上的這張漫畫幻燈片，上面有一個人拼命在搖那棵小樹，他看起來很面熟，本席猜想他應該就是民進黨立法院黨團總召集人周伯倫先生。

周總召前兩天語出驚人地說，張博雅部長及陳定南部長勾結我們在野聯盟做壞事，請問各位，這不是在破壞執政團隊的形象嗎？可見漫畫家說得不錯，是周伯倫先生拼命在搖那棵小樹。但是我們大家看看，民進黨內拼命搖小樹的還不只周伯倫先生而已，呂副總統最近出了一本書，她在書中指出自己被視爲「外星人」，這不是在告訴大家執政團隊出了問題、不團結、勾心鬥角嗎？呂副總統這種破壞執政團隊形象的作法，就是在搖小樹。民進黨謝長廷主席前幾天暗指顏慶章部長喝紅酒、打橋牌、不理國家大事，謝長廷主席也在搖小樹！至於吳乃仁秘書長則更不用提，唐飛院長就是被他幹掉的，在張俊雄院長上任之後，他已經忍耐很久，現在又開始砲打中央政府，所以吳乃仁秘書長也在搖小樹！另外，在陳總統身邊有一群很奇怪的人，叫做資政及國策顧問，許文龍資政發表侮辱慰安婦言論，而金美齡國策顧問則說她不承認中華民國；最近我們又看到一位國策顧問，已經妻妾成群了，卻還在那裡搞性騷擾！所以我們很清楚地看到，陳總統身邊的這批所謂的國策顧問及資政，在那裡七手八腳地拼命搖這棵小樹！

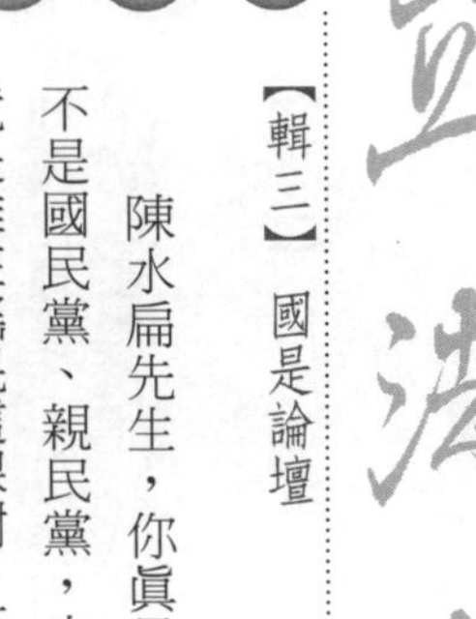

陳水扁先生，你眞是一棵可憐的小樹！我們非常同情你，但是你要看清楚，這些拼命搖小樹的人不是國民黨、親民黨，也不是新黨，就是你們民進黨自己人啊！我們雖然同情你，但是你要看清楚究竟是誰在搖晃這棵樹，否則，有一天這棵小樹要是死掉了，你還不知道是怎麼死的。

民國九十年五月十八日於立法院

按：陳水扁日前發表言論，指在野黨搖撼扁政府這棵小樹，不給它成長的機會。

「扁團隊」不如「狗仔隊」

營委員志宏：

主席、各位同仁。

這幾天，台灣到處都在鬧「狗仔隊」。雖然大家都很討厭「狗仔隊」，但是他們也不是完全沒有貢獻。大家看看螢幕上這張《壹週刊》中的照片，畫面是趙建銘先生在開車，畫面中車窗右邊有一個圓圈，那是總統府通行證，趙先生爲什麼有總統府的通行證呢？只有兩個可能，其一是他開的是公務車，可是，趙先生怎麼能夠開公務車呢？另外一個可能是，他開的是自己的車，而他自己的車竟然有一張總統府的通行證，這就奇怪了，總統未來的女婿就可以有總統府的通行證嗎？如果總統未來的女婿有必要常常造訪總統家，最多也只能有一張總統官邸的通行證，爲什麼會有總統府的通行證呢？這是讓我覺得很奇怪的事情。如果沒有「狗仔隊」深入調查，大家永遠不知道，趙先生的車上有一張總統府的通行證。

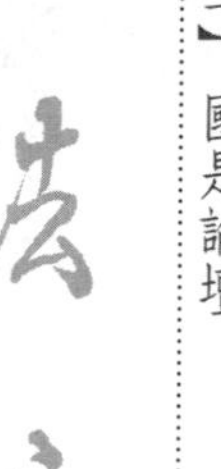

如果把扁團隊和「狗仔隊」一起比，大家可能會覺得不倫不類，但是，我們認眞想想，扁團隊還是有眞的不如「狗仔隊」之處。「狗仔隊」標榜的是要「拆穿僞善者的假面具」，而扁團隊本身就戴著一副假面具。以中鋼人事案來說，大家都知道，這是一個引進財團、謀求選舉利益、打擊專業經理人的案子，但是扁團隊仍然口口聲聲說，這是行政團隊的一個合法決策，沒有外力介入，由此可見，扁團隊戴著一副僞善的假面具。

另外，「狗仔隊」標榜的精神是積極、主動、不顧情面地去深入調查，而扁團隊的行事作風又是如何呢？我們看看尹清楓案、拉法葉案，辦案人員辦到某個程度，就再也辦不下去了，因爲那個程度牽涉到最高層，是扁團隊的利益共生體。這樣看起來，扁團隊還眞的是不如「狗仔隊」。扁團隊加油！希望你們效法「狗仔隊」的精神，多向「狗仔隊」學習，也許會做得好一點。

民國九十年六月一日於立法院

總統的兒女，就可配公務車？

營委員志宏：

主席、各位同仁。

趙建銘先生開公務車的事情，總統府經過反反覆覆之後，最後的說法是，這個車子是配給陳幸好小姐的公務車，那天只是趙先生在開而已；趙先生也說，那部車是陳小姐的車子，那天只是他自己在開而已。

我們不禁要問，爲何陳小姐可以配一輛公務車？爲何全台灣其他平民老百姓，他們的二十多歲的子女沒有每人配一輛公務車？他們是否可以向總統府要求，他們的小孩，每人也來配一輛公務車？爲何總統的子女就可以配公務車？難道就是因爲他們是總統的子女嗎？

我唯一可以想到的理由是因爲安全的理由，但這也跟事實不符。根據《壹週刊》的報導從照片可以看出，那天只有趙先生一人在車上，他去接陳小姐之後，那天晚上自始至終，車子裡面只有陳小姐與趙先生二人。如果爲了安全的理由，車子裡面應該有護衛，但是沒有護衛在裡面，而是由他們兩個人開著車子在台北市跑來跑去，這難道是爲了安全的理由嗎？我們又聽到新聞報導：陳小姐本來有一輛私人的自用車，但自從陳總統當選總統，有了公務車之後，她就把自己的自用車賣掉，改開公務車在台北跑來跑去。大家仔細想想，這是不是在佔國家的便宜？佔納稅人的便宜？

我們都希望這對年輕人快快樂樂去結婚，不是要找他們的麻煩；但是我們希望第一家庭的子女，要深自的反省，莫以惡小而爲之。雖然狗仔隊追逐陳小姐是不對的，但是當你手插著腰，指指點點，對著媒體記者像大人罵小孩一樣足足罵了八分鐘時，你是不是也該自己想想看其實你也不是這樣的理直氣壯！其實你也是佔了國家的便宜、佔了納稅人的便宜！其實你也享了特權，其實你也玷污了第一家庭的名譽。謝謝！

民國九十年六月四日於立法院

皇親國戚又在享受特權了！

營委員志宏：

主席、張院長及各位首長、各位同仁。

這次納莉颱風來襲時，發生了許多溫馨感人的故事，其中最溫馨感人的不知是不是行政院下令，空軍總部執行，派了兩輛車八個士兵替總統女婿趙先生未來的住宅堆砂包、負責清洗一事。所以颱風來襲時，民生社區泡在一片黃湯裡，只有總統準女婿未來的住宅安然無恙。

這件事令人感到十分奇怪。如果派人清理的地點是總統官邸，絕對沒有問題，問題是清理的地點是總統的舊宅總統根本不住在裡面、只是總統女婿未來的住家，這值得動員國軍官兵去清理、堆砂包嗎？國軍官兵人力是這樣使用的嗎？這不是特權是什麼？

第一家庭一再的使用特權，而且似乎是笑罵由人，特權我獨享之。當初趙先生被我們揭發交通違規、開公務車約會時，趙先生只是說他和揭發者「不是同一國的人」。台灣大部分的人都是無依無靠的小百姓，而你是享受特權的皇親國戚，當然「不是同一國的人」。

讓人認為最不可思議的是行政院這種拍馬屁的態度，為什麼全國人民都在水深火熱之中，卻獨厚第一家庭？這不是「台灣優先」，這是「皇親國戚優先」！這次負責執行的人是剛剛為陳總統破格拉拔為空軍副總司令的李天羽將軍，由此我們看到一幅「魚幫水、水幫魚」的官場現形圖，為什麼我們的國家變成如此？我們不禁要為無依無靠的台灣小老百姓發出浩嘆！

民國九十年九月二十日於立法院

誰是「台灣賓拉登」？

營委員志宏：

主席、各位同仁。

方才有位委員頒了政治金鐘獎給李登輝先生，其實近來李先生得到的獎項還不只這一座，記得上星期某電視台call in的主題是：誰是台灣的賓拉登？結果獲得最高票當選的就是李登輝先生。李先生的演技確實非常高明，尤其在這個週末又有賣力的演出。他說反對他的人是「聯共反台」，還說過去十多年來，他與一群壞蛋混在一起。這一陣子，他對台灣所有的政治人物，一個都不放過，砲火四射，抹黑污衊，到處給人亂戴紅帽子。請問這樣的行爲是不是恐怖主義的行爲？是不是恐怖份子才會做的事情？所以作爲「台灣的賓拉登」，李登輝先生還眞是實至名歸。

李先生說別人「聯共反台」，我認爲任何人都可以說這句話，唯獨李先生不可以。因爲到底誰是曾經登記參加過中國共產黨的人？誰曾派員到香港與共產黨進行秘密會談？請問這樣的人還有資格說人家是「聯共反台」嗎？至於過去十二年來與一群壞蛋混在一起的說法，請問什麼人才能在過去十二年都與一群壞蛋混在一起？很明顯的，除非此人是一個「大壞蛋」！而且既然李先生有與一群壞蛋混在一起的習慣，那麼今天與他混在一起的台聯人士，是否也是一群壞蛋呢？

李先生有隨便送人紅帽子，讓紅帽子亂飛的習慣。請大家回想一下，過去十二年中，新黨承受了李先生多少紅帽子？現在李先生又將紅帽子送給當初和他在一起的人，這就是李登輝的風格。請問這是不是一個曾經當過總統的政治人物應該有的風格？我相信這種抹黑、給人戴紅帽子不惜傷及無辜的行動，只有恐怖主義者做得出來。有句話說：「上帝若要毀滅一個人，就先讓他瘋狂」！以現狀來看，我們發現李登輝先生的確已經瘋狂了！

民國九十年十月二日於立法院

陳總統，你是柯林頓嗎？

營委員志宏：

主席、各位同仁。

本席同意民進黨林豐喜總召剛才的話，政務官也可以助選，但是身為總統或行政院長可否在助選時，說一些欺騙選民、栽贓、抹黑的言語？本席以為不可。上星期陳水扁總統與張俊雄院長說了一些話，我認為有檢討的必要，例如，陳水扁總統說：「國際機場的部分，交通部已經規劃好了，只要蔡明憲當選，就可以付諸實施，兌現這張支票。」請問這說的是甚麼話？這是不是告訴台中市市民，如果你們不選我們民進黨的候選人，就準備接受懲罰，這張支票就不準備兌現了，國際機場就不給你了。這根本是政策賄選！本席建議陳定南部長，你不要去抓三十元賄選了，要抓就抓這三十億元的賄選。有句話說：「竊鉤者誅，竊國者侯。」為什麼區區三十元的餽贈就是賄選要抓，而總統提出高達三十億元、三百億元的政策性賄選，卻依然能安穩當總統呢？就因為他是總統嗎？

陳水扁總統又說：在柯林頓總統剛當選之際，老布希說一年內不批評柯林頓，結果是八年不批評，反觀台灣卻非如此。我想要請問陳水扁總統，你是柯林頓嗎？人家柯林頓總統在八年任內，使得美國的經濟一片榮景，留下美國經濟歷史上最好的一頁；反觀在陳總統執政下，台灣是滿目瘡痍、民不聊生、哀鴻遍野，經濟上是一敗塗地，本席不知，陳總統怎麼還好意思說這種話？！如果陳總統眞的能將台灣的經濟搞得像柯林頓總統任內一樣好，那我們在野黨也可以「八年不批評你！」

另外張俊雄院長說：「布希總統是少數總統，但是九一一事件後，大家都支持他，令我好生羨慕」！我說張院長啊！布希總統編列預算時，難道會像你編列八一〇〇預算一樣，只有科目名稱，沒有明細計畫嗎？人家是像你們這樣的搞法嗎？我要告訴各位，美國總統不會這樣做，所以如果你也能像美國總統做得那麼好，我們也不批評你！可惜的是，你們都不是！既然如此，你們為何不先檢討自己呢？在野黨的天職就是代表人民監督你們，舉發不正確的地方，倘若你們怠忽職守，我們也不加以批評，那麼我們是否也是怠忽職守呢？

民國九十年十月九日

搞小動作誤大事

營委員志宏：

主席、各位同仁。

再過幾天APEC領袖會議就要在上海熱熱鬧鬧的召開了，但是我們推出的代表——李元簇先生卻只能悶坐在家裡，不知道是否能參加會議，這到底是怎麼回事呢？這個問題如果要怪的話，當然可以怪中共，說中共打壓我們、企圖矮化我們、老是給我們小鞋穿。但是我們在責怪對方時，是不是應該檢討一下自己，我們的政府在處理這件事情的過程中是多麼的愚蠢！

我們應該想想我們的政府是不是在搞小動作以致誤了大事。起初政府先敲鑼打鼓了半天，說陳水扁總統要去上海開會，但是根據以往的例子，這是幾乎完全沒有機會的事情，但是政府還是敲鑼打鼓了半天，好像是在玩眞的一樣，結果沒有時間去處理替代人選的問題，乃至搞成今天這個局面；而後既然決定由李元簇先生代表我們去，政府就應該要早一點和對方溝通，或是儘早通知美國及其他可能幫助我們的人，但是政府卻不這麼做，反而先召開記者會，告訴大家政府將派李元簇先生去開會，這是怎麼樣的作法？這是片面主義、片面的動作！

執政黨在國內一向是慣用片面主義的作風，例如，日前邀請三黨主席參加國安會議是在前一天晚上才通知人家，叫他們第二天早上就去開會，誰沒有事情啊！他們當然沒有辦法出席，結果總統府就破口大罵，把人家罵得狗血淋頭。這種事情你在國內可以做得通，但是一旦走出去之後，碰到有實力的對象時，你就只能碰一鼻子灰。所以此次APEC領袖會議一事，我們就被碰得鼻青臉腫，這就是我們不務實的結果。

因此，本席要拜託我們的政府，日後在處理對外事務時應該要多務實一些，不要好高騖遠，不要再搞片面主義，不要因爲搞小動作而誤了大事，畢竟這對我們國家而言是非常不好的，謝謝。

民國九十年十月十六日

【輯四】

由李登輝到陳水扁

千奇百怪的立院選舉

拒絕同流合污

二月一日的立法院除了辦理報到外，並召開臨時會選舉院長副院長。這場選戰的實際開打日期據說還要往前提好幾個月，在立委選舉期間有心人就在支援同僚的選舉經費。選後更是熱鬧得很，有意者一方面爭取上面關愛的眼神，一方面大動作地拉票。一月間我正在台北開國大會議，知道我臨時住所的人不多，因此免去了不少麻煩。只接到轉來的兩次宴客請帖，我只當沒看到不予理會。

新黨黨團曾開會討論新黨在院長副院長選舉中的立場。根據上個會期通過的新規定，各委員會的成員將依各黨席次數目比例分配，新黨在十二個委員會中將各只有一人而還有一個委員會沒人，根本選不出召集委員和程序委員（不像以往可以將所有人力集中到一兩個委員會），而召委和程委對議事運作法案通過是相當重要的。此時國民黨主動表示願承諾支持讓新黨每個會期有三個召委和一個程委。但是國民黨把這次選舉搞得太污濁，我們實在不願意沾上一點邊，因此硬是拒絕了這個優厚的交換條件。

黨團最後決定院長選舉時各人投自己一票，副院長選舉則全體支持民進黨的施明德。投施明德是基於在野黨支持在野黨的立場，而施明德也的確是民進黨人中形象較好具有在野黨合作制衡執政黨概念的人。院長選舉民進黨提不出理想的人選，新黨黨團內也無人有意競選，因此決定各人投自己一票，以示清白。

投票日的前一兩天，這場院長副院長選舉的鬧劇達到高潮。李總統和章孝嚴秘書長不斷地威嚇國民黨籍立委，警告搗蛋份子「連你們在哪個房間開會我都知道！」媒體傳出情治單位出動跟監，施明德要拿掉假牙改裝後才能外出聯絡。國民黨的立委被「綁票」全體住宿在來來大飯店。

亮票奇觀

投票當日，國民黨籍的主席趁三黨還在協商，不理會新黨的抗議竟快速通過監票員名單。四名監票員中，兩名爲國民黨立委，一名親國民黨的無黨籍，一名爲民進黨，竟然沒有新黨。如此，等於國民黨在壟斷監票，而黨籍的監票員也的確發揮了「監票」功能：在黨籍立委亮票時監看是否有遵照黨意投票。

我終於親眼目睹了中華民國國會中特有的「亮票奇觀」。許多國民黨的立委投完票後有意而狀似無意的亮給身後的另一位黨籍立委看，而在投入票箱前又狀似無意的亮給黨籍監票員看。民進黨對自己的立委也沒有信心，因此也有亮票的動作。

該日投票時唯一規規矩矩投票沒有亮票的就是新黨。但是我們跑票了沒有？一票都沒有。院長選舉開票新黨立委每人都得一票，除了鄭龍水委員因爲視障由助理協助投票蓋錯了位置，但這是無心之失。新黨投票的票櫃和民進黨的不是一個，而新黨所投的票櫃開出十三張施明德的副院長選票，除了兩張是可以推算出是誰的國民黨「叛逃票」外，新黨的十一票一票也沒漏。我們遵守法律相信自己的

黨員，而新黨的黨籍立委也無需黨紀約束自動體現了榮譽感與團結的精神。

國民黨靠密集動員及綁票亮票終於使王金平、饒穎奇當選爲正副院長，但仍然有八票以上的跑票。其實國民黨在立院三百二十五席中有一百二十三席的實質過半，其候選人當選是必然的，何必把國會搞得這樣污濁，吃相這樣難看？

民主的變態

當日晚上，我應台北電視台之邀上「市民大道」叩應節目。同場的兩位國民黨籍的立委異口同聲地說「執政黨動員讓自己提名的候選人當選議長是民主國家的常態，搞不懂大家爲什麼要以奇異的眼光看這件事？」我隨即說：「我是從公認最民主的國家美國回來的，我在美國可沒有看過總統膽敢干預眾議院議長的人選，沒有看到代表行政權的總統介入代表立法權的國會議長選舉過程，沒有看到綁票亮票的國會奇觀，你們這樣做是變態絕不是常態！」

不僅如此，兩個月前總統竟然一句話就把國大議長錢復調去當監察院長，而國民大會正是監督總統的機關。行政權竟然這樣強有力的介入掌控本應監督它的國會，中華民國還有民主可言嗎？

如果說李先生是以國民黨主席的身份而非以總統身份去掌控國會，那還是不通。毛病就出在國民黨到今天還不肯民主化還停留在「列寧式政黨」的架構上，以致黨主席的意思就是黨意，再透過「以黨領政」的方式，一條鞭地去掌控各民意機關。國會民主是假的，個人獨裁才是眞的。

替國會鬆綁

主持人問起有何辦法促進立法院改革新國會發揮功能？國民黨立委答道李總統早有明見，準備送黨籍立委分赴美國、法國、日本等國考察國會云云。主持人見我在旁邊冷笑，轉頭問我的意見。

我說要國會發揮功能何需花大把鈔票送立委去「遊學」？只要做到一件事就好了，那就是請李總統和國民黨替國會「鬆綁」。讓立法委員有自由發揮的空間，眞正成爲「民意代表」而不再是「貫徹黨意與上意的工具」。把行政權干預立法權的魔手移開後，立法院自然能夠活潑起來，給國人一個交待。

至於送黨籍立委去「出國考察」，我們大家心裡明白那是去「觀光旅遊」的。我一向反對李總統花大筆鈔票到國外去做所謂「元首外交」，但這一次我倒贊成他自己出去走走，最好是來美國看看，看一看民主國家的總統什麼時候干預過國會議長選舉？看一看行政權什麼時候掌控過立法權？看一看人家的總統是怎麼當的！

李先生最好出去走走學習學習！

民國八十八年二月十日於洛杉磯

評「李登輝的主張」

朕即台灣

李登輝總統在他尚有一年任期之際，推出爲自己「蓋棺論定」的《台灣的主張》一書。一般人的回憶錄都是在卸任之後才出，李先生刻意在任上出書卻是聰明的，否則絕不會有坐在總統府內開新書發表會的風光，也不會享受到四方湧來的吹捧阿諛之辭。

書名《台灣的主張》讓人極不舒服，這不僅是強姦民意的作法，而且是「朕即台灣」自大心態的流露。所以，我不願稱它是「台灣的主張」，只願恰如其分的稱它爲「李登輝的主張」。

虛假的信徒

如果我們不是這麼瞭解李先生，如果我們不是觀察到李總統在任上怎麼挖三民主義的根，看了這本書中對三民主義推崇的段落，眞會以爲李先生是孫中山先生的忠實信徒。

李先生書裡提到「中華民國憲法」前文明載是「依據國父孫中山先生之遺教」，「憲法第一條：中華民國基於三民主義，爲民有民治民享之民主共和國（見第一章：我的思想歷程）」。然而李先生爲什麼把「中華民國」的國號變造爲「中華民國在台灣」？爲什麼只照顧他資本家朋友的利益？爲什麼把「五權憲法」修得七零八落肢體不全，只剩下一個不受監督的「總統權」？

在李總統的任內高考廢考三民主義，大專聯考廢考三民主義，國立編譯館取消孫中山先生「國父」

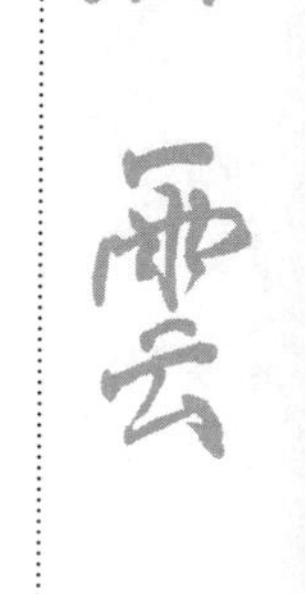

的尊稱，更不要說李先生經常輕蔑地指著鈔票說那是「孫中山」。

書中對孫先生推崇的話不過是拿來掩人耳目的。李總統其實根本不懂得，也不尊重孫先生的學說。譬如說李先生把民族主義與霸權主義相提並論，說「孫中山先生的三民主義，將民族主義擺在第一位，的確是個令人傷神的問題」（第一章，我的思想歷程）。其實孫中山先生把民族主義擺在三民主義的第一位，才是對國人的高明警示，因爲「覆巢之下無卵」；竟然令李先生因而「傷神」。孫中山先生的「民族主義」是和平的民族主義，不但不是霸權主義而且是反霸權的。李先生連這個基本概念都沒有，還敢冒充孫中山先生的信徒嗎？

在第二章「我的政治哲學」中，李先生作謙虛狀，自稱「不是政治家」，又說這樣說「一定有許多人會感到驚訝，甚至有人會認爲我是在開玩笑」（我既不驚訝也不以爲你在開玩笑）。

但是李先生之所以不認爲自己是「政治家」，是因爲他說「就中國傳統文化而言，『政治』之意義無他，乃『管理眾人之事』。換句話說：『如何統治人民』是中國『政治』的目的。而政治家的任務，則是駕馭百姓、管理眾人之事」。「如果『管理人民』才算是『政治』的話，我根本不是『政治家』」。

誰都知道，「管理眾人的事」是孫中山先生給「政治」下的定義。李總統在這裡沒有明言孫先生，歸於「中國傳統文化」，卻是打了孫先生一暗棍。

但是李先生看懂了「政治是管理眾人的事」這句話了嗎？這句話是說「政治」是管理「眾人的事」，是說管「事」；李先生把它強解作「政治」是管理「眾人」的事，變成管「人」了。因此大發議論，暗指孫中山先生並不民主，還不如他。

眞正的信徒是不會自己沒讀通，卻還沾沾自喜地在背後暗算老師的。

大中華主義何罪？

李先生嚴厲地批判了「大中華主義」，認爲「兼具霸權主義與民族主義的大中華主義，對其它亞洲國家而言，仍然極具威脅性」（第七章，台灣美國日本對亞洲所能作的貢獻）。

我懷疑李先生是不是對「中華」兩字具有仇恨心態？一定要把它按上「霸權」兩個字。「大中華主義」其實與民族主義一般，都是和平而良性的。中華大地上的各民族團結起來，相互尊重與扶持，對國際社會也和平參與。它何以必須與「霸權」相連？中共是否霸權，不在本文討論範圍之內；但即便它是，你自可稱它爲「大中共主義」，何必扯到「中華」？「中華」是我們民族之名，何以必須在自己的姓氏上塗污抹糞？除非對自己民族有深仇大恨而急欲否定者，不會做出這樣的事。

最曖昧不清的一段話，是李先生說：「最理想的狀況，是中國大陸擺脫大中華主義的束縛，讓文化與發展程度各不相同的地區享有充分的自主權，如台灣、西藏、新疆、蒙古、東北等，大約分成七個區域，相互競爭，追求進步，亞洲或許會更安定」。

儘管否認，李先生的「七塊論」顯然是受了他的「日本友人」的影響，如石原愼太郎主張中國應分爲四十多個。儘管各人的「塊數」多寡不同，但「肢解中國」是戰前戰後所有日本軍國主義者所作的共同美夢。

這段話中値得注意的有三處。第一、他說的是「自主權」而非「自治權」。「自主權」不過是「主

權」的另一種說法，因此李先生說的是各自獨立分割的七國，恐怕連「聯邦」都不是。其中並沒有走向統一的善意存在。

第二、把「西藏」、「新疆」、「蒙古」列入七塊我們或可理解，因爲這是少數民族居住之地，但是何以「東北」也在其中？這就是李總統完全站在傳統日本軍國主義的立場，他們一向認定東北該是獨立於中國之外的「滿洲國」。

第三、李先生說的是「七塊論」，何以列舉的只有「台灣」、「西藏」、「新疆」、「蒙古」、「東北」等五地，另外「兩塊」是什麼？這是很值得玩味的。依我看，另外兩塊並不是指香港或澳門，否則他就明說了。李先生恐怕是想把中國攔腰一截，分成長江以北與以南兩塊，這樣就「無力爲患」，對「其它亞洲國家」（其實就是日本），就不具威脅性了。

戀日情懷

李總統的戀日情懷，以往多次表現在他的言行中。本書雖然經過文字上的修飾，仍然有遮掩不住的忘情。

譬如李先生提到：「很多日本人對於台灣曾是日本殖民地的事實，表現得很敏感和困惑。……但若一直耿耿於懷，不願向前看，對日本既無益處，對台灣也無幫助」。李先生又指中共對日本在二次大戰期間的行爲「時常刻意加以強調」，並推論「這是中共的策略運用，主要目的是爭取日本的投資和各項援助」（第六章，當前對日本的期望）。

讀到這樣的言論，眞讓人有顚倒錯亂之感。台灣人竟然回頭苦苦地勸日本人對壓迫的事不要「耿耿於懷」；把日本人篡改歷史視之不見，反而認定中國人在「刻意強調」準備敲榨。這樣的言論証明李先生是把日本擺在第一順位上，所謂「熱愛台灣」跟書中許多事一樣都是虛飾的謊言罷了。

熟悉日本的李總統是否眞的瞭解日本，也是個疑問。李先生殷盼日本出來領導東協，對抗大陸，對不積極爭取領導地位的日本深感失望。李先生認爲日本人在面對中國大陸時，顯得「過度謙卑」。認定日本有實力，卻沒有「信心」。

日本人絕非不聰明，更不是沒有「信心」。日本人的外交政策是經過深思熟慮的，它知道中國大陸就近在一個東海之外，如果發生事端是日本首當其衝，而非遠隔太平洋的美國。不像李總統被「仇華」情緒蒙蔽了心智，暴虎馮河還自以爲勇，以台灣這樣貼近中國大陸的地理位置卻要不時罵陣，充當別人火中取栗的馬前卒。李先生雖然以曾受日本教育爲榮，卻沒學到日本人的智慧。

自我化妝

其實政治人物出回憶錄的目的，都是爲了「自我化妝」。把自己的缺失遮掩，把自己「偉大」的地方告訴人家。這就是爲什麼民進黨主席林義雄先生說這種政治人物的書都不值得一讀的緣故。

李先生的自吹自擂尤其明顯。譬如他說：「許多人認爲，我使台灣走向繁榮和民主化」。這就好像聽見一位小姐說：「許多人說我長得很美麗耶」！一位先生說：「許多人認爲我的口才很好耶」！

李先生又特別指出美國政治學者杭亭頓教授曾說：「台灣的民主主義，在李登輝去世後還會繼續實踐；但李光耀的政治體制，將與其長眠地下。」（第八章，二十一世紀的台灣）

李光耀先生在新加坡建立了「法治」，這是無可否認的事實。但李登輝先生在台灣造成的這個制度是不是「民主」，卻是大有疑問的事。台灣政壇黑金充斥，連李總統自己都承認「賄選已成爲台灣文化的一部分」（第三屆國大第三次會議國情報告），黨營事業呼風喚雨，參政的立足點全然不平等，這樣的制度叫做「民主」嗎？

對於外界針對本書未提「黑金」的批評，李總統惱羞成怒，表示外界不該把那些對台灣政經發展有貢獻的人抹黑爲「黑金」。這番話讓苦心化妝搽上的粉紛紛掉落。原來李先生並不是像他書中所描繪的「寬容和接納意見」，對於他任期中發生的一些「惡」，他不僅是在書中遺漏不提，而且是有心與他們站在一邊的。

化妝術如果連一時都無法遮掩，又哪裡能經得起百年之後史家的檢視呢？

民國八十八年五月二十四日於立法院

李登輝的叛國理論（兩國論）

圖窮匕見

李登輝在其《台灣的主張》一書中提出分裂中國的「七塊論」後，我們都在懷疑他正在構思一套危害中華民族的新理論。果不其然，兩岸是「國與國關係」的說法終於登場，並且還要修訂「國統綱領」及相關國內法，由從前「兩岸是兩個對等政治實體」的主張全面撤退。

什麼叫「國與國的關係」？這不是「兩個中國」或「一中一台」是什麼？從前我們說李登輝是台獨或獨台時，總有黨政人士出來強言掩飾，說他其實不是這個意思。現在連奉命出來作解說的高層人士都不否認說的是「幾個國家」，明白宣示了分裂中國的主張。任期剩下不到一年的李總統終於圖窮匕見，脫去了僞裝的外衣，赤裸裸地呈現出「獨台」的本色。

現在請國民黨人看看他們脫去僞裝外衣的黨主席是個什麼模樣？「兩岸一邊一國」這不就是民進黨的主張嗎？民進黨雖然主張兩岸是兩個國家，卻還知道要「大膽西進」，李先生卻仍咬定「戒急用忍」。國民黨員們請看清楚，你們的主席是個比民進黨還民進黨的民進黨員！

李登輝出賣了國民黨，讓國民黨承擔歷史的惡名。揀在總統大選的前夕，在國家定位上向民進黨大幅靠攏，這是向人民標示國民黨「非」而民進黨「是」，難怪民進黨欣喜地說：這是給剛被提名的陳水扁的「一個賀禮」。

荒誕不經

李登輝的理論，建築在他對憲法的荒誕不經解釋。他說，一九九一年修憲以來，「已將兩岸關係定位在國家與國家，至少是特殊的國與國的關係」。

我們也熟讀憲法，卻看不出這樣奇怪的結論。李先生說：「增修條文第十條（現第十一條）將憲法的地域效力限縮在台灣，並承認中華人民共和國在大陸統治權的合法性」。憲法增修條文第十一條全文是這樣寫的：「自由地區與大陸地區間人民權利義務關係及其他事務之處理，得以法律爲特別之規定」。何嘗有一言提到「承認中華人民共和國」？眞是胡言亂語。根據本條所制定的法律，仍然以本憲

法為其法源，仍在憲法涵蓋之內，又如何能解釋作「將憲法的地域效力限縮在台灣」？

李登輝又說，增修條文第一、四條明定立法院與國民大會民意機關成員僅從台灣人民中選出，「便所建構出來的國家機關只代表台灣人民，國家權力統治的正當性也只來自台灣人民的授權，與中國大陸人民完全無關」。

李先生你最好戴上眼鏡把憲法條文再看清楚一點。增修條文第一、四條提到的是區域國代與立委在「自由地區」選出，根本未提「僅由台灣人民中選出」，原因就是為了避免李登輝這樣的人曲解立法本意。第一、四條中連「自由地區」都未提的還有僑選與不分區立委國代，這些正是建構出來代表全中華民國人民的。李總統卻視而不見的作這樣的曲解，你要不是識字能力有問題，就是幻化狂想看到黑的卻能把它想像成白的。

用心險惡

李先生的理論，背後其實有很深的陰謀。李總統推行所謂的「務實外交」，用金錢收買邦交國，其實有更深一層的用意。由於「外交競爭」而互控牆角，兩岸人民永遠情緒高漲相互敵對，兩岸關係也就永遠不能正常發展。這就是李總統「務實外交」的用心所在。

但是下一任的總統或者沒有李總統根深蒂固的「仇華」心態，或者因為比較實際，經由「外交休兵」去除兩岸關係正常發展的心理障礙是極可能的。所以李總統必欲在任期結束之前，甚至在國民黨總統侯選人被提名之前，把從前「兩岸是兩個對等政治實體」的說法推翻，代以「國與國的關係」。

根據國民黨陸工會主任張榮恭的解釋，李總統的理論是以「兩德模式為範本」。以兩德為例，兩德

是以主權國家在國際社會對待，但交往時並不認爲對方是外國，這就是雙方在國際間對等存在。至於兩岸間還有沒有空間，要看北京如何善意回應台灣。

依照李登輝的理論如張榮恭的說法，兩岸既然各存一國，在國際社會中當然要爭鬥不休，根本就沒有「外交休兵」的理論空間了。

一旦從「一個主權、兩個政權」的定位撤守，變成「國與國的關係」，再回頭已沒有可能。李登輝因此一定要在卸任前造成事實，讓繼任者不得不在他的既定軌道上走下去，而兩岸也只有無止無休的鬥爭下去，仇恨下去，永無和解的可能。

一人獨斷

在李總統的任內，我們領教夠了他一個人決策大家事後才知道的作風。但那還是如「三億美元金援科索沃」之類的事，但這次竟然是連國家的定位、統獨的認知都一個人說了就算，其悍然無視民主架構的作風眞令人髮指。

像這樣大而影響深遠的國家定位的轉向可以不徵詢國會的意見嗎？爲什麼立法院連知道都不知道。行政院討論過這個轉向沒有？國會和憲法上的「最高行政機關」都被擱在一邊，就憑總統「個人的見解，以及總統府和國家安全會議幕僚研究」，就可以決定國家的命運嗎？

這是什麼樣的決策過程？這是什麼樣的民主國家？這是什麼樣的總統？

我們以爲「兩岸是兩個對等政治實體」，「兩岸共有主權，分別擁有治權」才是最正確最實際，也

對兩岸消除紛爭和平相處最有利的定位。因此我們堅決反對李登輝一人拍板定案，堅決反對李登輝動「國統綱領」及相關法律的手腳！

民國八十八年七月十二日於洛杉磯

立法委員與流浪狗

某位立法委員在施政質詢時有妙語：「立法委員太多了。每次院會散會時，青島東路上全是立法委員，比流浪狗還多」！

下面的委員大嘩，居然把委員比流浪狗？

我的反應是：「你也未免太美化立法委員了吧？平時開會議場裡就是小貓三隻四隻。青島東路上什麼時候出現過『全是立法委員』的壯觀場面？把立法委員說成這樣認眞努力，也不怕流浪狗憤憤不平？哼！」

民國八十八年十月八日於立法院

國民黨的「延任案」騙局

七、八月立法院休會我在美國的時間，每次辦說明會或會見新聞界時，我都提醒大家國大延任案正在暗地裡進行，千萬不要爲國民黨的兩面做法所欺騙。當時不少人還認爲是我們多慮，國民黨不是

表明了反對延任嗎？九月四日「延任案」在國大通過這個謎底終於揭曉了。除了憤怒之外，大家也該從此認清國民黨的眞面目。

蘇南成有幾個膽子，敢一個人對抗黨的訓令？如果不是得到黨主席的授意，他敢這樣不顧議事規則蠻幹嗎？

大家不覺得章孝嚴的舉動反常嗎？身爲黨的祕書長又是國大代表，在關鍵時刻竟然不在陽明山上督陣。這透露了什麼？又給予黨籍國代什麼樣的暗示？

我自己曾經是第三屆國代，兩年前國民黨強力通過總統擴權及廢省修憲案的那一幕歷歷在目。跟監、查稅、威脅送外島，威脅開除黨籍無所不用其極，上山監控的黨工數以百計，黨籍國代們在「黨紀」的大棒子下一一臣服。今年他們的「玩法」可完全不一樣了，黨工們都虛幌一鎗，連上山都懶得上，任由「延任派」代表集結與串連。

說國民黨沒有能力阻擋「延任案」是個笑話，這種事對國民黨來說「是不爲也」「非不能也」。怎麼「黨紀」這東西兩年前還這麼威猛管用，兩年後就忽然敗壞無力成這個樣子？連不分區及僑選代表也敢站出來造反？

說穿了這不過是個「騙局」，把全國老百姓騙得團團轉的騙局。國民黨自黨主席以下都在演戲，蘇南成和章孝嚴只不過扮演劇本中不同的角色而已。蘇南成的黑臉角色是當年提名他當議長的代價（要不然早已被打入冷宮的蘇，怎麼會忽然被拉拔出來當議長？），而李登輝與章孝嚴的白臉角色，則是幹了壞事的國民黨還希望人民替他們蓋一座「貞節牌坊」！

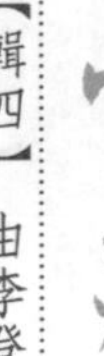
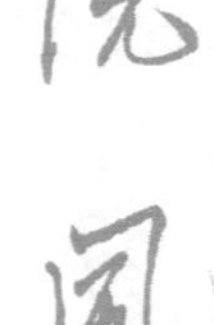

「延任案」這個卑鄙無恥的計畫早在去年就在國民黨高層中祕議。原先的計畫是以「各項中央選舉合併舉行」爲名，使總統國代立委全都延任。但是「總統延長任期」未獲美國方面首肯，經修改爲「總統延任但辭職由連副總統繼任」仍未獲美方同意，因而只剩下了「國代延任」。因爲放出的測試氣球受到輿論的強力反彈，國民黨因而改變策略用「鴨子划水」的方式暗中進行，一方面由黨中央不斷發表反對意見引開大家的注意力與戒備心理。大家都被這種假象所欺騙，所以連延任案已成案（國民黨放任黨籍國代連署）甚至國大表決之前，都還樂觀地以爲「延任案」一定不會過。只有我們因爲與國代有聯繫，知道國民黨一直在玩戲法，所以始終憂心。

國民黨要國代延任案通過的原因很簡單。這些人都是總統選舉時的椿腳，滿足他們的延任需求才能讓他們安心輔選。如果國大改選，由於宋楚瑜的勢頭強勁宋系人馬必定席捲眾多國大席次，那麼即使連戰當選，垂簾聽政的李登輝主席也無法予取予求的完成他的所謂「憲政改革」。因此不如不選，讓這批國代繼續配合修憲兩年，到時「兩國論」的說法就可入憲。

國民黨如果眞的要打消「延任案」太簡單了，只要在秘密投票動議（事關自己利益之事竟然祕密投票，眞是無恥已極）提出時，宣示只要黨籍國代舉手者一律視同贊成延任（主張祕密投票者當然是準備投贊成票了）予以註銷黨籍，那這個動議還通得過嗎？如果國民黨在蘇南成於一讀會投贊成票時就予以處置，如何會有其後所有的黨籍國代都受到鼓勵一起跟著議長造反的事？

這是一個什麼樣的表決結果？祕密投票結果是反對「延任案」的在國代三百三十四人總數中只有四十四票。除去新黨的三十九票（都亮過票所以不會假），有良心的國民黨、民進黨和無黨籍代表只有

五個人。我們的選民當初是怎樣把這些人選出來當他們的代表的？我眞的要為台灣的選民而放聲一哭了。

國民黨用兩面手法欺騙和玩弄人民，而人民選出來民意代表為了自身的利益，赤裸裸地背叛了人民，這就是九月四日「延任案」通過所顯示的。如果我們在明年總統大選中還要投票給國、民兩大黨的候選人的話，那眞的是証明「下民可欺」了。

民國八十八年九月五日 於立法院

國民大會落幕

國民大會落幕了。雖然不能說已走入歷史（因為修憲改為任務性國代），但終究再開會的機會不多，盛況不再。看看電視上表決廢國代的最後畫面，其中多是熟悉的影子，回想自己當年也是其中之一，眞是不勝感慨。

四年前，我與大家一起在中山堂宣誓就任第三屆國大代表。在中山堂四樓首次開新黨黨團會議，只記得那時的感覺是「座中多是豪英」。新黨國代的素質遠超過國、民兩黨，個個是學者專家，能說會講，而且言之有物。誰知這屆國代的命運如此多乖，四年竟然三修憲法（我因轉到立法院只參加過一次），又被國、民兩黨的代表強力通過延任自肥案，讓國代成為過街老鼠，連商店都貼出「本店不出售物品給國大代表」的告示，最後不得不讓常設國代永遠落幕。我眞為我當年的伙伴——新黨的國代們叫

屈，誰還記得他們當年勇拒總統擴權案？誰記得他們力斥延任自肥案？他們是這樣的清純而且高水準，但是人家辱罵國代時是一股腦地全罵進去，當國代被廢時他們自然也在自我了斷的行列。

在去年國大通過延任案後，新黨曾召開修憲小組會議，商討新黨對國民大會去留主張的何去何從。新黨以往為了維護孫中山先生權能分立五權憲法的概念，從來不考慮廢國民大會。但是國民大會已被國、民兩黨把名聲搞臭，民意使得我們不得不推陳出新。與會者提出許多不同的理論與口號，最後的結論是「凍結國代，還政於民」。這就是說國代不再選舉，而由人民直接行使政權。

這個做法並沒有違反孫中山先生權能分立的理論。民國二十五年制憲時的時空背景與現在已大不相同，當年是一個幅員廣大的中國，現在則幅員狹小；當年中國資訊不發達知識落後，現在則資訊發達教育水準高。美國加州幅員及人口都超過台灣，尚且可以直接行使創制複決權，目前的台灣人民全然可以直接行使政權。

因此今年四月當國、民兩黨迫於民意而決意要「留會不留人」時，他們的主張其實是抄襲了新黨的主張。由於修憲路線很接近新黨的主張，新黨實在沒有反對的理由，在第三屆國大最後一次修憲的過程中，出現了以往從未有過的三黨共同提修憲版本的狀況。

但是最後通過的修憲版本，依我看還是有瑕疵存在。「任務型」的國代似乎也多此一舉，如今要讓「任務型」國代做的事，如修憲複決老百姓自可複決，實不必辦一次國代選舉做這件事。任務型國代的選舉完全採政黨比例代表制，剝奪了無黨籍人士的被選舉權和人民選擇無黨籍人士的選舉權，如果有人以違憲要求大法官解釋，這裡恐怕又是一個問題。

六次修憲修出了大毛病，總統握有實權卻不受任何一個民意機關監督。這個憲法上的缺失，將會持續造成政局動盪。由於必須召集任務型的國代作複決，今後的修憲恐怕將不容易。則這個我國憲政的重大缺失恐怕眞的難以回天了。

新黨的國代們在最後的修憲會議中，表現得勇敢而悲涼。他們明知道國代不再選舉後自己將不再有舞台，但仍然忠實地貫徹黨的決策。國民黨的代表有每月十萬元、擔任地方黨部副主委的交換條件，民進黨的代表有在新政府和國營事業中安插職位的機會，但是新黨能給我們的國代同志什麼呢？什麼都沒有。能夠這樣無怨無悔、無求無欲以民意和黨意修憲的，只有我們新黨的國大代表。

第三屆國民大會在開始時新黨有四十六位國代，到結束時折損到只剩三十二名。這三十二位都是經得起考驗的新黨好同志，大家應該向他們致敬。新黨的第三屆國代所做的努力，人民也許會很快的忘記；但是歷史是不會的，當後世的史家檢視這一段歷史時，他們會讚歎並激賞這一群清純的知識份子在滔天的濁流中所做奮不顧身的努力。

國民大會或許眞的永久落幕了。當民國三十六年來自三十五省的第一屆國代在南京作歷史性的首度集會（我的母親也恭逢其盛）時，他們一定沒有想到以後的數十年國大會在一個叫台灣的島上召開。立足台灣數十年，歷經「動員勘亂時期臨時條款」，總統連任四次，逼退，越修越亂越不成體統的六次修憲，國民大會終於走到了終點。是功也罷，是過也罷，都留待後代的人在發黃的照片之前去評斷；只有在中山樓議場中洋溢激盪過的赤子之情，則是我們這些曾經身歷其境的人才能體會和永恒記憶的。

民國八十九年五月一日於立法院

馬祖與「小三通」

本次會期適逢新舊政府交替，立法院的狀況極不正常。民進黨的立委們患了「登閣熱」，目標鎖定內閣職位；國民黨黨團四分五裂，「改革派」與「本土派」彼此在進行內戰。在這種情況下，哪裡有人有心開會呢？我本人主持的內政委員會就先後流會兩次，其它委員會莫不如此。

其間唯一讓人精神振奮的是三月中院會通過的「離島建設條例」。條例中除給予金門、馬祖、澎湖免關稅營業稅的待遇外，並允許「小三通」。「小三通」一直是金馬地區人民的夢想，也是新黨民代李炷烽、曹原彰長期努力的目標，「離島建設條例」審議的過程中炷烽兄不但親身推動，而且經常邀我們去助陣。

本法案在三月立法院通過後，行政院竟然曾經想要提覆議案。蕭內閣在臨下台身為「看守內閣」之際，仍然要與離島人民作對，心態是頗為可議的。幸而此種想法受到立法院強烈的批判，行政院終於打消了提覆議案的念頭，「離島建設條例」也在四月內由總統公布。

我在本會期擔任內政委員會的召集委員，本法案通過後曾安排委員會先後到金門和馬祖作「小三通」預備工作的考察。去馬祖是與交通委員會同行。

我們乘坐三十六人座的小飛機到馬祖，在北竿機場下降時貼著山邊飛過，可見這個機場的危險性。我們先後考察了北竿機場跑道的東移工程，南竿機場的新建工程，和北竿白沙港南竿福澳港的國內商港擴建工程。南竿機場完成後可容五十六人座的飛機起落；北竿機場跑道東移後可容五十人座的

飛機起落，並避開危險的山邊，有可能使用儀器控制起降，部分解決機場常有的大霧障礙。白沙港擴建完成後可容三千噸輪船進出，福澳港擴建完成後可供滿載五千噸空載一萬噸的船隻進出。這些工程完成後，馬祖才眞正可能作爲三通的基地。

我們在連江縣政府舉行討論會，內政部、交通部、陸委會、入出境管理局都有代表參加。討論會中馬祖鄉親熱烈發言，可以顯示出他們對「離島建設條例」的期待與憧憬；他們對條例公布後行政院遲遲不制定施行細則表示疑慮，並對陳水扁的新政府會不會把「小三通」擺在一邊同樣地憂心忡忡。

馬祖鄉親這樣的心情是可以理解的。說實在的，政府對不起金、馬前線的同胞，他們曾對台灣的安全付出一切，可是在長達數十年戰地政務的管制下，經濟無法發展；戰地政務解除之後，國防部又實施「精實方案」，在金馬裁減軍隊，使得原本靠軍人消費作小生意過活的金馬人民，頓時無法維持生計。這就是「離島建設條例」在立法院推動的背景，希望讓金馬人民能夠活下去，藉著免稅規定讓金馬澎成爲兩岸的購物中心，藉著「小三通」讓經濟蕭條的金馬能夠復活。

政府在「離島建設條例」通過時的勉強態度，和立法成功後的不推不動的作法是顯而易見的；這在在都傷了金馬人民的心。馬祖一向是反台獨的堅強堡壘，陳水扁選總統在這裡總共只得了五十六票，這也就是馬祖人懷疑新政府會不會實行「小三通」的原因。

我在會後有機會和一些馬祖同胞聊天，深刻地認識到他們「身爲馬祖人的悲哀」。馬祖在現今中華民國統治的領土內，是很特殊的一個地方，他們與金門同爲僅有的「外省人」縣份。金門的語言還與台灣相通，馬祖人的福州話則與台語截然不同，他們心理上的孤立感可想而知。一位馬祖的朋友對我

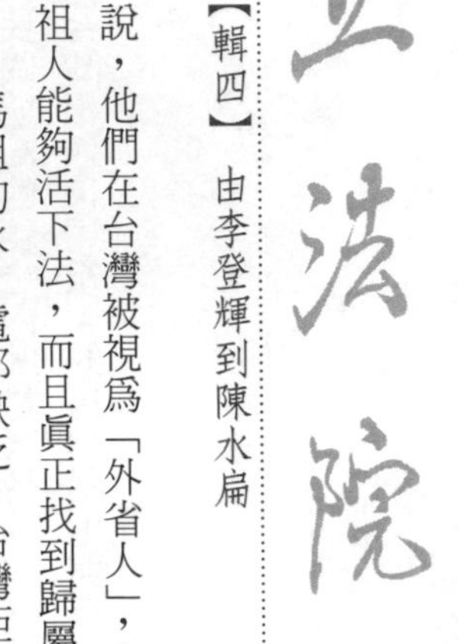
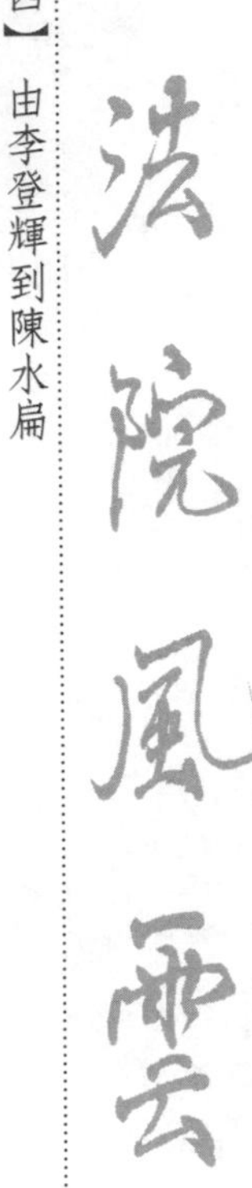

說，他們在台灣被視爲「外省人」，在大陸又被視爲「台胞」；總希望兩岸經過和解而統一，不但讓馬祖人能夠活下法，而且眞正找到歸屬感。

馬祖的水、電都缺乏，台灣距離遙遠供應不上，大陸願意供應卻被我方的「戒急用忍」政策所阻。急病醫療更是問題，金馬是海島機場經常爲大霧籠罩，飛機常一連十餘日不能起飛，「後送」政策常危及病人的生命，就近送福州廈門到目前仍爲當局所禁。

原訂當日下午搭機返台，誰知原本晴朗的天氣卻起了大霧，班機停航。直到第二天上午，才乘直升機起飛。我們在濃霧中乘著直升機橫越台灣海峽，望著霧下美麗的馬祖島嶼海岸，心中期盼著籠罩馬祖人前途生活的人爲大霧早日散去。

民國八十九年四月二十四日於立法院

院長是個「類似中國人」？

行政院院長張俊雄和他的閣員們在立法院受到立委們的追問，問他們是不是「中國人」。張院長的答覆是「我是台灣人，中華民國國民，血緣上來自福建省海澄縣」，對於到底是不是「中國人」，張院長只肯吐出「類似」兩個字。

由於「類似中國人」這樣的說法相當稀奇古怪，外界在聽不懂的狀況下，只好把它與「北京猿人」，「周口店山頂洞人」等相提並論。

除了這兩種史前猿人外，我們實在想不透什麼人會是「類似中國人」。如果張院長的祖先曾與外國人通婚，我們或者可用「類似」兩個字，但張院長又不曾作這樣的事實表白。所以我們簡直要懷疑，張院長是不是在提出一種學說，原本是中國人，但是經過百年「異化」，變成了一種「類似中國人」？

張院長和閣員們的答詢透露了一個訊息：既然承認是「中華民國的國民」，卻又不肯承認是「中國人」，那豈不是指「中華民國」不是「中國」了？原來民進黨政府早已承認了「一個中國」的原則！

張院長和閣員們不願說自己「中國人」的解釋是，怕在「國際社會中被混淆」。如果這個理由成立，那麼應該見到的只是官員不在國際場合說自己是「中國人」，為什麼在非國際場合的立法院面對立委時還不肯說？那就不是「會不會混淆」的問題，而是心裡認定的問題了。

張院長畢竟還比他的閣員好些，因為外交部田弘茂部長和陸委會蔡英文主委都守口如瓶，不肯透露自己是不是「中國人」，因而只能以「疑似中國人」作論斷。

我也是當日追問張院長及閣員們是否是「中國人」的立委之一。我們覺得滑稽又古怪，因為面對了一個由一群「類似中國人」與「疑似中國人」所組成的內閣！

「核四案」在大法官會議

十二月十八日，我被通知院會已通過由我和高育仁（國民黨）、周錫瑋（親民黨）二位委員代表立法院出席二十一日的大法官會議對核四案的解釋審查會。我臨時受命，又在重感冒之中，咳嗽不已，但仍勉力出席了三次我方的預備會（說不上是沙盤推演）。這是一場拿不到律師費的官司，但是知道自己代表的其實不只是立法院，而是全國人民；所爭的也不是立法院的權力，而是憲政體制的不被顛覆，因之絲毫不敢馬虎。

我也被記者追了三天，他們有興趣的是我方的策略和辯論要點，這偏偏又是不能透露的，所以我講的全是不著邊際的話。到了第三天，實在被困擾得沒有時間準備資料，只好把手機關掉。

二十一日的審查會，雙方雖針鋒相對，卻也言詞有禮。雙方的戰鬥序列發言次序是這樣的：

行政院一方：代表：朱武獻（人事行政局長）、張自強（行政院法規會主委）。訴訟代理人：葉俊榮教授、許宗力教授、洪貴參律師。關係人：劉三錡副主計長。

立法院一方：代表：高育仁立委、周錫瑋立委、營志宏立委。訴訟代理人：蘇永欽教授、湯德宗教授、李念祖律師。關係人：韋端前主計長。

看了這份名單，其實是勝負可期的。立法院方面，高育仁和我都是律師出身，周錫瑋也是有名的辯才無礙；行政院的官員代表，有的在立法院被質詢過，給我們的感覺是「不夠打」。專家群方面，我方的李念祖是台北有名的律師，蘇永欽及湯德宗兩位教授也是憲法權威；對方的專家群雖然也不弱，

但比起我方還差了一截。二十一日的臨場表現也是如此，針鋒相對時，總是我方的刀鎗要凌厲些。但是大法官會議作決定的背後因素很多，一場ORAL PRESENTATION口頭說明的表現恐怕不會佔最大的比重。

當日我的發言大致如下：

其一

主席、各位大法官：

此刻站在你們面前的，是一個來自反核政黨的立法委員。我的政黨──新黨，在它的「政策白皮書」中，明明白白地說，它反核。在民國八十五年五月二十四日立法院通過廢核四的案子，以及同年六月行政院的核四覆議案表決時，大家可以去翻一下表決紀錄，新黨都是投的反核的票。我可以向大家報告，我和我的政黨，昨天反核，今天反核，明天還是反核！

我們和民進黨的朋友們一樣，都主張建立一個「非核的家園」。但是和他們不一樣的是，我們是理性的反核，而不是「神主牌式的反核」。什麼是「神主牌位式的反核」？聽見一個「核」字就跳起來，用盡一切手段，不惜破壞一切體制，都要誓死達成反核的目的，甚至於違憲違法。各位大法官們，這不是信仰，這是迷信。

我跟大家報告，假如我的政黨今天是執政黨的話，我們仍會繼續推動反核，但不是政府今天的做法。首先，我們會依照「立法院職權行使法」第十七條的規定：「行政院遇有重要事項發生，或施政方針改變時，行政院院長或有關部會首長應向立法院提出報告，並備質詢」，我們會履行我們的法律義務，由行政院長到立法院去做廢核四的報告。然後我們會由行政院和立法院及在野黨作雙向溝通，設法說服他們，然後在立法院經由法定程序完成停建核四。這當然不容易，但是爲了容易，就可以不擇手段，違反憲法嗎？

我們再看看政府是怎麼做的。憲法第六十三條規定：「立法院有議決法律案、預算案、戒嚴案、大赦案、宣戰案、媾和案、條約案及國家其它重要事項之權」。核四的興廢是不是立法院有權議決的「國家重要事項」呢？就算不論廢核四所牽動錯綜複雜而龐大的水電供需問題、失業問題、違約賠償問題、國際信譽問題，行政院在八十五年六月函請立法院覆議廢核案時也說：「核四計畫爲政府長期審愼評估所決定之重大經濟政策，爲確保我國經濟持續發展，維護國家信譽及民眾之福祉，核四計畫確有移請覆議之必要，俾維持重大政策施政之一貫性」。可見行政院也承認核四興廢是「重大政策」和「重大事項」。憲法六十三條說立法院有權議決，立法院職權行使法說要來做報告，行政院卻拒絕了任何經由立法院的方式，也不肯來做報告，這不是違憲又違法，這不是把國家的體制民主的規則破壞殆盡的做法嗎？

各位大法官，核四問題的確是一個重要的問題。但是有一個東西比它更重要，那就是國家的法律與民主的規則，它一旦破壞，將永遠無法修復，它一旦構成先例而不被糾正，將是國家永遠的災難。這就是爲什麼，我，一個反核政黨的立委，站在這裡指陳一個更大錯誤的原因。可尊敬的大法官們，我相信你們瞭解我的選擇，我也相信你們即將做的選擇！

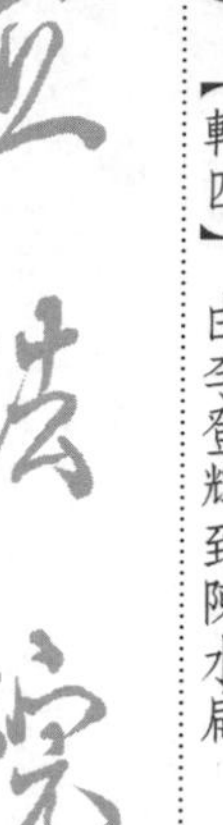

其二

我願意在這裡，跟代表行政院的朋友們討論一下他們剛才提出的問題。

行政院的代表說，「立法院職權行使法」只提到行政院長要來做報告，卻沒有說一定要在事先做報告。不錯，職權行使法的確沒有說事先或事後，但是我們必須探討立法本意。立法院代表人民對行政院作監督，是以有「職權行使法」十七條的報告規定。立法院代表人民對行政院作監督；假如是事後才來做報告，那就不是監督，而只是「告知」了。今天行政院像個老師一樣，自己對重大施政方針改變作了決定，到小學生的班上做個宣布與告知，這還有民意監督的餘地嗎？把立法委員當作一群小學生，這絕對不合「職權行使法」十七條民意監督的立法本意。

行政院的代表們說「職權行使法」上的報告義務，應指事後報告，是因為這些重要事項或施政方針的改變，都有「急迫性」。這位代表列舉了「外交」、「國防」等重要事項，說它們都有「急迫性」。但是這位代表先生你說了半天，就是沒有舉出「核四」到底有什麼「急迫性」？核四問題在五二〇新政府就職後一直延宕不決，我清楚的記得不論是唐飛或是張俊雄來接受質詢，對這個問題一律推拖拉，說到年底或明年初決定都不遲。怎麼輪到履行法律上的報告義務時，就忽然有了「急迫性」，非要解釋成事後報告即可。這分明是為了閃躲民意監督，而作的便宜行事。

再說，不論是事前或事後，行政院長都沒有來報告過。張俊雄院長固然在十月底來到立法院，而被在野黨聯盟宣布為「不受歡迎人物」；但請看紀錄，他那次是來做預算報告，並不是為核四案來做報告。立法院從來未收到公文，說行政院有意來院為核四決策改變一案作報告。

行政院的代表們又說「職權行使法」第十七條只說行政院長必須向立法院做報告，並沒有說要取得立法院同意。是的，「職權行使法」的確沒說要立法院同意，但是位階更高的憲法第六十三條卻說「立法院有議決法律案、預算案、戒嚴案、大赦案、宣戰案、媾和案、條約案及國家其它重要事項之權」。行政院的代表剛才在發言中，已經承認了核四的決策變動是「國家重要事項」，這一點已無爭議，因此我們已經可以做一結論，即是行政院的片面決定，忽略並侵犯了立法院由憲法第六十三條保障的「議決權」。

行政院的代表說，立法院對這個問題已經行使過憲法第六十三條的議決權，因爲他們審議並制定了「原子能法」。是的，立法院的確制定過「原子能法」，但那是在議決「法律案」；而行政院要對核四問題作變更，要停止執行預算，就必須在立法院通過，那才是後段所說的議決「國家其它重要事項之權」。

代表行政院的專家們又說，只能作通案立法，而核四案是個案，如同蘇建和案，是不能就個案立法的。蘇建和案當然是「個案」，因爲它只影響到幾個人；但是核四的興廢所影響到的卻是水電的供需、產業的出走、失業的高漲、經濟的危機，所以它影響到的是全國兩千三百萬人民、甚至於國家的命脈，所以它早已脫離了「個案」的色彩，不能再以影響個人的「個案」視之。何況民國八十五年行政院曾以核四案之名送請立法院「覆議」，怎麼當時行政院不認爲核四是「個案」，現在又回頭來主張核四是「個案」，立法院不能議決？

剛才行政院的專家又說，「憲法第六十三條固然說立法院就這些事項有議決權，但其實只是對有

的事項有議決權，並不是對每件事項都有議決權」。但是我要跟您說的是，我們在憲法第六十三條的條文中看到的就是這樣，看不到什麼但書或例外，您若是主張立法院對若干國家重要事項不能議決的話，請先把但書或例外翻給我們看！

各位可敬的大法官們，各位所作的決定將是一個異常重大的決定。倘若各位的決定是行政院並未違憲違法，則立法院今後通過的任何一項預算，行政院都可以選擇不去執行，則憲法所授予立法院的「預算審議權」就名存實亡，已不具有任何意義；而行政院從此會成爲脫韁的野馬，可以爲所欲爲，失掉實質「預算審議權」的立法院已無力制衡它。這是否合當初立憲的本意？這樣破壞民主憲政中制衡原理的嚴重後果我們是否有力承當？各位學養俱豐，在決定之前一定會深思的！

民國八十九年十二月二十四日於立法院

外交與僑務預算的嚴格把關

立法院目前正密鑼緊鼓地審查政府下年度的預算，由於被刪減預算的部會不斷地向外放話，誤導大家思考的方向，我必須就審預算的眞實狀況向大家作一報告。

新黨立法院黨團是以異常認眞的態度審查預算。我們只有九名成員，每位委員必須兼顧二個委員會。我負責的是外交僑務委員會和法制委員會。我並非外交委員會的成員，在該委員會沒有投票權也沒有提案權，因此在必要時必須動員新黨在預算委員會的六名委員（預算審查時每個委員會都與預算委員會聯席召開）趕來支援。爲了審查預算時方便委員們在各委員會間遊走火力支援，黨團特別爲每

位委員購置了隨身呼叫的裝備。我們爲了審查預算，每日都作甲級動員整整一個月。

外交部的秘密預算審完後，部長田弘茂向外放話說新黨刪了他們三億六千萬的秘密預算，使外交工作無法運作。其實所謂「秘密預算」就是不給人民知道的預算，在一個民主國家來說即使有也該壓到最低點。像我國這樣把「秘密預算」編列到百分之二十幾，在世界各國是絕無僅有的事。

外交部在「秘密預算」中放了些什麼進去？這眞是一個藏污納垢的地方，我們在審查會中才驚訝的發現，預算支出名目千奇百怪，許多丟國家的臉不該做的國際行爲都放在這裡面。但我們知道了又不能到外面向人民說，因爲開的是秘密會議審的是秘密預算，否則即是洩密。外交部就是籍「秘密預算」逃脫人民輿論的監督，繼續幹那些見不得人的事。

唯一的辦法是把「秘密預算」的比例減低，攤在陽光下，才能受到眞正的監督。在刪減預算之前，聯席會通過了新黨提案由我執筆的一項決議案，「在兩年內每年降低秘密預算比例百分之二」。在這項決議通過後，如果不刪減「秘密預算」數額即是違反決議，經過協商後決定刪減數額爲三億六千萬元。

又有人放話說新黨不去外交部聽報告，卻在刪預算。其實外交部通知太遲，我本人知道時時間已過，而謝啓大委員曾經前往。新黨的六位委員後來都曾邀請外交部官員來院裡作同樣的報告，並非不聽報告卻在刪預算。

外交部的「公開預算」也刪減了一億元。過程中，發生了一件不愉快的事。外交部李大維政務次長帶著他的會計長，曾到我的辦公室協商預算。我和李次長是台大政治系的前後期同學，印象也很好，所以我很誠懇的向他列出我們要刪減的項目和理由。但是沒有談攏，李次長認爲我要刪的太多，表示要再和黨鞭賴士葆委員談一下，請他放寬。

次日早上，我在立法院群賢樓參加「金馬地區兩岸交流協會」的成立大會，碰到李次長。他過來跟我說，已與賴委員有協議，只刪三千萬元，要我支持。我聽了覺得不可思議，因爲賴委員不可能不問我一下，就答應這麼低的數目字。我回到辦公室就致電賴委員求証，士葆兄說：「絕無此事」。後來得知，李次長也告訴新黨召集人郝龍斌委員「協議只刪三千萬元」。

外交部的兩面手法增加了自己的困難，外委會開會時我和賴委員都上台譴責這種不光明磊落的行爲。協商時雖然有民進、國民黨的極力護航，仍然達成刪減公開預算一億元，及李次長上台代表外交部田部長爲不出席預算審查會及李次長在協商過程中的不當行爲公開致歉。

達成協議後我上台發言，此次外委會打破了外交部預算不可刪的神話。外交部預算不可刪是一個錯誤的觀念，因爲外交部編列預算的確有不實在之處，譬如今年九月已宣布閉館的馬達加斯加及安哥拉兩個代表處的預算居然編在裡面，企圖混瞞過關。這次外交部預算總共刪除四億六千萬元，希望外交部能有所悵悟，今後在編預算和協商預算時都要謹守誠實的原則。

外交僑務委員會十二月六日繼續審查僑委會預算。歲入部分劍潭活動中心及華僑會館的收入都被僑委會低列，被我查出而補列了六百多萬元。歲出部分刪了一千一百多萬元，這個數字並不算大，主要是作爲一個僑選立委，的確不忍心刪太多僑委會預算。

所刪的部分都是有道理的。《宏觀報》本是辦給僑胞看的報紙，但是僑委會把它辦成一份僑委會

首長的「個人文宣報」。我發言時帶了一份《宏觀報》上台，報上每一版都有「張委員長」活動的大字標題，除了最後一版「兒童作文習作」除外。這樣吹牛拍馬的報紙全無可讀性，根本沒有存在的價值，我因此主張全刪預算，將它停刊。但民進黨、國民兩黨委員一致護航，因此只能協議刪除百分之十五預算，限期改進，算是「留校察看」。

我質疑僑委會編列一筆編修「華語教材」讀本的動機何在，因爲現在的華語教材不但印刷精美，而且內容頗佳。我要求張委員長承諾在編修時不得加入「通用拼音」，及不得加入民進黨意識型態的內容。張委員長不願表態承諾，因此我告訴她我要全數刪除這筆預算。最後在協商時，我拿出兩份主決議案，一是「在行政院作成決議前，僑委會不得將通用拼音列入教材，亦不得在海外宣傳通用拼音，否則所花費用不得核銷」，一是「僑委會不得以意識型態作爲海外教材增刪標準」，張委員長和民進黨委員同意接受。在委員會審查時，我先讓委員會通過了這兩個決議，然後才放這項預算過關。

我另外隨預算案提了八項「附帶決議」，包括「今後僑委會在海外作服務分配及財務支援時，不得有老僑、新僑、『台僑』、粵僑之分」等，希望匡正僑委會的「僑民三等論」。

我在審預算時不論歲出歲入每一項都上台發言，指出其中錯誤或令人懷疑之處，成爲上台最忙碌的一位，也使外交部和僑委會頭痛不已。一位僑委會的主管跑來跟我說：「假如每一位委員都像你這樣認眞，我們幹起來就會很有勁了」。其實我很清楚他要說的是：「假如每一位委員都像你這樣認眞，我們就要死掉了」。

有一次一位接著我發言的頗資深的民進黨委員說：「講那麼多話幹什麼？趕快讓預算通過就好

了！」我又上去說：「這種話像是替人民看守荷包的立法委員講的嗎？有人當了執政黨，把腦袋都換掉了」。

民進黨立委的腦袋換得快，國民黨的卻換不過來。據說有國民黨的委員很得意的跟人家說，這次審預算民進黨的立委並不太講話，都是國民黨的立委在捍衛預算。這話說的倒是事實，只是每逢我遇到國民黨的委員起來跟我交鋒時，心裡不禁想：「你還算是個在野黨嗎？」

我們處理預算的態度自信是嚴謹而理性。在提出質疑時，只要行政單位的解釋合理，我們都還是讓它通過了，刪除掉的都是太不像話的部分。說刪除部分預算影響外交工作更是危言聳聽欺騙人民的說法，在兩百八十億的預算中刪除四億多元只是很小的部分，非但不會影響外交工作，倒是會使外交部減少浪費和少做一些見不得人的事。

民國八十九年十一月十日於立法院

【輯五】

新黨與公元兩千年總統大選

大俠參選，轟動武林

八月十七日晚我在洛杉磯聽到李敖先生接受新黨徵召參選總統時，正與幾位新黨的朋友聚會。座中人的反應不一，有人高興得跳了起來，有人則臉色凝重，我是其中之一。

我並不認識李先生。二十多年前曾見過李先生一面，我那時在政大讀研究所，陪我的老師鄭學稼教授爲譭謗官司出庭，被告正是李敖先生。我當時不是律師，庭上並沒有我發言的機會。鄭老師是我敬愛的學者，但我對李敖先生的印象並沒有因爲他是我老師的被告而受影響，就連鄭老師也和氣地與李敖握手致候。我明白文人之間經常會因爲一些言語文字而糾纏不清，也只有直性情的文人才會如此，那些政治人物，表面上不動聲色，背後卻會拿刀子狠狠地砍你。我當時對李敖先生的印象是，那穿著棉襖帶著手銬（當時李敖因「叛亂」罪被押，與鄭老師的案子無關）的，是一個沒有人能禁錮得住有膽識的年輕文人。

我完全肯定李敖先生的才情膽識，使我顧慮的是：一向不受約束的李先生是否能與新黨合作下去，而不使新黨受到傷害？

二十日晚上我搭機回到台北，二十一日晨即出席新黨全委會討論徵召案。會前曾與祕書長李炳南兄等幾位交談，瞭解到黨中央邀李的苦心與用意。我同意黨中央爲新黨突破困境所作的努力，決定支持這個案子，但仍然在全委會中把我心中的顧慮全部說了出來。

全委會一致通過推荐案之後，李敖先生來到會場，與大家見面交換意見。召集人李慶華委員鼓勵

我們知無不言，我站起來說：

「李敖先生一向是坦盪盪的，我也很誠實的跟您說，在剛才全委會的討論中，我就發表過反對的意見。

李先生自宣布參選日起作的一些談話，跟我們意見並不一致，而且讓我們很受困擾。譬如您說女性不能當副總統，因爲她們『是非不明，感情用事』。新黨一向鼓勵婦女參政，提倡婦女參政權，您這一說，我們先前的努力全泡了湯。

您說主張『一國兩制』。當然您有您自己的解釋，但是一般人民會聽得懂嗎？甚至會耐心地聽嗎？他們只會聽進去李敖主張『一國兩制』，新黨的總統侯選人主張『一國兩制』，因此新黨一定也主張『一國兩制』，跟中共一樣主張『一國兩制』。可是新黨從來沒有主張過『一國兩制』啊。

另外一點跟您意見不同的是，你說新黨是一個爛香瓜，而我們並不認爲新黨是一個爛香瓜。李先生是不是能在言語上有所注意，不要讓別人誤會到您，誤會到新黨？」

我又提到我的另一個顧慮：「我這兩天看到一幅漫畫：一個威力無比的坦克車，就是李敖先生，裝著許多砲管，向四面八方連宋許扁伸出。但我注意到，其中有一個砲管也對著前面拉車的新黨。會不會發生這樣的狀況，將來砲火四射之餘，也射到新黨身上？

我在洛杉磯聽到您接受趙少康先生訪問的錄音帶。您說如果新黨沒能通過徵召您的案子，那一定是有『國民黨臥底的』，您就要『揭發』他們，與他們『殺來殺去』。我聽了吃了一驚，怎麼不贊同的人就是『臥底的』。您又怎麼現在就有心理準備要跟新黨『殺來殺去』了？」

因爲李敖先生在「中華民國存亡」的問題上也有過令人側目的說法，我特別語重心長的說：「我相信李敖先生的同意參選，並不是爲了幫新黨的忙，而是爲了『中華民國』與台灣人民。新黨今天也不是提名李敖先生您，而是在提名一個有助於『中華民國』與台灣人民的人。讓我們在這個目標之下基礎之上攜手合作、相互體諒、共同努力！」

我的問話尖銳而坦白，李敖先生也誠懇地回答。他說，說新黨是爛香瓜是與國民黨與民進黨這兩個「大西瓜」作對比。他代表新黨參選無利可圖，不像別人那樣「西瓜靠大邊」。本來說香瓜就可以了，但是不夠「刺激」；爲了「刺激」一點，所以加上個「爛」字，變成「爛香瓜」。李敖說：「我現在把這個『爛』字收回」！

關於會不會砲火朝向新黨的事，李敖先生很幽默地說：「那個漫畫我也看到了。不過新黨可以放心，我在向新黨開砲之前會先告訴你們，讓你們先躲起來。」「您說『殺來殺去』不太正確，因爲只有我『殺來』，新黨沒法子『殺去』。我一殺來你們就全被殺死了，沒法子『殺去』了。」

這樣的回答讓人哭笑不得。但說實在的，現場的問答我感覺不到李先生有任何惡意。所以大家可以看到聯合報上的那張照片，我和汪志冰國代兩位被李敖形容爲「很委屈地贊同」的人，也樂得張嘴大笑。

召集人李慶華委員也說，說出去的話再收回來，這對李敖來說還是一生中的頭一次。這已經可以看出李敖對新黨的誠意。

次日新黨黨慶大會，李敖外著紅夾克內穿黃色襯衫上台講話。那天李先生的演說我願意以「接近

完美」一詞來形容，場內黃旗之下的群眾也報以巨大的迴響。那一刻，我深爲新黨有這樣一位表達能力強勁的侯選人感到驕傲。

二十九日新黨全體公職人員大會，出席六十六人中以五十三票通過徵召案，我也投下贊成票。表決前有熱烈的討論，以致李敖先生比原訂時間遲了四十五分鐘才得進場。李敖幽默地說：「我還以爲召集人李慶華委員已經切腹自殺了」。這樣的過程和投票數字充分顯示了新黨是一個民主的黨，而不是國民黨式的一言堂。

李敖先生留下與大家一邊吃便當一邊交換意見。我也再度提醒他：「李先生曾經提到兩蔣時代將中共『妖魔化』及『矮小化』，乃至影響到今日台獨份子的心態。這是正確的。但是李先生您是否注意到，您的言語也在無意中把新黨『矮小化』了。

譬如您說：『不是我去認同新黨的理念，而是新黨要來認同我的理念』。譬如您說：『新黨是『可憐的等待拯救的孤兒寡婦』』。譬如您說：『只有我殺來，沒有新黨殺去，因爲我一殺來，你們就全被殺死了』。

我明白您是講得好玩，沒有惡意。可是您要我們新黨的人怎樣回應呢？我們只能有兩個選擇：第一個是我也講個笑話，給你殺回去。可是那不是眞的變成新黨的人跟您『殺來殺去』了嗎？我們不能做那樣的事。第二個選擇是我們鼓掌，跟著哈哈大笑。我們都選擇了第二個反應。可是外邊的人看了會不會說：『你們新黨的公職人員是不是都有被虐待狂』？因此我們盼望李先生能爲新黨在言語上掌握分寸。」

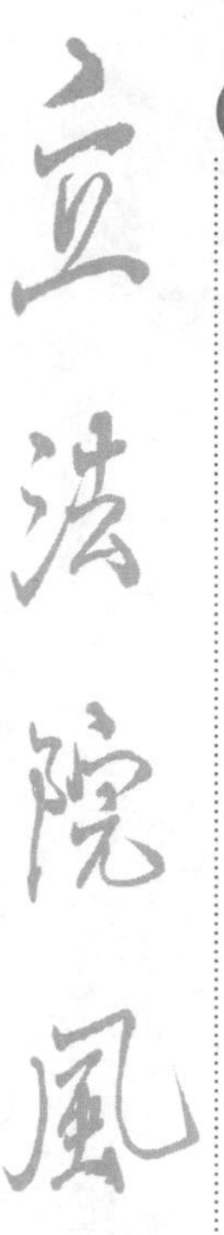

我又提到搭檔人選：「李先生最近提到的副總統人選，包括與張惠妹配的『敖妹』配，與陳文茜配的『敖茜』配。其實我眞的建議您找一位女性的副總統候選人，因爲您先前『婦女不能當副總統』的談話讓人誤解。其實一個肯拿兩千萬元資產援助慰安婦的人會不尊重女性嗎？找一位女性副總統候選人，可以把外界對您先前的誤解自然打消。」

「如果要找女性副總統候選人，本黨就有許多傑出的婦女人才，何必外求？像那邊坐的黃珊珊市議員就很好啊（自然要先修憲，她才二十多歲）。

重要的是，如果您找本黨任何一位傑出的女同志搭檔競選，全黨都會興奮地出來抬轎子。您若是找陳文茜當副總統，她太重了，我們抬不動她！」

李敖先生誠懇地回答，他會顧及新黨，以後言語上會掌握分寸。又宣布將「殺來殺去」的話收回。李先生的誠意讓我感動，倒讓我覺得自己的話是不是說的太重了。一身傲骨的李敖先生，已經是第二次把說出去的話收回來了。

提到副總統人選，李敖又風趣起來。他說會注意新黨的傑出女同志，但不一定是女性，因爲怕新黨的男同志抗議。又叫黃珊珊「不要難過」。

自從李敖宣布參選以來，每天報上都有大幅報導。這對消息一向難以上報的新黨來說，的確是讓人振奮的事，馮滬祥委員就說：「李敖替新黨節省了幾億元廣告費」。

李敖先生的談話固然有讓我們緊張之時，但其實大部分的言論都讓我們讚歎。譬如他說他若當總統只管大事，只管原則方針，其它事全不管。根據我國憲法最高行政機關其實是行政院，李敖的觀念

是最正確不過的。李敖如果當總統一定不會像李登輝一樣違憲攬權。

三十日，李敖先生與新黨立法院黨團一起舉行記者會，介紹本會期將推動的法案。李先生對記者說，他其實不懂這些立法工作。我坐在李先生之旁，心裡再度感動。人說李敖狂傲，我認識了李敖謙虛的一面。這種謙虛不是虛僞的謙虛，而是眞實而自信的謙虛。李敖是一個眞正的知識分子，不像有半瓶醋的人當了總統就以爲自己是無所不能的天才。

所以我進一步想到，李敖或者不僅僅是一個能替新黨節省大筆廣告費的好總統侯選人，他若有機會當總統，應該也是一位好的總統。

我在返台前日接受記者詢問時曾說：「作爲一個文人，李敖是一百分的文人。作爲一個學者，李敖起碼也是九十分的學者。但是作爲一個總統，我不確定他能得幾分。」在對李敖有更多的認識之後，我也願意收回這句話。

作爲一個政黨，我們有責任向人民推荐最好的總統人選。新黨推出李敖先生，我們毫無愧色，因爲我們向人民推荐的正是一位學識最好、眼光透徹、不虛僞做作，敢說眞話，表達力強，不違法越權的最好總統人選！

民國八十八年八月三十日於立法院

「圍剿」李敖記

新黨最近的風雲變幻是使人扼腕的。先是總統候選人李敖先生為朋友兩肋插刀，答應了許信良擔任副手，事經召集人李慶華委員急電挽回。此後朱惠良委員又俠影翩翩，與許搭檔競選去也。鍾小平市議員砲打黨中央及李敖，李敖還擊出現了「兔子說」，「驕傲的狼要殺光新黨內所有的兔子」一語駭人，使不願當兔子的新黨人都氣憤不已。

那幾日的氣流已極不穩定，很多人對李敖感冒。為了讓大家大鳴大放吐出心頭的氣悶，也與李敖作面對面的溝通，黨部召開了十一月二十三日的「擴大常委會」。

媒體對這件事大感興奮，他們期待著一場「狼與兔子」的廝殺大會。當日報上有coco的一幅漫畫，一匹狼戴著墨鏡（李敖的新造型，說是印第安人出征前塗的油彩）人五人六地坐在會議桌的一端，另一端是幾隻七嘴八舌的兔子。

李敖先生踏入會場時，媒體記者們跟著蜂湧而入。李先生與大家握手，有人激憤仍然形諸於色。一位委員跟李敖開了一句兔子的玩笑，直性情的郝龍斌委員立即喝問：「誰是兔子？」

召集人先請李敖先生講話。李敖陳述了「副總統事件」的經過，自己所扮演的角色和思考方向。他也坦誠地敘說了自己的感受：「我為了義助新黨出來選總統，但是新黨為我做了些什麼？自我宣布參選以來，沒有人送過我花、一張小卡片，我在新黨內沒有感受到一點溫暖。」

李敖說，如果新黨要他選，他會選下去的。一千五百萬元的保証金，他也願意一肩挑起。坐在旁

邊的召集人立即說，新黨提名自己的侯選人，當然由新黨出這個錢。

接著就是與會公職人員的大鳴大放。我站起來說：「我一向很敬佩李敖先生，直到今天還是這樣。但是新黨和您之間的合作顯然出了問題，而這些問題都是我們當初預想到也提醒過您的。

李先生天真爛漫的文人性格，我們都是很欣賞的。但是我們也跟您說過，您今後從事的是嚴肅的總統競選的工作，心態必須調整一下，不能再抱著玩的心理。

李先生一定也記得，我當時特別提醒過您，您在言語上經常有把新黨『矮小化』的傾向。但是最近，您又一再地把新黨『矮小化』和『侏儒化』。

我舉個例子，你跟新聞界說，您要『牽著李慶華的小手前進』。李先生，一句好話被您說成壞話了。李慶華不僅僅是李慶華啊！李慶華如果僅僅是李慶華，我們可能還沒有這樣憤慨。李慶華是我們的召集人啊！我可以告訴您，我聽到這句話的感覺可以用『血脈賁張』一句話來形容，您這是把我們新黨形容成三歲小孩啊。

我再舉個例子，您說您要跟我們召集人互換位子，您去當『黨主席』，然後再找陳文茜選副總統。李先生，外界聽到這樣的話會有什麼想法？第一、新黨是一個無足輕重的黨，所以您要當『黨主席』就可以當『黨主席』，儘管還不是黨員。第二、新黨不是一個民主政黨，所以也不需要經過法定程序，就可以去當『黨主席』。

副總統人選，新黨當然應該尊重您的意思。但是您也似乎應該徵詢一下新黨的意思，怎麼會冒出一個陳文茜來？您對新聞界說要找外人作新黨的副總統候選人，不會覺得我們會很難堪嗎？您把新黨

置於何地？

李先生一定也知道，『兔子』是一句罵人的話。現在報上有兩種版本，一種是說您說『新黨的人全是兔子』，另外一種說，您說『新黨的一部分人是兔子』。但是不管說『全部是』，或者『一部分是』，您都把兔子跟新黨兩字連在一起。我從全委會通過您的徵召案到昨天以前，對外都是說『我們的總統候選人比人家好』，沒有說一句反面的話；我們絕大部分的公職人員都是這樣。我們自認不是您心目中的兔子。可是您如果認爲鍾小平不對，爲什麼不說『鍾小平是兔子』，或者『某甲』、『某乙』是兔子，相信李先生您也不是不敢提人家名字的人，而一定要說『新黨的人是兔子』？

新黨也許是一個爛香瓜，但是在我們這些人心裡，新黨仍然是一個有理想的，當初曾經是這樣完美的、由一群清純的讀書人組成的政黨。新黨仍然是我們心底深愛著的政黨。我們仍然希望有一天它能夠壯大。李先生，當您在社會大衆之前把新黨『矮小化』之時，可曾想到我們的感受？

關於與許信良搭檔的事，讓我們吃驚的是，您竟然有七個小時已經決定要當許信良的副手。新黨提名的總統候選人要去當別人的副總統侯選人，這對我們來說就好像被打了一耳光似的。我明白您答應許先生是爲了個人的友誼交情，但是正如對國家的愛永遠要擺在對鄉土的愛之上，對團體的愛要超過對個人的愛。您怎麼能爲了成全個人的交情，而傷害新黨這個團體？在我的感覺裡，您對民進黨這些人的感情，像是超過對新黨的。

李先生今後是不是可以格外注意，有些事要認眞以對，不要說可能將新黨矮小化的話。假如您今後再有這樣的話出現，我們怕也約束不了自己，而要反手回擊。這倒不是『意氣之爭』，而是您把新黨

矮小化的話講上幾個月，我們聽若未聞，那新黨在社會大眾心裡就眞的成爲一個侏儒了。爲了維護黨的名譽，我們將不得不反手回擊。

李先生，我仍然敬佩您，希望您勉爲其難地繼續代表新黨參選。您代表新黨出來是仗義的行爲，如果中途離開那恐怕就是『爲德不卒』了。對新黨來說，總統候選人如果不見了，也是一個很傷信譽難以對社會交待的事。

至於那一千五百萬元的參選保證金，李先生，新黨，我們是窮人家的孩子，我們可能有的不多，但是重視的是我們的黨格和聲譽。既是我們黨的候選人，當然應該由我們繳保證金。因此我贊成召集人的意思，那個錢絕對不能由您來出。

李先生，我們也有錯。您說的一點也不錯，您宣布參選以來，沒有人送過花、一張卡片，表現過關懷。我們太疏忽了，沒有想過您的感受。明天我就送花到您的府上，假如我找得到您的地址的話。

讓我們雙方都作檢討。克制自己，重新來過。」

當天發言的人很踴躍。十五個出席的公職人員中，有十三位慷慨陳辭，把「驕傲的狼」圍在當中。李敖先生在大家講完後作了回答。他說他與新黨人的言語方式不同，新黨的用語是「教授式」的，他不習慣。多年養成的習慣，要改的確不容易。

至於「兔子」一詞，李敖先生解釋，並不是指妓院裡的兔子，他說兔子是因爲兔子潔白可愛，沒有罵人的意思。他幫許信良是幫多年朋友的忙，絕不是愛民進黨超過新黨。

顯然「潔白可愛的兔子」大家仍不願當，郝龍斌委員跟李敖說：「那等會兒請您出去時跟記者

說，今天是一隻兔子跑到一群狼裡面來好了」。李敖先生當然也不願意反過來當兔子，折衷地說：「那就說大家都是狼好了」。大家猶豫了一下，「我們大家都是狼」快要變成結論時，謝啓大委員認眞地提出問題：「爲什麼我們要說自己是狼」？嚴肅了半天的李敖又開始開玩笑說：「大家統統是狼，除了謝啓大委員以外」。

「狼與兔子」的說法變成開玩笑後，也就沒有什麼好爭的了。這次的「擴大常委會」是有收益的，李敖先生與新黨各位都是坦蕩蕩的人，在開門見山痛快地說出來後，反而不會再有什麼芥蒂。把彼此間的問題遮遮掩掩反而不好，外面也不會相信的。

李敖先生顯示了相當的耐性與誠意。面對十多個比他年輕的人你一言我一語，李先生都忍下來了，這對驕傲如李先生者恐怕是平生第一遭。李敖爲什麼會對我們多作忍耐，不是爲其它的原因，應該是內心裡把新黨這些人當作相投的朋友。

李敖是可尊敬的朋友。他已經很努力地去做了，但是要把他的文人性格一下子變成政治人物的樣子的確不易。我們認識到這點後也該有所諒解，但是諒解並不是坐而不言，眞正的朋友是要隨時相互指正讓對方有改正的機會。我們也不要老是作單向思考，要從對方的角度看看對方需要些什麼。

我第二天就把花送到了李先生府上。不過讓我也有些麻煩，我太太聽說後向我抗議：「你爲什麼都沒有送我花？」

由鄭板橋到板橋

我在二月十八日立法院新會期開議前回到台北。十九日上午的新黨全委會中，聽說李敖下午會在板橋國小演講，板橋國小是我三十年未曾踏進的母校，不禁高興得決定一定要去。

計程車司機也不知道板橋國小在哪裡，問了我一句：「你去過嗎？」我眞不知道怎麼答才好。那曾經是熟得不能再熟的地方，但是我卻沒有辦法爲司機指路，今天的板橋我早就不認識了。

到了校門口，我還在疑惑到底走對地方了沒有？因爲校門口那條大水溝怎麼不見了？再看看門上明明寫著「縣立板橋國民小學」，我才肯下車。

那條像護城河似的大水溝，也曾載滿了我的記憶。不僅是每天走過上面的小橋進校門；大掃除時，我們常要拿著水桶到水溝裡舀水清洗教室，趴在水溝邊嘻鬧玩水，有一次我的水桶竟被水沖走了，我也忘了後來是怎麼被處罰的。

校門口貼著「李敖演講會請繞至後門進禮堂」的張貼。我一腳高一腳低的走在學校旁邊的北門街上，心裡充滿了興奮和緊張，我的母校現在不知道變成什麼樣子了。

從我完全不認識的後門進去，迎面就看見馮滬祥兄由一群穿黑夾克的護衛簇擁著走進禮堂。原來自從正式參選後，滬祥兄就有二十二個隨身護衛，李敖先生則有二十三個。

這個禮堂是個五層樓高的建築，可容納千人，早已不是當年那個兼作風雨操場的破舊小禮堂。但是我對當年那個小禮堂還是情有獨鍾；我還記得畢業典禮那天我正坐在下面懊惱，因爲畢業考試失常，眼見別人上去領縣長獎而自己只得到校長獎。數十年恍如一夢，縣長獎與校長獎又有什麼分別呢？但當時卻難過得可以。

李敖先生的講題是「由鄭板橋到板橋」。我在板橋居住的這段期間也常想到鄭板橋，但是板橋顯然並不由鄭板橋而命名；中國人慣常爲政治人物歌功頌德，你幾曾見過以窮酸文士之名爲地方定名的？板橋其實就是座板橋，有柳樹清溪的地方，何處無板橋？因此你在中國各省份幾乎都可以找到以板橋爲名的鄉野小鎮（我在地圖上查過）。今天板橋成爲人口五十萬的大市，倒是不適合「板橋」的名字了。

我明白李敖先生心中如果也有偶像的話，應該就是鄭板橋這樣的人了。窮得連兒子都餓死，不爲五斗米折腰，永遠關懷貧苦大眾，這就是中國文人的精神。這是爲什麼一到板橋，李先生就想起鄭板橋的緣故。

李敖說，他是山東濰坊（就是那個風箏的故鄉）人，鄭板橋在四十多歲取得功名後曾到濰縣當過縣令。李敖說自己的祖先來自雲南，那是苗人的地方，而一部分苗人行向東南來到台灣那即是台灣高山族之祖。所以李敖說，自己才是「正港的台灣人」。

自從李淵父子當了皇帝之後，天下姓李的都說自己是「隴西李氏」（雖然現代也有人自認是「日本岩里氏」），而像李敖先生這樣願意跟苗人與高山族扯上關係的，實在並不多。

李敖先生的演講在轟雷般地掌聲中結束。我擠出禮堂，一個人在校園內漫步，希望能認出舊時模樣。

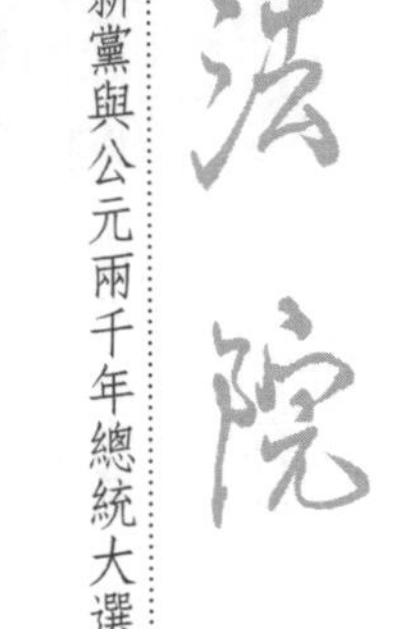

校園後方原有棟兩層樓，是我五、六年級時的教室。教室裡、走廊上、樓梯間藏著一段又一段的當年故事。現在是棟五層大樓，裝了鐵門鐵窗，讓我想走進教室一看課桌椅拾取一些回憶的希望都滅絕了。

校園感覺上變小了，當年嘻笑追逐由前到後要好長一段奔跑，如今好像幾步路就可以橫跨操場。我明白這不是校園變小了，而是人長大了。

操場已沒有泥土地，全都成為籃球場與網球場。籃球，當時對我們來說是中學生的象徵，哪裡能夠望及？網球更是見都沒見過的東西。那時大家的熱門運動是躲避球，可是操場上一個躲避球場都沒有，那呼嘯吶喊見人就擲的躲避球運動也成了操場上消逝了的場景？

操場角落上的那棵高大的麵包樹，和下面的石頭滑梯也不見了。滑梯上不知道站立過多少次，不知深淺地想像自己的未來；也記得自滑梯上滑下時快樂的童年心情，如今連場景都不見了，心裡能不抽的緊緊的嗎？

今天的孩子們在哪裡玩呢？沒有了滑梯、蹺蹺板、浪木。沒有了泥土地，他們在哪裡打彈珠呢？操場被鐵絲網圍住，他們又到哪裡去奔跑追逐呢？我不禁為我的小學弟和小學妹悲哀起來。

走到前排教室旁的走廊，我又重新湧起了希望，希望那個牆上的大佈告欄仍在。我從小學三年級起包辦學校裡的作文比賽第一名，還記得每次成績公布後站在那裡抬頭看自己文章的得意。也記得畢業三、四年後我唸高中時，一日回板橋國小在同樣作文比賽第一名位子上看到一個名叫「首仙仙」的女生的文章，讓我記得她的是一來她有一個與我同樣特殊的姓，二來是覺得她的文章深度是我在同樣

年齡時所不及的。板橋國小竟有這樣的天才？我高興地想。誰知又是兩年之後，報上登出社會新聞，首仙仙在郊野自殺，留下連成年人都讀不透的對人生看法的遺書。「仙仙去矣」，報上的標題這樣寫。首仙仙的死對她自己未必是悲劇，也許她眞參透了我們不能參透的道理；對我們來說卻是痛心的遺憾，我無意間看到一道彗星，沒能見到它絢麗的光輝點燃星空，卻已急急地殞落。

我如今走在同樣的走廊上，壁上空無一物，已看不到大佈告欄了。首仙仙的故事，我的故事，和發生在這個小學裡的許多小男孩小女孩的故事，都已經被時間淹沒不再有人知曉了。

去年板橋國小一百年校慶，我也曾收到請帖，正興沖沖的想見見童年玩伴。誰知那天上午剛好新黨全委會開一次重要的會，遂不能成行。事後知道認識的同學都未收到通知也沒去，反倒是自報上看到校方邀請了與板橋國小八竿子打不到的連戰副總統到場擔任貴賓，與老同學會面的機會變成了這樣的政治場合，眞是不去也罷！

我懷著一顆失落悵惘的心走出校園，想到自己住了十多年的老家去看看。路面和街景卻已完全不認識，我走上一座天橋，茫然四顧卻不知「自強新村」在哪邊。忽然迎面來了同樣來聽演講的傅崑成兄，這才告訴了我方向。自己從小長大的地方，卻還要別人爲我指路，眞是覺得慚愧。

也難怪我不認識了，剛搬到板橋時村子前後都是田野，我們下了課常到田裡去玩。夏天的夜裡，蛙鳴和蟲聲常自村前傳來伴我們入眠。其後雖然農田變成了體育場，卻仍然寬敞看得到藍天白雲。如今圍擠在路邊連棟的十幾二十層大樓是哪裡來的？

我走進村子裡，就像是走進夢裡一般。這個夢卻與我二十年來在異國次次所夢見的老家不同。路

上走著陌生的人，講著陌生的事。路邊停滿了汽車，竹籬笆圍繞的房舍全成了挨擠著的五六層公寓。原先寧靜的村子，現在充滿了時裝店、餐廳、公司行號。我在村子裡繞來繞去，就是不能肯定我家原來住的是哪一條巷子，經過改建的家當然更找不到了。我走出村子，茫然地就好像兒時的記憶全被沖洗掉一樣。

「林家花園」就在我老家的附近，我又興奮起來加快了腳步。林家花園內假山處處，我們一群小孩放學後常不回家先到這裡來，把書包一丟玩捉迷藏及殺刀，把自己想像成諸葛四郎及眞平。我走到門口才發現花園因整修而關閉，我失望地把視線越過高牆，想捉住一些記憶。

花園旁邊的那條街，我們幾個小孩子常背著書包害怕地歪歪斜斜的走過，原因是裡面的那幢樓是傳說中的鬼樓。那牆上露出的古舊樓台，寓藏著多少想像的空間。我眞想再端詳一下這座樓台，便走入那街。記憶裡一向僻靜的這條街，竟有摩托車一輛接一輛地駛來，廢氣不斷地迎面撲來，我終於不能忍受，自街口退出。

板橋的變化實在太大了，由一個寧靜的小鎭成爲人口超過五十萬的全台第一大縣轄市。板橋人得到了傲人的商業大樓、第一流的商場，很像樣的公共設施，但失去了藍天白雲、清風明月，可以大口呼吸的新鮮空氣。對於我來說，失掉的更多，包括喚不回的童年記憶。

我在這裡度過了成長的歲月，由一個戴鴨舌帽的小學生，到騎單車的中學生。三十年再回首時，發現夢中的板橋已不存在，至於李敖所提到的鄭板橋和同屬於歷史散落在中國鄉野各地的板橋小鎭，更早已流逝得無影無蹤了。

兄弟同心，其利斷金！——

講於洛杉磯「親民黨」慶祝成立大會

各位前輩、各位好朋友：

今天我到這裡來，心情是很複雜的。

記得兩個月以前，我在此地爲宋友會站台，同樣來跟各位見面。那天上台之前，一個朋友跟我說：「我倒是想看看你今天要怎麼說」，爲宋站台那時還是違反黨紀的，「你又要說話聲援宋楚瑜，又要維護新黨的立場和尊嚴，我倒要看看你怎麼說」。

那天，我坦然地以一個新黨人的立場說話，甚至說了一些讓強烈支持宋楚瑜的人未必很滿意的話。但是各位你們並沒有像有人擔心的一樣與我爲難，反而如往常我在此地演講時一樣給我熱烈的鼓勵掌聲。

一個人的口才是有時而盡的，沒有一個人的口才會好到無往而不利的。但是情義卻是無往而不利的，只要是無私地出自情義的講話，即使是不能盡合己意，也必能瞭解和接受。

我今天又遇到同樣的場面。今天的群眾之中很多都是熟面孔，許多是前新黨之友甚至幹部。當我在親民黨成立的慶祝會上，碰到自己一起奮鬥多年的同志，而要向他說「恭喜」時，你們想想看這「恭喜」兩個字有多麼沉重。

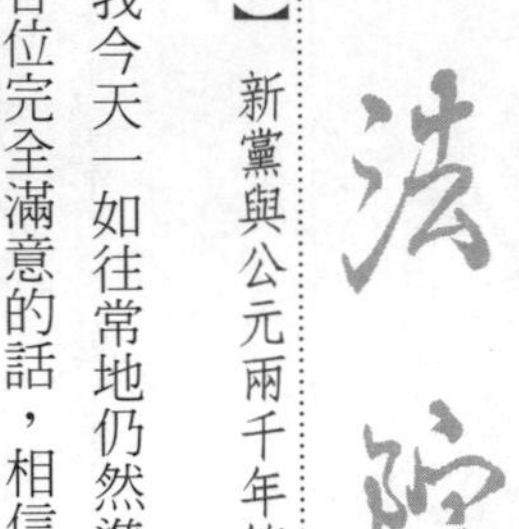

我今天一如往常地仍然準備以一個新黨人的身份與立場講話，我仍然準備直言直語。倘若說出不能讓各位完全滿意的話，相信大家也一定能夠瞭解和寬諒。

新黨與宋楚瑜的支持者並肩作戰已經有一年的時間。在這段時間中，新黨人不但付出了力而且付出了心，我們的公職人員或明或暗的都支持了宋楚瑜。我們當然知道，選後不論勝負宋楚瑜的聲勢都會淹沒新黨；但是我們並沒有因此對宋張吝於伸出援手，因爲你們知道我們新黨人是把國家放在黨之上的。

你們大概也還記得，我在替宋友會站台時仍然說：「我支持李敖，我準備盡身爲新黨公職人員起碼的責任，我自己這一票一定投給李敖」。

可是到了選前幾天，選情是這樣的緊急，除了國民黨仍在騙人到處說「宋已出局」外，我們都知道，陳水扁領先而宋楚瑜小距離落後。我們是這樣的焦慮，我跑去跟新黨的副總統候選人馮滬祥說：「對不起，我這一票恐怕不能投給你了」。馮滬祥也很大度，說：「我贊同這樣的做法，就投宋張好了」。

這是違反我做人原則的事，但我畢竟還是這樣做了。

各位在海外可能沒有看到，選前幾日各報登出新黨廣告：「反台獨的力量不能分散」！這不就是要新黨的支持者去投宋楚瑜的票嗎？這是太明顯的暗示。但是黨部唯恐大家還看不懂，召集人李慶華在選前最後一天明白宣布支持宋楚瑜，隨即辭職以示負違反黨章之責；而繼任的郝龍斌召集人也公開宣布支持宋楚瑜。

各位你們想想看，有什麼政黨願意公開捨棄自己的總統候選人，而支持別的候選人？這是多麼難堪的事。而什麼人願意看到自己黨的候選人得票列到各候選人的榜末？以李敖先生的知名度和受擁戴的程度，如果不是這樣的原因，你想會只得一萬多票甚至落在許信良之後嗎？

這種事只有新黨才會做，因為新黨的特質與人不同，我們當初創黨的目的就是為了「保衛中華民國」。當我們意識到國家面臨到緊急危難的時候，我們都放棄了自己的原則、顏面、甚至黨格。我們是在痛苦地毀黨救國啊！

（台下有人起立：讓我們為新黨的犧牲與努力鼓掌！全場熱烈鼓掌。）

大選結束了。有人問：「新黨是不是要與宋系組成的政黨合併呢」？我可以跟大家報告，合作的空間是無限大的，但是合併是不可能的。

首先是意願的問題，雙方都沒有這樣的意願。宋系組黨的核心劉松藩先生曾經接受過記者的訪問，明白表示沒有意願。新黨處理這件事的態度是很審慎的，全委會與公職人員會議前後開了三次會，會中的意見幾乎是一致的，我們無意合併。

新黨是一個理念的黨，我們堅持「保衛中華民國」「反對黑金」的理念，數年來始終如一，我們通過了時間的試煉。親民黨固然與我們理念接近，但是不是可以跟我們一樣做到不打折扣？他們也許可以做到，也許甚至可以做得比我們更好，但這到底是沒有經過時間考驗過的。新黨一旦把自己投下去，便再也回不來了。創黨不易，結束政黨卻很容易；結束政黨後要想再回來，那根本就是不可能。

其次是戰略上的原因。兩個政黨同時存在如果能互為犄角相互支援，將比一個政黨要有力得多。海峽前線不是有金門和馬祖嗎？「田單復國」不是有莒和即墨嗎？假如我們要幹田單復國同樣的大業，就需要莒和即墨互為犄角。我們就以立法院為例，兩個黨就是兩個黨團，兩個黨團相互配合與聲援，就比一個黨團聲勢與力道要大得多！

因此，兩黨合併是不可能的，而兩黨合作由議事合作甚至到聯盟關係，這個空間是無限大的。

至於我自己，我跟大家報告，我一直以作為一個新黨人為驕傲。我不準備放棄這份驕傲，我一定要留在這個我引以為榮的黨內。我誠懇的希望大家能留在新黨裡面，跟我一起繼續為我們的目標而努力。

我必須告訴大家，新黨仍然是國內最好的黨。當國內的政客們忽左忽右、忽統忽獨、忽好忽壞的時候，新黨堅持自己的理念，一路走來始終如一。新黨的公職人員也許做過許多愚蠢的事，但是在「保衛中華民國」、「反對黑金」的立場上，從來沒有人打過半點折扣。這是我們可以對得起大家的地方。

它曾經是多麼完美的一個政黨。當我當年報名新黨僑選國代提名的時候，我只塡了一張表，自始至終連一個電話都沒有打。但是發表時我竟然能以第一順位被提名。你們知道國民黨的國代是怎麼產生的？每個人都去台北奔走活動，每個人都有自己的背景與靠山，看誰的比較硬。但是我跟您說，在中國兩千年的傳統中，國民黨這樣子才是正常的，新黨卻是反常的。新黨竟然能做到兩千年來中國人

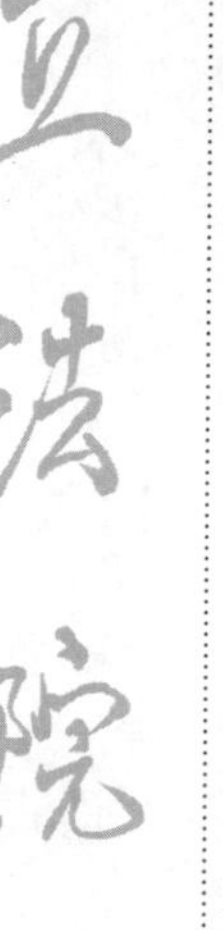

都不能做到的事，不套關係走後門，十萬人的集會散會後不留一張紙屑。這樣的政黨是值得一個知識份子去替它拼死效命的。我當時認爲新黨不僅僅是一個政黨而已，它是海峽兩岸人民共同的希望，民族復興運動的起始。

新黨曾經跌倒，但是只要理念未失，我們沒有理由認定它站不起來。郝龍斌委員最近接任全委會的召集人，他是一位正直的人，也有心整頓黨務。我們爲什麼不各自出一把力，讓新黨再站起來？

新黨的公職人員的確做過許多蠢事，傷透了大家的心。因此如果有人一定要離開新黨，我也無言以對，我也沒有資格在這裡跟你說不。

假如眞的是這樣，我也在這裡祝福，並且跟大家說：「昨天、從前，我們是同志、是朋友；以後、明天，我們還是同志、是朋友」！

我們珍惜從前一起走過的路，將來也還是可以向同一個目標前進。

新黨今後將與親民黨共同努力。有了這兩個政黨的同時存在，彼此觀摩、激勵、與良性競爭，新黨從此不再敢內鬥，親民黨也會勇敢地與黑金劃清界線；沒有一個政黨會老大而停滯不前，沒有一個政黨敢不奮勵發揚！

新黨與親民黨的關係，不是友黨，而是「兄弟黨」。中國有句話說：「兄弟同心，其利斷金」！讓新黨和親民黨聯合起來，爲「保衛中華民國」的目標而奮鬥，中華民國一定會因而永遠存在、昌榮不息！

民國八十九年四月一日於洛杉磯

【輯六】

巨龍，起來

巨龍，起來！

村落座落在山谷中。傍倚著高大的青山，清澈的小溪緩緩的流過，天上有藍天白雲，地下有綠樹紅花。人們在這裡，不知道已住了幾百年、幾千年。

不知從什麼時候起，春天已不再來到山谷。冰雪封山，終年不化；作物枯萎，食物短乏。家家的孩子大人，有一頓沒一頓餓著肚子過日子。

山外卻來了妖魔野獸，挨家挨戶地搜刮糧食，食人噛畜，走了一群又來了一群。父母抱著衣衫襤褸的孩子，驚恐地等候著一次又一次的侵擾。

太陽似乎也不肯出來了，山谷逐漸地黯淡下去。老人家歎息一聲離開人世，爹娘憂慮地注視著懷中的嬰兒。

村子中只有幾個小孩沒有放棄希望。他們不知從哪裡聽到一個神話，在換年的除夕夜裡，如果有人誠心地到山頭祝禱，就會有巨龍自山谷中升起，融化冰川，回春大地，驅妖逐魔，庇佑村民。

他們相信巨龍就是他們的祖先龍，祖先曾有輝煌的歷史，化身成龍，它是正氣，它是祥瑞，它是力量。千萬個逝去的祖先，都成了龍的一部分；在適當的時機，它會再來。

神話，早已被歷經滄桑與現實苦難的大人們遺忘，它只活在孩子們的心中。他們奔走相告，讓這個消息在村子中孩子的世界秘密流傳。

除夕夜灰黑一如往昔，山頭有一個一個的黑影往上爬。凍僵了的小臉，哆嗦著手腳，卻仍閃爍著

一雙雙充滿了信念的黑眼珠。

大山之上雪地中，佈滿了一個又一個孩子的身影。他們跪著，朝向山谷，高喊：

巨龍，起來！

他們噙著眼淚，聲嘶力竭：

巨龍起來！巨龍起來！

他們淚流滿面，望眼欲穿，熱切地喊出了身體中全部的力量：

巨龍起來！巨龍起來！巨龍——起來！

巨大的迴聲自遠遠近近千山萬谷中響起，那不是山頭上孩子們的喊聲，而是億萬個受盡百年屈辱充滿了血淚匯聚成的控訴與企盼的聲音，它沖擊了天霄震撼了大地，激昂著宇宙乾坤。

一條金黃色巨大的龍忽然升騰而起，以無比尊嚴的姿勢高踞萬丈天空，它的華麗輝煌讓人眩目，剎那間人間已是光明世界。妖魔們紛紛走避，天地自寒冬中甦醒。

孩子們又驚又喜地凝望著他們心愛的巨龍。巨龍起來了，我們民族的巨龍終於起來了！

＊＊＊＊

我在世紀末的夜裡，伏案寫下了這一段神話。堅信與不避冰雪的熱情能使神話成爲事實。我如此相信，正因爲我也是噙著淚衷心祝禱的孩子之一。

一九九九年十二月三十一日晚寫於中國人被許諾的世紀開始之前

我最親愛的母親——

講於母親營張瑞芸女士靈前

各位朋友們：

我的母親從來沒有聽過我的演講；想不到這唯一的一次，竟然是在她的靈前。我希望她能聽得到我們對她的瞭解與愛。

我的母親出生在陝西省北部的一個世族，這個世族和同時代的許多中國世家一樣，在她出生時已經沒落了。我的母親因此有一個很艱困的童年，其中的辛酸不是我們這些子孫輩能夠想像。在那個蒼茫的黃土大地上，一個幼小的女孩不服氣地向她的宿命搏鬥，靠著自己掙扎才能完成學業。

成年後抗戰前夕她嫁給了我的父親。我父親是一個老實人，很不幸的也是一個政治工作者。在那個已經被共產黨佔領的陝北，他們併肩孤立無援地與共產黨搏鬥。我母親不但要張羅一大家子的生活，還隨時都有殺身之禍。他們與中華民國一同走過坎坷的歲月，我的母親，一顆心永遠掛在半天裡，可以說是一天好日子都沒過過。

上面所說的是我後來的理解，來台灣後的日子才是我的經歷。在父母的呵護之下，我們在一個安定的環境中成長，並不知道外面的世界，國家風雨飄搖，父母擔心受怕，爲我們幾個孩子的學費借錢張羅。母親像母雞一樣張開雙翼，護住了她的小雞，自己承擔了外面的風雨與災難。我因此得以有一

個快樂的童年。我是母親最疼愛的小兒子，我此生所能記憶最溫馨的時刻，就是小時候坐在母親懷裡的時候。

我的母親一向對人和善而親切；而且她對達官貴人也好，對販夫走卒也好，從來沒有兩種眼光。所以不管是國民大會的員工也好，菜市場的賣菜小販也好，都是她的好朋友。我的母親曾任第一屆國民大會代表，幾年前我也來到國民大會，碰到幾個國大的老員工，他們仍然惦念著她，說：「她一點架子都沒有，眞是個好人！」我任國代三年，看慣了某些同僚對職員的頤指氣使，才知道母親人格的可貴。我的母親在國民大會並不是最有名的代表，但是能夠像她一樣，在多少年後仍然被惦念著的，恐怕並不多。

母親在她臨去前的幾個月，仍然關懷著國家，常爲國事和她與父親效忠了一輩子的中國國民黨而歎息。又惦念著我在台北的人身安全。我們兄弟姐妹沒有什麼成就，但是受了母親的影響，也從來大節不敢虧。

我的母親一生愛國家，愛鄉土、愛丈夫、愛子女，也愛朋友，這樣的人，一定是會到天堂去的。我們作子女的，又有什麼不放心的呢？

我感謝你們今天到這裡來，與我們兄弟姐妹一起，來送我們的母親。我們會永遠記在心裡的。

我們親愛的母親，就請您安息吧！

民國八十九年三月二十七日　於洛杉磯

群策群力救新黨

十二月一日是所有新黨人的傷心之夜，群聚在黨部的新黨義工包括遠自美國回來助選的新黨之友，無不含淚面對立委僅得一席的敗選結果。在悲痛之餘，一個很現實的問題橫在我們眼前：新黨何去何從？

非其黨吾誰與歸？

首先我們應該考慮的，當然不是我們自己的感情，而是中華民國還需不需要新黨？

主張新黨可以解散的朋友說，新黨已經完成了它階段性的任務，因此，可以解散了。

但眞是這樣嗎？新黨以「保衛中華民國」、「反金權」、「反暴力」爲職志。今天，接下了我們的選票的政黨，眞的也接下了我們的理念了嗎？我們看到友黨的立委名單中，穩穩坐著黑與金的人物，看到面對兩岸統合問題他們經常噤聲不言，我們眞的能夠放下心嗎？

另外一個友黨，我們爲他們開始走新的路線而鼓舞，爲他們取出塵封了的國父肖像而喝采。但是我們不能忘記，當李登輝篡黨叛國時，那些高階的人如何爲虎作倀或默然不言。如果該黨再出一個李登輝，他們會和當年新黨一樣揭竿而起奮戰到底嗎？我們能夠信得過嗎？

我祝福我們的友黨，願他們往後越走越好。但是在目前，我們可以信任的只有我們自己，這個八年以來走過風雨歷經考驗雖遭橫逆卻始終不改其志，從來沒有出賣過原則的新黨。

並沒有人接下我們的旗幟、我們的理想。有一天當人民醒來，找不到那面他們信賴的黃旗時，你叫他們怎麼辦呢？新黨能不繼續走下去嗎？

是否可能繼續存在？

當然我們不能全然感情用事，假如存在眞是全無希望時，我們也不會做不理智的事。但是新黨眞是一定沒有希望了嗎？我們從此是領不到「政黨補助金」；但是大家不要忘記，新黨活得最好的時候，當時並沒有「政黨補助金」。新黨以後在立法院只有一席，連黨團都成立不了；但就是因爲我們以往太偏重於立法院，而忘記了一個黨在國會外還有戰場，也許正可以趁這個機會靜下心來眞正紮根於社會，瞭解社會而進入社會，不再是一個虛浮而沒有根的黨。

時勢對新黨的存活並不有利，我們必須承認這個事實。但是一息仍存仍然有再站起來的機會也是事實。也許在一般人而言已經可以宣布棄船，但我們這些對新黨懷有感情曾經陪新黨走過八年的人，在仍然看得到希望時，是不是應該再努力走下去呢？

公職人員不應先鬆手

新黨最大的資產——義工群的繼續存在，其實就是新黨再站起來的本錢。這幾天義工們齊聚在黨部激動地表達意願，甚至自動自發地辦理起黨員登記等事務。你叫我們如何忍心棄他們而去？

公職人員不應該先義工而鬆手。即使要鬆手，也是義工先鬆手公職人員才鬆手。

群策群力救新黨

新黨在十二月八日的全委會中推選我繼任全委會召集人。我也可以一定不接受，但是想想在連續開了五個小時會後出去向守候的媒體群說沒有召集人時，會有什麼結果？恐怕新黨在那一刻就潰散了。我做了八年的黨員，在最後的關頭不敢不接受這樣的任務。

我很明瞭我所面臨的局面，這豈只是一句「受命於敗軍之際」可以形容的。我少年時讀歷史，常不解爲何在南京城破後，仍然有南明臣民在福建廣東一帶繼續抗敵？我現在終於懂了，那是因爲他們愛得太深，還有一份不死的信念。

我的任期到明年一月三十一日爲止。任期雖然短得只有四十多天，卻是新黨歷史上最艱困也最關鍵的階段。我的任務是，維繫軍心於不墜，開始推動改革計畫，讓大家看得到新黨的希望，然後在一月底把全委會召集人的位子經過改選交付給一位孚眾望而能夠做滿至少一年任期的人手上。

這個任務並不簡單。我對黨務並不嫻熟，對人事也很生疏，很需要大家的包容與支持。我不是諸葛亮，不要寄望於我獨力力挽狂瀾。這件事唯有大家與我站在一起，才有做成的可能。

我對新黨改革的方向沒有成見，以我四十多天的任期以自己的意志貫徹在路線上，對二月一日接任召集人者並不公平。但如果是大家提出意見，建立共識，爲新黨提供新的方向則是可以的。

改革委員會將儘快成立，做修訂黨章等改革事務的籌劃。我們將思考開源節流的方式，讓失去政黨補助金的新黨財務上能夠維持不墜。縣市議員和鄉鎮市長的提名已經完成，我們並不放棄選舉的戰場，還要憑藉選舉而紮根地方。

「群策群力救新黨」將是這四十多天工作的主軸，也就是由大家來出點子，大家來參與出力，一起來救新黨。我們將製造機會讓大家來表達意見，但是每一個人的意見並不一樣，改造委員會必定不能全部採用，但我們一定會將這些意見交給他們參考。

面對複雜而困難的局面，說實在的，我也覺得惶恐。但是我既然接了這個位子就不會退縮，不計毀譽，無論成敗，我都會努力地做下去。

我並不承諾我可以做得成功，但我承諾我會盡我的力量。而我確實相信，如果大家包容團結站在一起，我們是有很好的機會可以做成功的！

民國九十年十二月十九日於台北

【輯七】

在美國

營志宏再度「破口大罵」？

二十三日在洛杉磯有「李登輝之友會」、「三民主義大同盟」、「台灣同鄉聯誼會」、「國策會」、「美華團結自強協會」等社團集會聲援李登輝「兩國論」。席間「世界李登輝總統之友會」的共同主席曾輝光並慷慨陳辭，表示：「僑選新黨立法委員破口大罵李登輝宣示『兩國論』，反對兩岸是『特殊國與國關係』，身爲中華民國立委竟不承認中華民國的存在」。

我讀了報上的這段新聞，實在是忍俊不止。你今天去問南加州的任何一個華人，說「營志宏不承認中華民國的存在」，對方若不笑破肚皮，就會說你神經病。編出這樣的話而期待有人相信，曾先生也實在天真可愛。

曾先生有沒有搞錯啊？我們反對「兩國論」，主張「一國論」，這一國指的就是中華民國，又怎麼會「不承認中華民國的存在」？曾先生如果從今以後眞的「承認中華民國的存在」，我們是很欣喜的，但你也用不著忽然愛國到眼裡其它人都是「不承認中華民國的存在」的。

該集會據說一致指出，「中共才是『兩個中國』的始作俑著」，「李登輝的言論不應被曲解爲『兩國論』」，「台灣只要求一個對等的地位」。

李總統說的明明是「國與國的關係」，如果不是「兩國論」，那還是「兩省論」，或是「一國論」嗎？天下有這樣解釋中文字的嗎？

中共是不是「兩個中國」的始作俑者，跟李登輝主張「兩國論」有什麼關係？難道中共做了壞

事，李登輝跟著做就有理了嗎？那你跟你們痛恨的共產黨不是一丘之貉了嗎？

難道只有「國與國的關係」才是對等的地位嗎？你們知不知道在兩岸關係上從前一向定位在「兩個對等的政治實體」，「一個中國，各自表述」，這難道不是對等地位嗎？要做就做別找藉口。

讓我們覺得有趣的是，看到「三民主義統一中國大同盟」也加入主張兩岸是「國與國關係」的行列，可能是諸位先生的學問太高深了（跟李登輝一樣的高深），分裂的意義竟然可以等於統一。把頭埋在沙堆裡的駝鳥也許可以裝個糊塗，但是南加州的僑胞們卻早已把你們給看透了。

民國八十八年七月二十四日於洛杉磯

新黨立法院黨團的美國行

五月間，新黨的立法院黨團推派馮滬祥、謝啓大和我為代表，巡訪美國洛杉磯、舊金山、華府和紐約四大城市。訪美的目的有三，一是作國會與政黨外交，與美國國會議員與智庫溝通；二是宣慰僑胞，在新舊政府交替之時，帶給他們新黨對僑民處境的關懷；三是為我們海外的新黨之友們加油打氣。這次美國之行，是新黨在國際事務上的重要出擊。

一、洛杉磯

我早了兩天回到洛杉磯，先作準備工作。由於新黨這兩年的低迷，有人對會來參加說明會的人數表示憂慮，甚至善意地跟我說：「台下的聽眾怕會少得可憐」。

我卻一直很篤定，美國的群眾我是很熟悉的，我相信他們對新黨的信心未失。結果是，說明會三百人的場地，擠了六百人。多出來的三百人後場是站著的，前場是坐在地上。除此之外，隔壁的房間還擠了三百人，工作人員不斷走過來說，要我們講大聲些，否則隔壁房間的人聽不見。這樣爆滿的狀況，跟以往新黨的全盛時期完全一樣。

二、舊金山

在舊金山有兩場餐會。中午的這場有特別意義，因為這是由老僑團體在華埠主辦新黨餐會，這顯示了新黨也把觸角伸向華埠。下午出席了戴錡兄贊助的國樂演奏會。晚上的餐會面向所有的新黨支持者，近四十桌全都坐滿，氣氛極為熱烈。會後還有不少人打聽如何參加新黨，這讓新黨舊金山分部和我們極為安慰。

在舊金山、洛杉磯和其後在紐約都拜訪了中華會館，適時地向老僑團體表達了我們支持他們拒做「三等僑民」的立場。

三、華府

在華府的首日，於雙橡園接受了陳錫藩代表的晚宴。雙橡園占地頗廣（據說比白宮還大一些），林木森森，的確是個好地方。雙橡園在一九三七年由我政府購入，作為大使官邸，有過輝煌的日子。一九七八年中美斷交，楊西崑次長在僑胞的淚眼中主持了降旗式。經過過渡性的處理，現在又再成為我代表處舉行宴會招待賓客的地方，但代表卻不住在這裡。

我在夜色蒼茫之中乘車離開雙橡園。這座名園見證了六十年以上的我國外交滄桑史，什麼時候它能再成為一個統一而受人尊敬的中國的大使官邸？雙橡園，這個我國僑胞心中永遠的驕傲和關愛，什麼時候才能再有它輝煌燦爛的日子？

在華府的第二天，我們拜訪了國會山莊。上午和下午，我們分別和分屬民主、共和兩黨不同背景的參眾兩院議員會談，其中包括參議院亞太小組的主席克瑞湯瑪斯參議員。

第三天我們先到美國在台協會，與理事主席**Richard Bush**（卜睿哲）作了會談。然後到傳統基金會和大西洋理事會這兩個美國著名智庫，與中國問題專家們交換意見。

與卜睿哲的會談礙於雙方的君子協定，內容不便透露，但的確有精彩的對話。國會議員和智庫學者們對當前局勢的見解不一，但共同點是對海峽局勢都有日益加深的憂慮，而咸認為局勢緊張的起因是雙方的互不信任感，紓解海峽危機也只有從此處著手。

四、紐約

在紐約舉行了說明會，也有一場餐會。辛灝年，陳一諮先生都參加了這場餐會。讓我意外而欣喜的，是我二十多年前服兵役時的兩位朋友也趕到現場。

劉振華兄是我成功嶺同連的戰友，讓我始終不忘的是振華兄的聰明和口才。我從小學三年級起即參加演講比賽，其中有勝有敗，自己並沒有抓住演講的訣竅，但輸的時候從沒有心服過，因為總覺得別人也沒有。唯一輸得口服心服的一次，就是振華兄得第一名，我得第二名的那次軍中比賽。在成長的過程中，我也曾注意到幾個年齡相若的人才，振華兄一直是印象鮮明的一位。

振華兄比當年顯得老成，鬢腳已見白絲（我當然也一樣）。白手起家，如今事業卻做得極大。四個孩子，分別就讀於醫學院、法學院，在哈佛等名校。我為老朋友的成就衷心的高興，卻也不勝感慨，「昔別君未婚，兒女忽成行」。當年的青春年少都已從手邊流逝了。

振華兄是學國貿的，也在本行發展。我固然為老友的事業成就歡喜，但心中竟也有些悵然；倘若振華當年願往政治方面發展，他的成就也必然是讓人驚歎的。振華兄當年即勝我十倍，沒看他往這方面發展，心裡就像是知道有一個名角兒卻未能見他上場讓大家都看到一樣惋惜。

我在下了成功嶺後即到陸軍財務經理學校接受預官分科教育，鮑定兄就是我在那裡一起受訓的同學。印象裡鮑定兄是非常活潑的一位，如今也事業有成，是紐約華人工商促進會的重要成員，熱情活潑一如往昔。

世事恍如一夢，沒想到竟然能與二十多年前的老友在紐約新黨的聚會中重逢；可惜當晚無酒，否則即使是我這個不會喝酒的人，也要一醉啊。

五、新黨之友們

走到各地，印象最深的是新黨之友們的熱情。拜會的對象、媒體的訪問都已為我們安排齊全。一連幾天的車子接送，自掰公室請假從早到晚陪著我們，甚至有忙得未曾闔眼睡覺者。

這就是海外可貴又可愛的新黨之友們。他們對新黨並沒有喪失信心，仍然堅定又熱情地支持我們。我無法一一列舉他們的姓名，只希望他們知道，新黨感謝你們，也會盡最大的努力在國內奮鬥，

讓你們感受到站在黃旗之下的驕傲！

民國八十九年五月二十一日於立法院

張富美的「僑民三等論」——講於華府雙橡園晚宴

陳錫藩代表、各位駐美代表處的同仁、各位僑界的前輩和朋友：

我是新黨的僑選立法委員，在洛杉磯住了二十多年，到雙橡園來卻還是第一次，很高興有機會在這裡跟大家當面拜候。

我們三個人這次代表新黨立法院黨團到美國來，除了作一點國會外交在國際事務上為國家盡一點力外，就是要看一看我們的僑胞。作為一個僑選立委，我有這個敏感度；我知道，在這個新舊政府交替政權轉移的時候，我們的僑胞是惶惶不安的，因為他們不知道這個新政府會有什麼樣的政策，會向哪個方向走。

我們走訪了幾個城市後，才發現我們的僑胞豈止只是「惶惶不安」，而且是「憤憤不平」。這個憤憤不平的原因，就是新政府內定的僑委會委員長最近所發表的「僑民三等論」。

張富美女士的理論，就是說因為國家的資源有限，因此將來在服務僑胞分配資源時，必須劃分優先，第一優先是「新台灣人」，第二優先是曾經在台唸過書的僑生，第三優先才是老僑，因爲他們「和國家的關係比較淡薄」。

我跟大家報告，這個「僑民三等論」的提出，並不是忽然跳出來的一個偶然事件，它是有它的意識型態與思想根源的。民進黨一向主張台獨，後來爲了執政，不得不也說幾句「中華民國」。但是你不要以爲他們所說的「中華民國」和我們所說的「中華民國」是一回事，其實完全是兩種定義。我們所說的「中華民國」是孫中山先生在一九一二年所創立的中華民國，他們所說的中華民國卻是一九四九年以後的中華民國。這樣在歷史上作了切割，也必然在地理上跟著作切割。各位想想看，一九四九年以後的中華民國統治的範圍包括中國大陸嗎？包括廣東省和大部分的福建省嗎？那麼由廣東和福建來的老僑哪裡會被他們當作僑民呢？說實在的，今天還把老僑列入第三等，已經是張富美手下留情了。

這就是爲什麼民進黨人一直要以「台僑」取代「華僑」，「台商」取代「華商」的原因；洛杉磯有個「華僑第二文教中心」，他們一定要把它改成「台僑中心」。這次的「僑民三等論」，其實就是民進黨傳統意識型態的流露。

這樣的把人民分等級，在歷史上有沒有呢？我跟您說，在歷史上還眞有其事。那是在蒙古人征服了中國之後，把全國人民分爲四等：第一等是「蒙古人」；第二等是由西域來的少數民族「色目人」；第三等人是「漢人」，就是中國北方老早就被征服的人；第四等人是「南人」，就是南宋滅亡後才被統治的人。這是以被征服的先後次序劃分等級的。

張富美女士把第一等人定爲「新台灣人」，在元帝國當時說不定是叫作「新蒙古人」；而元帝國列

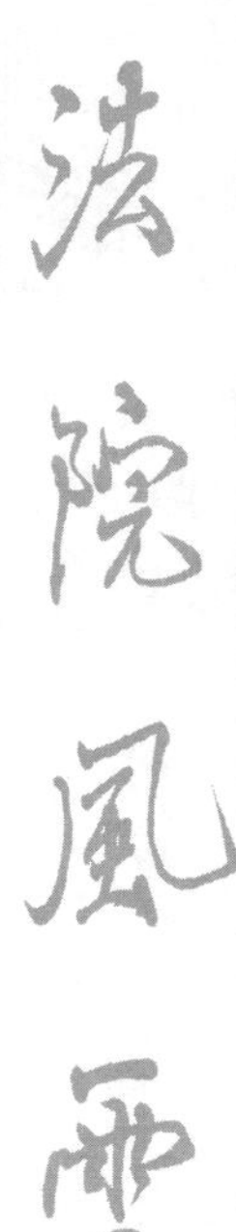
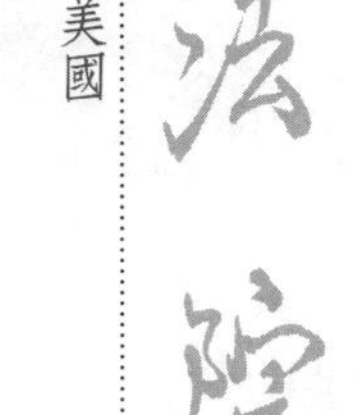

入最後一等最不可信任的「南人」，很不幸的恐怕就是我們今天的「廣東老僑」了。

當時元帝國所根據的，據我猜想恐怕也就是今天的「張富美理論」。也就是說，國家的資源有限，不得不依親疏遠近來分配。但是你想想看，國家的資源永遠是有限的，哪個國家的資源不是有限的？就能夠以這個作理由，來把人民分類嗎？

我們再想想看，把老僑放到最後一等是不是對的？當年孫中山先生創建中華民國，靠的是海外的力量，當時的華僑，全是老僑。抗戰的時候，國家財務困難，據現任僑委會委員長焦仁河先生的表示，抗戰時我政府所收到的捐款百分之八十五來自華僑；當時的華僑，也幾乎全是老僑。

我在立法院，接替已離開的新黨傅崑成委員一直在做一件事，就是我政府在抗戰期間在海外發行的「愛國公債」的兌現求償的事。當我們替華僑向政府要求兌現這些「愛國公債」時，你猜政府單位是怎麼回答的：「等反攻大陸國家統一之後才能兌現」。這就是我們的政府。政府向愛國的華僑賴帳，你說可恥不可恥？而這個政府，援助馬其頓一開口就是三億美金；向巴布亞紐幾內亞買邦交，一出手就是二十五億美金。今天不但欠債不還，回過頭來把老僑列爲「三等僑民」。

我在海外，每每遇到當年購買愛國公債的子女（購買者早已去逝），把一張張陳舊的愛國公債拿出來給我看。那每一張愛國公債，都寓藏著一個感人的故事，都顯示著一顆赤子丹心。那時候的華僑社會，哪有今天的醫師律師企業家啊？都不過是在靠「三刀」討生活。他們把在廚房洗衣坊工作節衣縮食省下來的錢，毫不猶豫地寄回國去捐給政府，只因爲國家有難。那時候他們可曾認爲，像張富美說的一樣自己「跟國家的關係比較淡薄」，而不捐款？

即使在今天，我們的駐外單位辦國慶升旗辦愛國活動時，走在最前面出錢出力的，不就是我們的老僑嗎？你怎麼對人家，人家也會怎麼對你啊！從今以後，駐外單位如果再辦活動時，老僑不知道會不會說：「我們不是『三等僑民』嗎？你先去找『一等僑民』吧！最後才輪到我們」。

政府不要把僑民往左邊推，你如果不要，人家會要的。如果張富美女士眞要落實這樣的僑務政策，將來恐怕會發現，僑團僑民走了一大半，剩下來的沒有幾個了。

陳錫藩代表我一向並不熟悉，在我擔任僑選國代的期間，甚至對陳代表的言論曾經有些意見。但是剛才我聽到陳代表的致辭，提到「幹不下去，不如就走」。一個公務員不能以自己的最佳判斷任事（註），還要受到擠壓，的確是件悲哀的事。陳代表在大選後首先提出辭呈，毫無戀棧之心，顯露了風骨和格調，我對陳代表有了更深一層的認識，願意在這裡向陳代表致敬。

我們在各城市都走訪了辦事處和僑務單位，也隱隱覺察到他們的困境和不安。公務員是要接受長官的命令的，那麼我們的駐外人員將來若是接到命令要落實這種岐視性的僑務政策時，應該怎麼辦？

我要跟大家作這樣的建議，公務員所應該遵守的最高原則，並不是長官的命令，而是「中華民國憲法」。而打開中華民國憲法，開宗明義說的就是「中華民國國民一律平等」，哪裡有分什麼類，分什麼等，分什麼優先？因此任何分等分類分優先的做法，都是違憲的，那就是「亂命」。而「亂命」是可以「不從」的！「亂命不從」是自古即有的明訓。

我希望海外的駐外人員要挺直腰桿，認清是非，顯示風骨和氣節。我也跟大家保証，新黨的立法委員們一定在立法院作大家的後盾，不讓大家爲了愛僑護僑受到長官不正當的壓迫。

我也跟我們的僑界父老和朋友報告，新黨的僑民政策一向是「全僑一體，互爲手足，不分你我，共赴國難」！新黨的立法委員一定會在立法院嚴密的監督僑委會，不容許對僑界進行任何的歧視與分化。新黨永遠和廣大的愛國僑胞站在一起！

民國八十九年五月九日於華府

（註）陳錫藩代表被民進黨立委指控「拒絕向美主動遊說『台灣安全加強法』」；最近又被指將國內送來的八百本李登輝總統所著《台灣的主張》放在地下室，拒絕分送美國國會議員。

是誰殺了尹清楓？——洛杉磯國是說明會答客問

這位先生問，「是誰殺了尹清楓」？

尹清楓的命案，背後是獵雷艦案與拉法葉艦案。拉法葉艦弊案的賄款，高達五十五億元。我可以告訴您的是，像這樣一個天文數字的賄款，不是幾個海軍將領就敢吃或吃得下的。

我想起民國初年也有一個疑雲重重的命案，就是宋教仁案。宋教仁在上海火車站被刺，開槍的人叫武士英，居中聯繫的是袁世凱的親信應夔臣，背後主使的則是袁世凱。宋案在眞相大白前也是眾說紛紜，莫衷一是。宋教仁出殯的日子案子還未破，有一幅輓聯直指大家心中疑惑卻不敢說出的話，上

聯我忘記了，下聯是這樣寫的：「你說是武士英，他說是應夔臣，我說就是袁世凱！」是的，「我說就是袁世凱」！

民國八十九年八月五日於洛杉磯

今年海外的雙十節

海外人心陷於低潮

雙十節前，趁著我的預算質詢已完成，匆匆回到洛杉磯參加國慶活動。海外的國慶活動通常是愛國的華人同胞聚會的場合，我必須跟他們碰面，也讓他們在活動中看到新黨。

今年我自覺尤其必須趕回僑區過雙十節，因爲這是政黨輪替之後第一個國慶日，海外的人心有很大的變化，我必須顯示新黨的立場並鼓舞冷落的僑心。

海外的人心果然陷於低潮，若干以往支持中華民國的老僑領袖，今年憤而參加了「十一」慶典，其中最具有代表性的是前中華會館主席國民黨中央評議委員黃振華先生。黃先生是我熟悉的朋友，一向急公好義，曾推動許多維護中華民國的活動。黃也是老僑社區指標性的人物，與黃金泉先生合稱「二黃」，在華埠舉足輕重。這次對陳水扁政府與僑委會失望已極，改投「十一」；我雖然心裡難過，但知道前因後果，實在說不出責難的話。

我照往例在回到僑區後立即開記者會，向大家報告國內的政局、新黨的走向、和對國慶活動的看

法。我和大家說，人心的浮動是陳水扁政府模糊的國家定位、和張富美僑委會的「僑民三等論」所造成，他們把忠貞的僑胞往外推，澆息了海外熱烈的人心；他們要負全部的責任。但是新黨呼籲僑胞仍然要出來慶祝國慶，因爲愛國與喜不喜歡這個政府無關。在政府方向不明時，我們越是要參與和介入，不允許它走錯方向。當初新黨離開國民黨，因爲國民黨是可以取代的，在外面刺激國民黨反而更好；但是「中華民國」卻是無可取代的，我們畢竟只有一個「中華民國」。

我並提醒大家，我國駐外單位在陳水扁當選總統後有揣摩上意立場不穩的現象，譬如駐多倫多的辦事處就有總統就職慶祝會請帖上把國徽和中華民國字樣去除之舉，這些事在海外各地國慶活動中也可能發生。我要求全僑與我一起來監督，看看會不會有變調和脫軌的事發生。

國慶酒會來賓大減

國慶酒會是在十月六日晚上六至八時舉行。我一路開快車趕往希爾頓旅館，因爲根據往年的經驗在接近旅館幾條馬路外就會開始塞車，停車也得停二十多分鐘，而酒會在六時一定準時開始（有外賓之故）。誰知今年行至旅館竟然一路暢通無阻，而且一下子就停好了車。

方才感覺有些訝異，進入酒會會場更覺不同。往年六點鐘會場內外早已水洩不通，今天卻是疏疏落落。等了許久儀式還不開始，有人說是在「等人」的關係。我要一位記者估計一下今年的參加人數，他說大概只有往年的三成左右。這個估計我不知道是否精確，但是大家的感覺是今年可以不費力地吃到每一樣點心，以往大排長龍根本吃不到東西。今年可以在會場內小跑步撞不到人，往年人潮洶

湧走不動路。

人都到哪裡去了？老僑固然少有人來，怎麼新僑來的人也減少了？原先每年都來的那一批人不再來了，而代表處原先估計可以補上的，新的另外一批人卻沒有來（除了少數民進黨社團幹部外）。酒會參加的人數很實在的反應了僑胞們對新政府的感覺。

「十、一」的慶祝酒會數天之前就在同一場地舉行，一個參加過兩個酒會的人說，今天的場面「遠遠不如」。這又讓人感慨，雙十國慶與「十、一」在海外每年都較勁，我們何嘗輸過？怎麼會落到今天這個局面？是誰把僑民推到對方那一邊的？

在會場外面碰到越棉寮華僑的中堅陳樹權兄。陳樹權在愛國僑胞圈子中是響噹噹的人物，早年國慶都是他一個人連夜爬高把國旗掛滿華埠的。他對我苦笑，原來駐外單位這幾年都沒有發請帖給他，今年的請帖是報上有人揭露這件事後才收到的。

全美各地參加國慶活動的人數都大減。紐約一向有國慶遊行，以往人數多時要一小時才能走完，今年竟然只走了二十分鐘。

新黨之友熱烈升旗

洛杉磯的新黨之友們，與往年一樣參與籌辦了升旗典禮。在籌備過程中，其它黨派代表希望新黨之友不要攜帶黨旗參加升旗。

這其實是個老問題。一九九五年當我擔任新黨之友會召集人時，代表處就施壓想要我們不帶黨旗，但我以這是無理的要求而拒絕。結果新黨之友們均一手持國旗一手持黨旗參加，攝影鏡頭不管怎

樣擺照出來的全是「萬點黃花」簇擁國旗。這次事件對當時執政的國民黨是一個強大的震憾，因此年年升旗前都戒慎恐懼要求大家不帶黨旗。

新黨明確的愛國立場深受僑胞支持，因此大家都很樂意手持黃旗參加升旗。如果開放攜帶黨旗，肯定現場的黃旗會壓倒藍旗，綠旗則恐怕根本找不到，這就是各黨派都希望大家都不要帶黨旗的原因。這次新黨之友會爲了和諧不突顯黨派而同意不帶黨旗，實則我們早已顯示了新黨的實力，「萬點黃花」的鏡頭早已深植人心，即使不帶黨旗大家也知道來參加升旗典禮的全是與新黨站在同一邊的愛國僑胞。

國旗在藍天白雲之間冉冉升起，僑胞們眼中噙著淚水。場中到處都是熟識的朋友，每一個人碰到我都憂心的問：「怎麼辦？國家搞成這個樣子」！也有人激動的抓住我：「你們千萬不能放棄啊，沒有新黨就沒有國家了」！我深切地感動，原本在台北也深有挫折感，但此刻看到圍攏在身邊的僑胞，覺得拚了命也要幹下去。

升旗典禮完了後公園內有園遊會。新黨之友會有兩個攤位，義賣新黨傘、紀念品、眼鏡、我的書《護國軍》，和馮滬祥委員的書《李登輝的叛國事蹟》。新黨義工也煮了米粉湯和甜湯，讓僑胞們享用。

龔仁江、張景華、鍾意、田伯伯、金伯泉、馬鵬俊、……等等多位新黨義工們一整天在攤位上忙碌，這就是可敬的新黨義工精神。看到今天新黨之友們表現的人都說，事實証明新黨在海外的火苗並未熄滅，反而藉著義工們的手，正進一步的發熱發光，溫暖了北美大陸僑胞的心，也在暗夜中照亮了中華民國的方向與前途！

民國八十九年十月十二日於台北

【輯八】

在大陸

唐山與阪神

十月三十一日，新黨組團到大陸唐山及日本阪神考察，以期爲台灣的地震防災與重建吸取經驗。考察團由全委會李慶華召集人任團長，馮滬祥立委爲副團長，參加的公職人員有立委馮定國、張世良及我，國代唐元亮、張馥堂、吳成典，縣議員禹耀東，還有國民黨籍的國代黃澎孝，民進黨籍的國代顏明聖等。另外，有專家學者清華、交通大學的教授多人，建築師、土木及結構工程師，及災區代表等同行。

國家地震局

接待我們的單位是「海峽兩岸地震科學交流中心」。這個單位是由國家地震局爲主組成的交流單位，以往與台灣地震科學界在兩岸已分別舉行三次會議，最近的一次是今年夏天在西安。領導人都是學術界的人，也多去過台灣。主任何永年先生是國務院直屬的國家地震局的副局長，但既無黨味也無官僚味，是自認唸書「唸呆」了的讀書人，給人的印象是相當好。

我們的「地震研討會」因此就在長安大街上的國家地震局內舉行。這個地震局建築物的耐震度是十二度，如果發生地震這裡比中南海還要安全。平常是國家地震局的辦公處所，震災發生後則由中央設立的「救災辦公室」進駐大廳統一指揮。

主辦單位是相當有誠意的，知道我們的興趣是「唐山經驗」，在我們來之前還派人到唐山打開檔案

供應我們資料。他們也很謙虛，並不視我們來「取經」，而只說他們只是地震經驗多一點而已，而經驗有好有壞，也走過許多冤枉路，現在把經驗提供給我們，希望我們不再走冤枉路，不再花冤枉錢。

中國其實是一個苦難的國家，人口佔全球的五分之一，面積只佔十五分之一，而地震的發生數量卻佔全球的三分之一，眞是個「地震大國」。本世紀兩次著名的大地震，一九二〇年八點五級的寧夏海原大地震，和一九七六年的河北唐山大地震，就發生在中國。中國人五千年來定居在這塊苦難的大地上，靠著民族的韌性，死死生生，一次又一次地在廢墟中站立起來。

大陸的「地震預報」在國際間是有領先地位的，也有成功的事例，如一九七五年的遼寧海城七點三級地震，九五年雲南孟連七點三級地震，九六年新疆伽師六級地震，和九八年的雲南寧蒗地震，都因預報成功，雖然房屋倒塌上萬間，傷亡卻不多。但他們說地震預報的難度極大，中期長期的預報較有把握，而短期臨期的預報僅能限於某些特殊類型的地震。他們不諱言也有漏報，認爲目前把希望單純地放在預報上是不合實際的。

大陸方面有一個觀念是很值得我們參考的，他們在方針上是以「預防」爲主。把災後救助的觀念改爲災前預防。由中央到省市縣，甚至大工程和大企業，都備有「應變預案」。平時照案操練，一旦有地震即照案應變。回想台灣九二一大地震發生後，災區變成「無政府狀態」，救急物資運不進去，搶救工作無人指揮，就可知道輕忽預備工作要付出怎樣的代價。

震害的「評估」也是地震局的一個重要工作，藉著平時蒐集詳盡的地方資料，震災發生前後由電腦以裂度測出震害程度，作爲災害管理部門之用。救災隊伍得此資料，就可以對症下藥。

由中央，到省市，到地市縣都有「地震局」的設立。國家地震局與二十多個多震國家都有合作協議，一旦世界某地有大地震發生他們都會立即派人去考察研究（這次卻去不了台灣）。國家地震局的隊伍共有一萬五、六千人，其中技術隊伍約有一萬人，科技研究員有一千多人。地震局一共有七個直屬研究所，令我印象深刻的是其中還有一個「地震社會學」研究所，專門研究震災後的心靈重建孤兒撫養等社會學層面。

唐山印象

唐山在北京之東，走高速公路車行約三個小時。我們的巴士一入市界就有公安車前來相迎，一路前導進入市區。

與唐山市方面的討論會是在旅館中進行。讓我們印象深刻的是，有三位當年唐山地震時的孤兒出來與我們見面。其中一位是個二十三歲的女孩，長得眉清目秀，穿著紅毛衣很可愛的樣子。誰能想像二十三年以前她正遭受人生最大的劫難？她是三姐妹的老么，當時才六個月大。三姐妹都太小，不知道死去的父母是誰，於是被安排以「黨」爲姓，分別取名爲「黨育紅」、「黨育苗」、「黨育新」。她們在孤兒院裡長大，老大「黨育紅」已經嫁到澳洲去了，今天在我們面前的是「黨育新」。黨育新去年結婚，寫了一封信給唐山市委的白書記，說她沒有親人，希望他來主婚，白書記高興地去了。我們平常提起共產黨的書記，心裡不免有不同的感覺；但我此刻向坐在我對面的白書記望去，看到的只是人性與和善。

大家希望黨育新講幾句話，她拿起麥克風開了個頭卻哽咽著說不下去，顯然二十三年前的痛苦仍然擠壓在她的心頭。「你們不會懂得的」，她終於說：「人生最大的痛苦，莫過於失去自己的父母。而我，卻是在六個月大時就開始承受這樣的痛苦。」她向台灣地震後的孤兒們說：「我知道你們此生即將背負的苦痛。但我希望你們站起來，走出去，好好地活下去。」

我們在唐山市有參觀活動。車行在唐山街上，馬路寬廣，市容齊整，建築物之間有防倒塌的空間，都是經過災後設計的。但是大樓樣式刻板，顏色灰黃，則是當年重建時未能注意到的。

當年全唐山都震爲廢墟，二十五萬人失去生命，現在都已沒有痕跡。唯一可以想像當年災後慘況的，除了地震博物館內的資料外，就是華北理工學院內倒塌而保持原狀的圖書館大樓了。目睹這個樑崩柱斷的廢墟，仍然使人驚心動魄。所以保留這個廢墟，據說除了讓人保有一點對唐山大地震的記憶，也是爲地震科學與結構工程作一個活生生的研究教材，來參觀過的人應該都會對地震有鮮明的印象與警覺吧！

與國台辦會談

來北京的第二天晚上，我們應邀在釣魚台國賓館與國台辦主任陳雲林見面，海協會副祕書長李亞飛等人也在座。

話題一直在地震上打轉，對於地震後的兩岸關係，陳雲林只說到，最近兩岸許多事情，與媒體「錯誤報導」有關，不想在這個場合多提。

我卻不想避開這個最應該談的問題，直截了當地說：「地震發生後，大陸方面曾經表示過善意與關懷，這是我們感謝的。

但是也發生過若干處置不當的事。本來應該是兩岸心理距離拉近之時，可是事實上距離卻越拉越遠。這叫我們這些眞誠的希望提昇兩岸關係的人，感到十分痛心。

這其中或許有陳主任剛才所說的『誤導』或『誤會』存在，但是若干官方言論，譬如在聯合國的發言，在我認爲至少在時間上不適當的。這些不適時的言論，就會引起台灣人民的不諒解。

希望大家共同努力，使不適當的言論不再發生，海峽兩岸的關係才能進一步的提昇！」

我可能是兩岸地震爭議之後，第一個在中共高層之前直言其事的人。雖然在話語上作了節制，但仍然直指問題的核心。陳雲林在回答時仍然採迴避態度，不願提到中共官方在地震期間在國際上的發言，但指出兩岸交流日深，肯定會有一些負面東西出現，「只要我們朝一個方向走」，事情就會好轉。

陳雲林代表大陸方面，贈送了考察團一個地震監測儀。李慶華團長表示，將在回國後將地震儀轉送有關單位。

中南海紫光閣

在北京的最後一天，我們應邀赴中南海會見國務院副總理溫家寶。

車子在北海公園與紫禁城之間駛過，由北門進入中南海。中南海是前清宮苑，現在國務院與中共中央辦公的地方。除了清代的樓閣之外，也修建了一些現代建築，雖然高度不超過舊樓閣，但仍讓人有不調和之感。

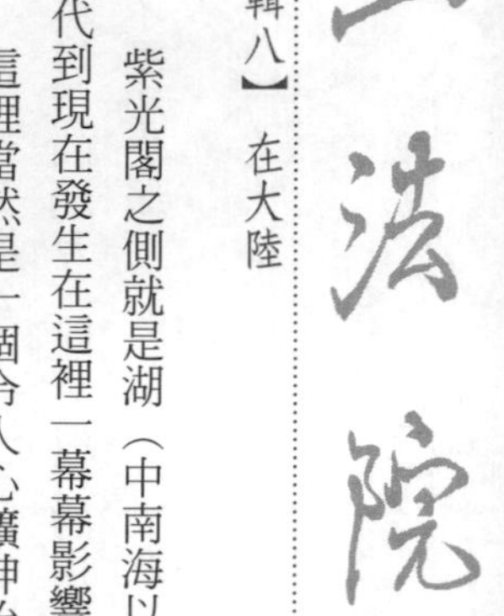

紫光閣之側就是湖（中南海以湖爲名）。湖面寬闊，波平如鏡，清風隨著柳枝襲來，使我懷想起自清代到現在發生在這裡一幕幕影響了中國命運的歷史大事。

這裡當然是一個令人心曠神怡的好地方，但是把國家中樞放在這裡究竟好不好？我不知道在國家一級古蹟裡辦公是什麼滋味？要是我，心裡會很不安的。中南海或許更適合像北海一樣開放爲公園，或者讓一所大學擁有它，而不是成爲門禁森嚴一般人不能進入的辦公中樞。

況且，在舊時殿宇內辦公的人會不會跌入歷史的窠臼之中，而不能產生新思維？民主的、自由的空氣能不能越過宮牆進來？雕樑玉柱龍閣鳳台會不會引領人去追求封建時代的人追求的東西？

我們在車上時便已被告知，希望這次會見不要像上次國台辦會見一樣，而只由團長與副團長代表發言。

這點是讓我很失望的。大陸這些年漸有令人驚喜的開放，譬如柯林頓總統來訪時的實況轉播，上叩應節目。與國台辦會談的那場也讓人滿意，因爲不只我們可以自由發言，兩岸記者也都全程站在後面。我還以爲大陸的開放已進入一個新境界了，誰知自中南海的這一場起又不能自由發言了。

汪道涵先生

我們離開北京，再飛上海。在上海除了拜訪上海地震局作討論會之外，也在衡山飯店會見了海協會的會長汪道涵先生。

七年前，我應邀到上海參加一個經貿研討會擔任「美國貿易法」的講員，就見過汪先生。當時對汪先生的印象就很深刻，心裡曾想：「假如共產黨的幹部都像汪道涵一樣，那國民黨就不要混了。」

汪先生年紀雖大（八十四歲），但仍有他的魅力。和藹可親，而言語有味。說話時會微笑著注視在場的每一位人，這件事看起來簡單，但我卻沒有在其它遇過的大陸幹部身上看到過。同樣一句話，在別的中共幹部說起來會讓你不舒服，但由汪先生嘴裡說出來卻讓你覺得沒什麼。

考察團由李慶華團長代表與汪先生對談。關於汪先生的訪台之事，他很有風度的沒有提「兩國論」，但指出兩岸之間目前有「一些障礙」，使他無法成行。但他已準備好，只要這些障礙消除了，他隨時可起程赴台。

汪道涵先生給人一種雍然大度的感覺，比起台灣那些舌尖嘴酸的大陸事務官員不知強過多少倍。海峽兩岸的年輕一輩都是遠遠不如汪先生的。

李登輝又在胡說

我們離開上海，飛往日本作大阪神戶地區的考察。第一天訪問了神戶的「地震支援館」；與兵庫縣的救災官員和神戶大學的教授們，作了一場以一九九五年阪神大地震爲借鏡的地震研討會。

我想起一件事。在九二一地震發生後，各方批評李總統在第五天才發布緊急命令，反應遲頓，而李卻這樣辯解：「八七水災在第三十七天才發布緊急命令；至於日本的阪神地震，發布得就更慢了」。我一直對這段話深表懷疑，所以趁此機會請教在場的日本官員與學者。

果然他們異口同聲的說：「哪有這回事，阪神地震後日本政府根本沒有發布過緊急命令」。日本憲法上並沒有緊急命令的機制，因此震後是由日本國會迅速制定救災與重建的許多特別法，從來沒有發布緊急命令。

這就是我們的李總統，爲了掩飾自己的差勁，因此編出話來把別國政府說得更差勁，讓自己顯得好看一點。李登輝不是「日本通」嗎？還眞的有人相信他說的話。誰知道這番胡言亂語在神戶的討論會上被日本官員戳破，這種貶低別人欺騙人民的行爲必須加以譴責！

民國八十八年十一月九日 於立法院

黃鶴幾時歸？

十年清夢繞茲樓

五月中，我和傅崑成教授共同帶領一個團到武漢去考察台商投資與法律仲裁。在最後一天，終能偷得半日拜訪了珞珈山上風光明媚的武漢大學，和矗立大江之側見証古今歷史的黃鶴樓。

「昔讀司勛好題句，十年清夢繞茲樓」(1)。在我九歲、十歲開始讀唐詩的時候，就已經愛上了這座歷史名樓。崔顥題詩，李白擱筆，費禕乘鶴，庾亮登樓，稼軒賦別，武穆長吟，無數個浪漫的歷史傳說，築成了少年心底的黃鶴樓。想不到在我人生已然過半，走過了半個地球之後，才走到了這黃鶴樓下。

當我一步步走近黃鶴樓時，心裡竟不僅僅是興奮，而且是感動。我明明知道舊的黃鶴樓早已在清光緒年間焚燬，眼前的這座是一九八五年的新作，但朝聖者信奉的是神明哪裡管廟宇的新舊？像康有

爲遊故址明知樓已不在卻仍把詩名定爲「登黃鶴樓」一樣，這一份信仰、愛，與執著，讓我拾階而上走近黃鶴樓時，仍然感動得要落淚。

崔顥題詩在上頭

走進黃鶴樓園內，到處看見鶴的圖像，或鳴或舞，或翔或立，也不只是黃鶴，還有紅鶴白鶴。光看這些姿態不一的鶴，已經讓我心裡充滿了喜悅，感覺到天地的寬廣。

園內有一「崔顥題詩圖」的浮雕，崔顥峨冠博帶、挺拔飄逸，在煙霞繚繞間揮筆題詩。所題的當然是被評爲唐詩「七律第一」的「黃鶴樓」詩。畫面上的詩是由當代書法家沈鵬書寫，俊秀飛舞，有如仙鶴，竟也稱得上崔顥的這首名詩。

黃鶴樓與岳陽樓、滕王閣被稱爲江南三大名樓。岳陽樓以范仲淹的「岳陽樓記」，滕王閣以王勃的「滕王閣序」而名聞天下，黃鶴樓雖也有唐代閻伯理的「黃鶴樓記」以志其勝，但聲名文采遠遜於「岳陽樓記」與「滕王閣序」。其後各朝各代好事者寫「黃鶴樓記」或「黃鶴樓賦」者不知凡幾，但全無佳作。倘無崔顥一首「黃鶴樓」詩，豈不使名樓失色？崔顥以一詩力敵二文，猶有勝處，千百年後仍讓我們驚歎不已！

爲這首詩驚歎的豈只是我們？還有當時名動天下的大詩人李白。其實李白欣賞崔顥的詩有脈絡可循，崔顥的「黃鶴樓」詩極不守章法，「昔人已乘黃鶴去，此地空留黃鶴樓。黃鶴一去不復返，白雲千載空悠悠」，前三句中竟然連用三次「黃鶴」二字。而唐詩人中最不守章法的就是李白，天才縱橫，豈能爲章法所限？

所以李白在黃鶴樓上看了崔顥的詩，遂擱筆不作的傳說是極為可信的。這件事顯示了李白的氣度與識才愛才，也使得文名始終不如李白的崔顥，能以一詩與黃鶴樓同登不朽。這首詩顯然讓李白印象深刻，我們的大詩人雖然在黃鶴樓上擱筆不題，但到了金陵卻又弄出了一首與「黃鶴樓」詩風格神似的「登金陵鳳凰台」的七律來。

在「崔顥題詩圖」浮雕的的對面，就是一座「擱筆亭」。擱筆亭的命名，竟然是清代戲曲作家「桃花扇」的作者孔尚任所為。孔尚任顯然也是好事者，看到當時的黃鶴樓區沒有紀念「李白擱筆」的建築，遂以附近一小亭命名為「擱筆亭」。今亭當然非彼亭，亭內寬廣，有桌案，上置文房四寶，正待詩人揮毫。可惜詩人無意於此，已不知「手持綠玉杖」（2）雲遊何處去也。古來樓台以詩留名，而此亭竟以「無詩」為主題，大詩人名震千古，其「無詩」竟也勝於「有詩」。

擱筆亭重建於一九九一年，亭名是由現代詩人臧克家書寫，竟也是一手好字。亭前有幅楹聯，是清代江夏縣令曾衍東的舊聯：「樓未起時原有鶴，筆從擱後更無詩」，由當代劇作家曹禺書寫。

我在曾衍東的聯句前沉吟許久。「筆從擱後更無詩」確是事實，崔李獨占黃鶴樓詩名，其後登臨黃鶴樓的名詩人不乏其人，但已難有足以匹敵的名詩。但這是「李白擱筆」之故嗎？你只看洋洋灑灑黃鶴樓內亂題詩的人彼彼皆是，就知道「李白擱筆」對他們並沒有嚇阻作用，這裡還多的是「敢笑太白無才思」的人。「唐詩之後已無詩」，崔李已把黃鶴樓主題發揮到淋漓盡致，後人實在難以為繼啊！

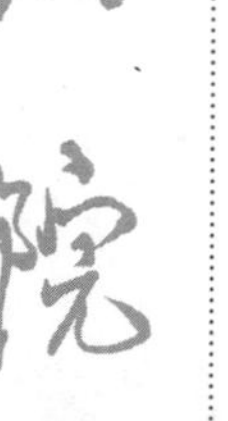

孤帆遠影碧空盡

一九八五年落成的新黃鶴樓是一棟五層樓的建築，古樸雄渾，一點都看不出是新樓。遠遠地即看到當代名家趙樸初等人所書的「氣吞雲夢」、「楚天極目」等匾額，巍峨的樓宇在白雲的襯托下眞是好看。

樓中除了有閻伯理的「黃鶴樓記」雕刻外，讓人印象最深刻的是幾幅大壁畫，它們敘說著黃鶴樓的神話與故事。一樓前廳有「白雲黃鶴圖」，天上大鶴飛翔、仙人吹笛、白雲繚繞，地上大江之前林木之後的黃鶴樓上眾人歌舞無止無歇，這是什麼樣的世界？這樣的世界是否曾在遠古存在過，而我們後來遺失了它，甚至忘記了它？黃鶴，或許眞的來過江城，但是它只生存在清純明朗的世界，當人間變質後，它就不肯再來了？我凝望著這幅「白雲黃鶴圖」，心思隨著大鶴恍惚不知所之。

另一幅是「辛氏酒家」，敘說的是仙人子安在辛氏酒家壁上用桔皮畫黃鶴，客至鶴即下來起舞。而後子安再來，吹笛召鶴，騎之飛向白雲深處。辛氏感念仙人，在子安駕鶴升天處起樓，即黃鶴樓。

二樓中有兩幅壁畫，右爲「孫權築城」，左爲「周瑜設宴」。周瑜爲了討還荊州在黃鶴樓中設宴以圖劉備，這當然是無稽之談，但是可以滿足「三國演義」讀者大眾的想像力。「孫權築城」倒是確有其事，而且是黃鶴樓超脫神話外眞正的開始。根據唐代李吉甫的「元和郡縣圖志」中記載，吳黃武二年在江夏（今武昌）築城屯兵，西南角在黃鵠磯上建樓，名黃鶴樓。「孫權築城」圖上有士卒負石登山，孫權率軍臨江築城，瞭望江面敵情的場面。武昌在江漢交流之處，自此成爲軍事要地，孫權築城，確有見地。

在頂樓向外望去，的確是「楚天極目」。江上舟帆，盡在眼底；楚天遼闊，一望無際。當日天色不佳，但對岸的龜山與鸚鵡洲，仍清晰可見，難怪崔顥寫下「晴川歷歷漢陽樹，芳草萋萋鸚鵡洲」這樣的名句。大江東去，直上天邊；「孤帆遠影碧空盡，唯見長江天際流」（3），李白雖然是天縱之才，若不是登上黃鶴樓看到孤帆駛向天邊之狀，怕也難創造出這樣壯麗的句子。

煙波江上使人愁

黃鶴樓園區內另一個名樓，就是「南樓」。南樓在宋詞中經常出現，只是我一直沒注意它在哪裡。世說新語中的「庾亮登樓」，所登之樓也是南樓。

南宋詞人劉過有一闕「唐多令」，背景就是南樓：

「蘆葉滿汀洲，寒沙帶淺流。二十年重過南樓。柳下繫舟猶未穩，能幾日，又中秋。

黃鶴斷磯頭，故人曾到否？舊江山渾是新愁。欲買桂花同載酒，終不似，少年遊。」

劉過曾經兩度來到南樓。第一次是在少年輕狂的時候，獨闖辛棄疾的府衙公宴，即席成詩，為稼軒所賞識。二十年後再來時，卻已是個屢試不中上書陳北伐之策而不用豪氣盡失的中年人。

我在中年之後開始喜歡這首詞。那是一個有大志的愛國者失意的年代，辛棄疾都鬱鬱一生，何況劉過？當年的南樓之上，有過多少像劉過這樣的文士，遙望著京國，把淚水灑入江中？

黃鶴樓上曾出現過一位有大志的將領。岳飛曾經駐軍鄂州，屯糧練兵，為北伐收復失地做準備。

他有一闕「滿江紅——登黃鶴樓有感」，信心滿滿的說：「何日請纓提銳旅，一鞭直渡清河洛！卻歸來，再續漢陽遊，騎黃鶴」。岳飛駐軍武昌甚久，另外一首更有名的「滿江紅」：「怒髮衝冠，憑欄處，瀟瀟雨歇……」，倘若眞出於武穆之手，則憑欄遠望仰天長嘯之處，也必然是黃鶴樓無疑。武穆風波亭遇害，鄂州人民哀聲萬里，因爲他們再也盼不到岳元帥收復失土後騎黃鶴回到武昌了。

黃鶴幾時歸？

黃鶴樓經過千百年的發展，早已成爲中華文化的一部分，中國人民的摯愛。中國人民一方面忍受戰亂、苛政、外族入侵、顛沛流離，但也從未放棄對太平盛世河清人壽的嚮往與企盼。不管當年跨鶴登仙的是費禕、子安，或是呂洞賓，人民都希望他們有一天能夠回來，乘著大鶴歸來。因爲大鶴歸來的時候，將把人間的苦難收去，重現「白雲黃鶴圖」中人仙共樂長生自在的場面。

但是依我看，大鶴之所以離去，正是因爲人心的惡質化，像鳳凰「非梧不棲」一樣，被污染的人間已不適合黃鶴居住。倘若人民不能自力清掃這個環境，大鶴哪裡肯重新回到人間呢？

中國人民把對民族文化的愛投射到了黃鶴樓上。黃鶴樓是木質結構，因此歷史上被焚再建不下數十次。也經常是「民族衰時燬」「民族興時建」。爲什麼每次焚燬後都會把它重建起來？那是因爲中國人民心中不曾少了愛，也從未放棄追求理想的信念。

黃鶴樓最後一次焚燬是在清光緒十年（一八八四年），此後的一百年間，荊楚人民失掉了他們心愛的黃鶴樓，那是他們心中的最痛。他們從來沒有中止過重建黃鶴樓的倡議，只是正處於民族歷史的低潮，戰亂和財力困乏無法應付重建的工作。

當一九八五年，焚燬的一百年後，比前樓更高大更壯麗的黃鶴樓重新矗立在蛇山之上時，那是全體中國人民的驕傲。這是中國人用現代科技融合傳統建築藝術而創造出的文化寶藏，鋼筋水泥的建築使人確信沒有人能再燒燬我們的黃鶴樓。三楚大地的人民自四面八方湧到，心中的空虛與失落已被彌補，白雲之下的江城重新有了地標，來往大江之上的船隻旅人滿心喜悅的睜大眼睛凝望這座歷史名樓。

「築樓」是「引鳳」的預備工作，我們現在有了黃鶴樓，但是黃鶴卻仍然是「杳如黃鶴」。園區內雖然有座美麗的「黃鶴歸來」銅雕，及一座「九九歸鶴圖」的浮雕，但我們知道，歸來的只是黃鶴樓，黃鶴並沒有眞正歸來。

我們不要忘記壓在中國人民心底的那個信念：「黃鶴終於是要歸來的」。中國人必將擺脫百餘年來的屈辱與貧困，把神州大陸打造成歌舞無歇自在太平的人間，那就是黃鶴歸來的日子。

中國人民既然有智慧與毅力建造出一個比從前更新更好的黃鶴樓，還有什麼是辦不到的呢？黃鶴樓的重建成功，給予我們的是信心，但是我們不要忘記前面還有更壯麗的遠景。中國人的千年大夢，正等著我們去實現。

在離開武漢前夜的惜別宴上，新認識的段副市長送了我一本馮天瑜教授新出版的《黃鶴樓志》。爲一座樓寫一部志倒是少有的事，也看得出武漢人的情痴。看看在座的幾位副市長，個個年輕學識好而且純正認眞；「唯楚有才」，信哉斯言，大藩之地，群彥汪洋。不禁想到：黃鶴樓都已經重建好了，大鶴歸來的日子還會遠嗎？

民國八十九年六月七日於台北

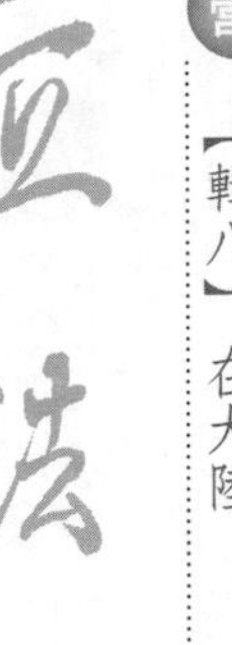

（1）清代詩人黃景仁的詩句。
（2）李白「廬山謠寄盧侍御虛舟」中句：「手持綠玉杖，朝別黃鶴樓。五嶽尋仙不辭遠，一生好入名山遊」。
（3）李白「黃鶴樓送孟浩然之廣陵」詩中句。

新黨訪問團在大陸的七次會談

新黨立法院黨團由馮滬祥委員領隊，鄭龍水、李炷烽與我三位立委，及馬祖地區的曹原彰國代，一同組成兩岸和解訪問團於七月訪問大陸。四天之內在京、滬兩地作了七次會談，收益頗大。有人打趣說，別黨的委員出來訪問都可以遊山玩水，只有新黨的委員把行程排得緊緊的，除了開會還是開會。

與海協會會談

首日上午在釣魚台大酒店與海協會正式會談，桌子排成面對面的兩排，海協會祕書長李亞飛率同各部主任坐在對面。

李亞飛說台灣方面有人故意歪曲，說大陸說一個中國就是「中華人民共和國」。陳水扁先生的五二〇演說姿態雖柔軟，但基本問題未談，尤其是說「共同處理未來一個中國的問題」，那是指現在不是一個中國。倘若一個中國只是「議題」，則討論的結果可能會排除一個中國。

我提到「外交休兵」的建議，李亞飛先生說在一個中國的原則下，國際空間是可以討論的。雖然這並不是眼前的事，也不是容易一下子就解決的。

大陸方面贊同三通，但懷疑台灣方面是不是以「小三通」來敷衍三通的需求。李炷烽、曹原彰和我都告以新黨對小三通著力甚深，大陸方面爲什麼不作另一個方向的思考，「小三通」其實是通往大三通的一個台階。

與大陸學者會談

該日下午，我們與大陸研究台灣問題的學者們作了一次會談。大陸方面出席者有社科院台灣研究所的徐所長，和辛旗等幾位著名學者。

社科院的周志懷研究員提出「一個中國、不論內涵、重開對話，各表方案」的十六字眞言，建議以此爲基礎爲兩岸關係解凍。

馮滬祥委員建議修正爲「一個中國、只論原則、不論內涵、重開對談」。

辛旗先生建議修正爲「一個中國、求同存異、重開對談、解決問題」。

我則以爲「不論內涵」一語其實透露的是大陸方面一向主張的「一個中國各不表述」，不如不提。但內涵有異見的事實則不可不提，因此建議修正爲「一個中國、內涵存異，重開對談、解決問題」。

馮滬祥委員贊同，但以爲對談當然是爲解決問題，不如再改成「一個中國、共同原則、內涵存異、重開對談」。大家對十六字眞言的咬文嚼字，顯露了尋求平衡點與著力點的熱切心態。

在建立「軍事合作互信機制」的議題上，大陸軍事科學院戰略部的研究員羅援說，兩岸有相同

處，如台灣方面的將領也反台獨，說過「保衛台灣而不保衛台獨」；但也有互不信任處，如「境外決戰」概念的提出。雙方如不互信，則難以眞正建立機制。

與國台辦會談

第二天早上，我們與國台辦副主任李炳才先生作了會談。李先生提到謝長廷未能到廈門來訪問是遺憾的事，謝是以市長身份來訪與民進黨沒有關係，今後仍將推動「城市交流」。陳水扁說「大陸熱」要煞車，是不明智也不得人心的。

李炳才先生提到大陸一向朝三通的方向努力，三通可以採用循序漸進的方式，但目標要是全面三通。我詢以若一個中國的問題獲得解決，大陸方面是否願坐上「小三通」的談判桌？李先生說要看台灣方面的規劃是否積極。

與北京台資企業會談

第二天下午，我們與北京台資企業協會會談，希望瞭解台商的困難與需要。謝坤宗會長和幾位副會長、祕書長均出席。

郭副會長表示，台商最大的需求就是三通，三通之後台商在大陸的投資才更有競爭力。一位台商激動地說，希望知道台灣的政府對台商的態度究竟是「肯定」還是「否定」，到現在還要「戒急用忍」嗎？

台商們提出了「簡化大陸人士赴台手續」、「大陸學歷承認與子女教育兵役問題」、「在大陸不易

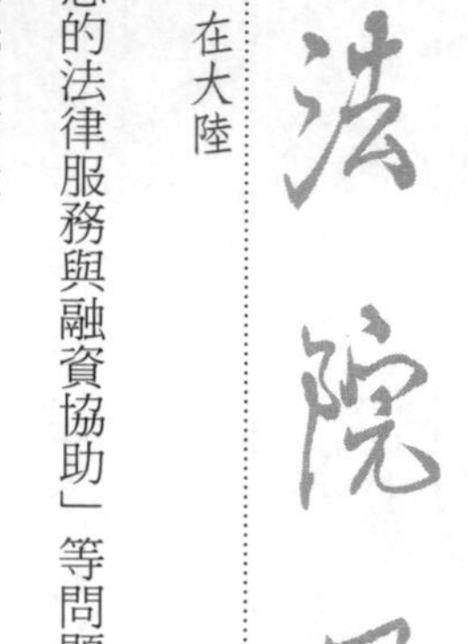

獲得熟悉的法律服務與融資協助」等問題。

與錢其琛先生會談

第三天上午，我們到中南海紫光閣與大陸對台小組的負責人國務院副總理錢其琛先生會談。

錢先生說兩岸其實現在也有在通，只不過是「捨近求遠，繞道而行，不辦手續，掩耳盜鈴」；這樣子多花時間多花錢，又增加風險，不知道爲什麼要這樣做？

曹元彰國代特別向錢先生說，希望大陸對「小三通」也盡心力。李炷烽委員表示新黨要組團赴福建討論通水通電問題，錢先生說大陸願意邀請。

我替台商向錢先生提出允許台灣律師到大陸對台商提供法律服務，及台資銀行到大陸營業向台商提供融資服務的要求，錢先生表示將來如放鬆一些會做得更好。

我也爲陸委會詢問大陸方面是否有藉查稅之名打壓台商之事？錢先生和陪同會見的國台辦陳雲林主任都說，大陸台商這麼多，多數都是守法的，但也有少數經濟案件，凡是遵守法紀的台商大陸政府都會保護。

與汪道涵先生會談

第三日下午飛抵上海。第四日上午在東湖賓館會見了八十五高齡的海協會會長汪道涵先生。汪先生頻呼「垂垂老矣」！但我們都希望這位友善開明的老人能再爲兩岸事務多盡心力。

在回答馮委員如何打開兩岸僵局的問題時，汪先生說台灣不搞兩國論及承認九二年兩岸堅持一個中國的共識，即可恢復對話，兩岸應以此爲起點恢復對話。有人把共識說成「各說各話」，這是否定共識，製造了障礙，顯示並無誠意。

在回答我的「是否願促成外交休兵」的問題時，汪先生說在一個中國的前提下，政治地位是可以討論的。這種事應由雙方共商，而非大陸方面提出由台灣接受。

在回答我詢問的陸委會主委蔡英文強調的「經貿先行」的概念時，汪先生表示在台灣方面「戒急用忍」的政策下，投資者舉旗不定，倘若政策不改，是不易做到的。

汪先生特別祝福辜振甫先生身體健康，希望有再見面的機會。他說辜先生很懂得中國傳統與國際形勢，但很可惜受制於當局。

與上海台商協會會談

第四天的下午，我們趨訪了上海台商協會，並與協會幹部舉行會談。一位台商說，希望新黨成爲專業性的黨，成爲致力於兩岸事務爲台商代言的政黨，這句話讓在場的新黨公職人員都印象深刻。

我們自費在四天內奔波北京上海兩地，就是希望能尋找共通點爲兩岸的僵局打開一條路，同時讓台商在大陸能站立得更穩。今後我們將繼續朝這個目標努力。

民國八十九年七月十九日於立法院

江山如此多嬌——神州大陸行

暑假裡，我和妻攜帶唸中學的兒子作了一次大陸之遊，讓他接觸一下中國的歷史文化與山川之美，領略作為中國人的驕傲。出生在美國的兒子一直弄不明白他的父母親並不在大陸出生，卻永遠心懸愛戀著那塊大地，我要讓他知道我們有充分的理由這樣。

我們跟著團自北京到西安，而後桂林，再由重慶放舟穿越三峽至武漢，最後到上海。

萬里長城萬里長

我來過北京許多次，但全是公務過訪（先是律師業務後是立委參訪），因此還是第一次遊故宮。宮殿的宏偉深遠不是我所參觀過的其它國家的宮室能夠相比的，但我不禁想到，在重重宮牆中度過一生的明、清數十位皇帝他們是否快樂？他們可曾走出高牆目睹過衣不蔽體的中國老百姓的忍飢號寒？重門深院內藏過多少詭計陰謀？多少無德無能的帝后佔據了位子在這裡發號施令耽誤了中國奮發圖存的機會？剝落的門漆訴說著這個老大帝國的最後一段滄桑。

往十三陵的途中，經過一個耀武揚威鞭梢指向北京城的騎馬雕像，那是我的陝北老鄉李自成。我大笑，指著雕像向地陪說：「別地方的人紀念李自成也就罷了，怎麼北京人也來紀念他？你可知李自

成進北京城時是怎樣的燒殺劫掠？」

我們的地陪小符是一位有趣的知識女青年，說著一口好聽的北京話。在長城之前，「毛澤東先生有個句子『不上長城非好漢』」，小符同志笑咪咪地說：「我給他接了一句，『上了長城一身汗』」！

每個人在長城上艱難地上行，果然都大汗淋漓。駐足高處向下一看，整條長城上只見滿坑滿谷華洋間雜的頭顱蠕蠕上行。當年守城的將士作夢也沒有想到，有一天長城上會站滿了形形色色穿著口音各異的人，其中還有許多是應該被城牆擋在那一邊的外國人。

我回首對小符說：「您二位的詩我給續成了。前面說：『不上長城非好漢，上了長城一身汗』，我也續了兩句，『站在城頭往下看，只見頭顱千千萬』」！小符同志拍手大笑。於是老毛同志，小符同志，和營某都因爲這一首「長城即景」的打油詩而同登不朽。

混得熟了，小符講起她接待外國團的經驗。美國人開始的時候是很和氣的，可是幾天之後他們就開始評起中國這、中國那的。有一天又在批評中國人吃狗肉，冷不防小符同志插口道：「中國是有部分人吃狗肉。但是你們既然這麼講求『狗權』，怎不研究一下中國大使館被炸死在裡面的人的人權？」這個女導遊讓我想起那個把金錢擲向侮辱他國家的義大利男孩的故事，但是她的言語更得體而有分寸。

晚上到梨園劇場看京劇。第一齣是做工戲「拾玉鐲」，老外觀眾不是坐立難安，就是東倒西歪見周公去了。第二齣是武戲「雁蕩山」，老外們又全都醒過來了。這齣戲在台灣不曾看過，聽這名子我原還以爲是描寫解放軍的樣版戲，結果還是傳統京劇。這齣武戲一句口白都沒有，但近戰、水戰、夜戰、

攻城之戰全都有，看得老外們興高采烈拚命鼓掌，尤其是最後攻城之戰士兵們一個斛斗翻進城牆，老外們敬佩不已得到這樣的概念：「西方人攻城是要架梯子的，中國人翻個斛斗就攻上城牆了」。

直向關中興帝業

洛杉磯是個遍地都是同鄉會的地方，常有人要鼓動我出來組個陝西同鄉會，我總搖手笑道：「我有三項不合格。第一、沒到過陝西，第二、不會講陝西話，第三、年不高德不劭（那是有點年紀的人搞的）」。

如今這個陝西人終於要生平第一次踏上陝西的黃土地了。在咸陽機場開始聽到熟悉的關中話，雖然我也聽不全懂，我父母說的也不是這種話（陝北話與關中話不盡相同），但我仍感到親切，忍不住看講話的老鄉幾眼。

我們的地陪方頭大臉魁梧高大是個典型的關西漢子，他的名子也挺鄉土，叫牛四。牛四爺個性爽快，可惜史地知識不是很足，常被我這個美國回來的同鄉問倒，又指著咸陽城說那是秦始皇的出生地（嬴政其實出生在趙國）。

牛四津津樂道地談起傑出的陝西老鄉，說那張藝謀生在兵馬俑出土的臨潼，長得就像個兵馬俑。說陝西有的地方僻遠落後，張藝謀拍「老井」，走到一個地方，當地父老問：「日本鬼子走了沒有？」我心裡想，那豈不是連共產黨都不知道了？眞是「不知有漢，何論魏晉？」只可惜那絕世獨立的地方並不是桃花源啊。

我們登上保存完好的西安古城。這西安城是明代所築，比起漢唐已小了許多，但仍高大壯肅。我們登上的是安遠門，即北門。牛四說，柯林頓總統任上來訪時，曾在南門舉行入城歡迎式，而非通常作入城儀式的北門，應是安全的原因。

我暗自尋思，恐怕不是這樣的原因。自古胡人攻佔長安，以地理方向而言，應該都是由北門或西門而入。因此，北門是蠻夷酋帥縱馬入長安城的地方。如今又有一個蠻夷大長來到西安，豈能讓他由北門入？這雖是我的猜測，但是陝西人應有這樣的心眼。

西安城中心有鐘樓與鼓樓，其間闢爲鐘鼓樓廣場，著名的吃食老店都在廣場邊上。地陪帶我們去吃餃子宴，那是唬外地人的玩藝兒，指頭大小的餃子，哪裏是魯智深般的關西大漢吃的。

倒是端給每人一杯沒見過的酒，我直覺地想到這就是從小就聽說的稠酒。母親常笑說，滴酒不沾的父親對家鄉這種似酒非酒的稠酒卻情有獨鍾，常到缸裡盛了一碗接一碗地喝。我嚐了一下果然香郁甘甜，難說是酒。同桌的人見我喜歡，都把面前的稠酒拿來給我，他們哪裡知道我之所以愛它是因爲情而非爲味。父親一生終於未能與他最小的兒子一起對飲故鄉稠酒，想到這裡淚水幾乎滴入杯中。

父親在抗戰勝利後擔任省參議員，我們家（除了未出生的我）曾在西安住了數年。母親每當回憶這幾年的往事時都眉展神舒，我知道那是父母親戰亂人生中的黃金歲月，充滿了希望與夢的時刻。他們還在西安蓋了一棟小洋房，以爲從此可以在省城把孩子們安安順順地養大。他們並不知道他們會有一個兒子遠在台灣出生，數十年後才踏上故鄉的土地，追念當初他們那個褪色也破碎了的夢。

我們乘車東行往臨潼去，途經滻水，意外而痛心地發現只剩一條乾涸的河床，上有幾個水漥而

已。滿懷期待地經過灞水，也只是一條小河溝，橋不過是個水泥橋。「應折柔條過千尺」，看不見想像中的垂柳依依，睜大眼睛尋找才能發現遠近幾棵稀疏的柳樹。

我心裡登時難過到了極點。從小唱在口裡印在心頭「踏雪尋梅」中「騎驢灞橋過」的情景，唐詩中灞濱話別折柳相送的畫圖，一時被眼前現實擊成粉碎。原來五十年代鬧「三面紅旗」時把柳樹砍伐殆盡，水土保持不良使水位下降，至於那座水泥橋，至今還沒有人想到把它換成一條比較有意境的橋。

長安一向有「八水繞長安」之說，東南西北各有兩條歷史名河，環繞著帝王之都。豐沛的河水帶來帝國的興旺。如今八水幾不成河，西安人飲水都成問題，正建設「黑水工程」遠自寶雞引黑水以救西安之急。

上天賜給中國人關中平原這塊寶地，周秦漢唐以它爲基地兼併天下，繼而創造了中國歷史上最輝煌的年代。建都在北京的元明清雖然也稱強盛，但有著當廷杖責官員的皇帝，與留長辮口稱奴才的大臣，封閉專制並不爲我們所喜。所以中國人嚮往的黃金歲月，正是建都在長安的漢唐盛世。至於建都在南京的開國者，更是眼光扁淺，有人這樣譏諷他們：

「不向關中興帝業，卻來江上泛漁舟！」

但是中國人何曾珍惜過這塊寶地，歷代戰亂都要入主長安，自項羽以來關中遭劫不下百數十次。森林被砍燒，水利工程被破壞，終於使關中與中國同失帝王事業。

然而以地理形勢來看，關中接近全國的中央，仍然是中國的心臟。西部大開發其實不易，何不仿效巴西捨聖保羅而建都巴西利亞之事，遷都長安以帶動西部開發？倘若能在陝北廣泛植林恢復森林舊貌，再將「南水北調」西段工程略作變更，引發源於陝甘之際的嘉陵江水入渭河（這當然還只是我憑地圖想像的計畫），將使關中平原恢復活力，重新成爲帝王之都的基地，也讓中國登上另一個歷史的高峰。

我的夢，其實跟長安，跟中國都脫不了關係。

山如玉簪江羅帶

從桂林的兩江機場到市區，一路上已是南方景觀，丘陵起伏，梯田高下，遠近都是綠樹。我兒子沒見過田邊走過的水牛，直問：「那是什麼動物」？

桂林是個小城，城內街巷仍是破舊之色。但你不要小看它，地陪說，自機場來的那條路，去年還是小路，現在已拓寬成大街。旅遊業的興起，使桂林以神奇的速度在發展。

路上仍在施工，同團的老外旅客對我說：「我跑了幾個城市，發現了一件奇怪的事，怎麼中國每一個城市都在大興土木？」其實他還不知道，這個現象已持續了好幾年。我在北京聽聞，有些工程還是分三班制，二十四小時不停地在進行。難怪到訪大陸的人都吃驚，中國何以能這麼快的速度完成建設。

當年大陸開放之初，不少台灣去的人嘲笑大陸的貧窮落後，今天叫他站在上海外灘往浦東望一眼，看他還敢不敢說這種話。在大陸最貧窮的時候，我不曾說一句輕謾的話。因爲大陸人是我們的同

胞，什麼人會嘲笑自己的親人？而且，「昨天窮並不丟臉，今天窮也不丟臉，只有明天窮才丟臉」！如今大陸力爭上游，反倒是台灣因為自大眼光短淺而呈現了頹勢。免子如果淨在那裡睡覺說大話，終會輸給不眠不休奮力向前的烏龜的。

我們上船遊漓江去。國畫中所有的拔地而起的山峰，如今才親眼得見。一路上漓江兩岸盡是這樣的山峰，而且多樣變化，眞是一幅又一幅美麗的國畫。難怪此地有「百里漓江，百里畫廊」之說。漓江的水是少有的清澈碧綠，倒映著一座座青翠的山峰，岸邊有群鴨戲水，遊船緩緩的順流而行，清風拂面，眞是懷疑到了人間仙境。

唐代文人韓愈在遊漓江時，曾留下「江作青羅帶，山如碧玉簪」的詩句。以眼前情景看，這兩句話恰如其分，並不誇張。我感謝上天把漓江這樣的山水賜給中國，但恐怕也只有受過千年中國式文化薰陶的人，才能從心底領略到漓江這人間至景的美。

即從巴峽穿巫峽

我懷著對鑄造山川的上天敬畏和對中國歷史文化崇拜的心情，開始了我的三峽航旅。

「朝辭白帝彩雲間」，當我看到江邊山崖刻著「白帝城」三個字，想起詩仙李白也曾在這裡乘舟東行，大詩人或許背著手站在船頭極目遠眺，江面的清風吹起了他的衣袂，我心裡不由得激動起來。

「蜀主征吳幸三峽，崩年亦在永安宮」。當年劉備違反了諸葛亮「聯吳抗魏」的大戰略，一意東征，卻敗於陸遜之手。無顏回成都，病逝於白帝城。「翠華想像空山裡，玉殿虛無野寺中」，我凝望著江岸的峭壁，這山中竟發生過這樣的歷史大事？帝王志業早已了無痕跡，這東流的的江水，當年曾和有多少壯志未酬的英雄眼淚？

瞿塘峽是往東行的第一段峽口。高大的峭壁夾岸，船隻隨著江流湧向霧中的峽口，眞是壯觀。我想造物者一定是獨鍾中國人，才把壯麗的三峽給了中國。美國雖然也有個大峽谷，但那是一種陽剛之美，比不得三峽除了雄壯之外還兼有秀麗。船上一群戴著釣魚帽小個子指手劃腳的日本遊客看得目瞪口呆；可憐的日本人，他們什麼都沒有！

船在巫山鎮下錨，這是長江與大寧河的交口，我們乘舢舨溯大寧河而上去遊小三峽。小三峽分別爲龍門峽、巴霧峽，與滴翠峽。一條長江早已因上游水土保持不良江水黃濁如同黃河，小三峽的水卻仍然翠綠。山壁上並看到兩隻金絲猴在攀援，只可惜就這麼兩隻，那「兩岸猿聲啼不住，輕舟已過萬重山」的情景，也只有憑空想像了。

遊輪繼續向巫峽進發，行過巫山十二峰。解說員指著一塊直立的岩峰，說那就是神女峰。今天晴日高照，既無雲雨，也不見高台。楚王已去，神女何在？巫峽中空留惆悵。「最是楚宮俱泯滅，舟人指點到今疑」！

夜宿巫峽與西陵峽之間，已在湖北省境內的秭歸。這裡是大詩人屈原的故里；「群山萬壑赴荊門，生長明妃尚有村」，這裡也是王昭君的家鄉。我抬頭凝望江岸，這是怎樣的山水鍾靈，竟能同時毓化出詩人與美人？而唯其是這樣的奇山秀水，才會造就出同樣不肯和於流俗，孤高如雲月的詩人與美人吧？當美人在大漠窮邊回首，詩人在汨羅江畔徘徊時，懷著的可是同樣的心情？在他們最後的夢中，必然也都出現過故鄉秭歸的青山綠水吧？

我在照耀過屈原與昭君的月光中睡去，夢裡只覺得清香。次日卻是拂曉啓航，船中人多半還在呼呼大睡，我端了一把椅子坐在船頭，迎著清風，觀看遠遠近近的西陵峽眾峽口。先至兵書寶劍峽，有山峰似劍故名寶劍，而崖上有懸棺（古代巴東少數民族置石棺於崖上）類古兵書，鄉人說是當年無力回天的諸葛丞相置兵書於此，以待有心人。可惜諸葛亮的兵書雖好，劉玄德的寶劍卻不濟，「江流石不轉」，遺恨豈只是呑吳之失一事？

船過牛肝馬肺峽時，紅日恰好東昇。峽口上方的那一點紅日，構成了一個極美的圖像；芸芸眾生中，恐怕沒有多少人有機會看到這個圖像，而我卻有幸見到，此生它會鮮明地印在我的記憶之中。

岸邊山上，有時會出現梯田。坡度這樣陡的山上，山民還種著雜糧果樹，可見得人口眾多的中國人的生計利用。一路上，山邊都有一百三十五米線及一百七十五米線兩種標記，前者是目前大水來時的最高水位，後者是三峽大壩完成後的水位，一百七十五米線下所有看到的村落橋樑將來都會沉入水中。但是我們也看到舊農村附近的高處，常有大批十多層的新建高樓，那就是農民將要搬去住的新村落。

當然，更高處的種植條件未必令農民滿意。因此，有農民將遷往更遠的地方，如安徽、江西、甚至遠到上海的崇明島。這遷動一百多萬人歷史上罕見的大規模移民計畫，大陸政府似乎做得舉重若輕，一路上所見已建好的高樓村落和海平面高度線標記，讓人對他們認眞的計畫和執行能力感到欽佩！

船再東行，就到了三峽大壩施工地的三斗坪。所以選在西陵峽的中段築壩，是因爲此地河道較寬有容納設施的空間，並且河床爲堅實的花岡岩。

這個水壩規模之大的確是世界第一，超過我們參觀過的美國胡佛水壩。河道南爲高一百八十五米的水壩，中爲供三千噸以下船隻使用的電梯，北爲雙向五級水閘，供大船通行。完成後供電範圍將遠至西寧、北京及廣州，這對苦於電力不足的大陸許多城市，將是及時之雨。

然而規模這樣大的水壩工程，對自然環境究竟會造成怎樣大的損害，沒有人能事先準確地說出來。「若非百年利，即是千年害」，長江是中國的命脈，倘若出了什麼差錯，那可是大半個中國的破敗！

如今三峽大壩工程既已上馬，我們只有衷心地祝福它在二〇〇九年順利完成，帶給中國人民百年福祉。當日炙陽當天，遊客在冷氣車外無法待上五分鐘，卻有兩萬名工人正在三斗坪揮汗如雨地趕工，我們除了對他們有無比的敬意外，也希望他們的汗水能鑄成中國的驕傲。

遊輪通過葛洲壩到了宜昌，再經過荊州、江陵往武漢進發。我一路上在懷疑赤壁在什麼地方，這是個連宋代的蘇東坡都搞不清楚的問題。

當夜上床後，忽然雷電交加，暴風雨降臨到長江之上；遊輪在狂風暴雨中靠岸下錨以避之。我在雷聲雨聲之中睡去，卻得一夢。

只見長江沙洲之上鬼影幢幢，我持一棍棒東趕西逐擊之。後來知道穿黑色衣甲者爲曹操率大軍南征時的北方士卒，黃色衣甲者爲周瑜水軍。黑衣士卒跪地哀告：「自從赤壁之戰歿於江上，魂魄陷於洲島，千餘年未能北歸」。

次晨醒來，窗外已風平浪靜，而我猶自怔忡。當年赤壁亡魂，誰不是深閨夢裡之人？多少喚兒盼夫之人在北方哀痛一生？羅貫中把周瑜、曹操的英雄成敗書寫得淋漓盡致，可曾對這些爲英雄成就大名的江底遊魂著一墨置一詞？就是蘇軾遊赤壁塡詞時，也只知自擬周瑜，「多情應笑我，早生華髮」，誰還念得那些驅之向南死不得歸的士卒？

這長江上「歿於王事」的冤魂又何止千萬？自古以來，自北方殺向南方，由南方征伐北方，都要作「渡江之戰」；更不乏順江而下取江南之國者。遠自赤壁與采石之役，近至太平天國與清軍的沿江廝殺；若眞有冤魂不去，那恐怕是「鬼魂歷歷坐洲島」了。

我站在船頭，持酒傾入江中，算是對這些生死皆無名的亡魂的哀悼。遙望東方，我發一祝願，願中國境內從此永無戰爭，長江之上不要再添冤魂。

汽笛長鳴，武漢已經到了。

民國九十年八月十五日於台北

【輯九】

在世界

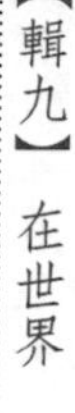

馬其頓訪難民營

四月十二日，外交部組成難民救援團攜帶物資與醫療器材出訪馬其頓，由外交部政務次長李大維領隊，新任駐馬國公使鄭博久一同赴任，參加者有路竹會（醫療志工團）、紅十字會、軍醫署、獅子會、同濟會等十二個慈善與志工單位，並邀請立法委員同行。除新黨的我之外，同行者有國民黨的關沃暖委員，民進黨的王雪峰、周清玉、李應元委員，非政黨聯盟的黃明和委員，分屬外交及衛生福利兩委員會。

中共打壓？

華航包機在十二日午夜零時起飛。原本只打算在阿布達比（阿拉伯聯合大公國）中途加油，沒想到卻在這個波斯灣旁的中東小國停了整整一日夜。原因是馬其頓前幾日天候不良，現在機場忙於向外轉送難民，由北約控制的航管單位一直未發下機場降落許可，因此只好在阿布達比等候消息。及至後來我們回台，才發現這幾日國內盛傳我們在阿布達比的意外停留是「中共打壓」的緣故。現在只要我們有什麼不順遂的事，就歸罪於「中共打壓」，真是可笑亦復可嘆。

十三日清晨繼續向西北飛行。窗外呈現了迴異的大地景觀，先是沙烏地阿拉伯一望無際的起伏沙丘，再是土耳其無邊的崇山峻嶺，又見到希臘可愛的港灣、島嶼、平原與雪山，最後翻越山嶺到了高原上的馬其頓。

美麗的家邦

我們在飛機上就看到機場上飄揚著中華民國的國旗，不由得很開心，知道全歐洲也不過就這一面青天白日滿地紅的國旗在大地上飄揚。馬國執政聯盟中的「更新民主黨」主席也是年底總統大選的候選人杜波可夫斯基在機場迎接。這位先生此時及以後與我們會談、晚宴、及送行時穿的都是T恤，作風特殊。有人頗怪他失禮，但我猜想他實在是體型太過肥胖，受不了西裝領帶束縛之苦。

馬其頓的確是一個美麗的國家。其後的兩天半時間，我們不是出訪難民營，就是到馬國政府單位拜會，其它什麼地方也沒去過。但只要看看遠處覆蓋著白雪的高山，青綠草原上徜徉的馬匹，自首都斯科比之側蜿蜒而過絲毫未受污染的瓦達河，藍天白雲之下圓頂的東正教教堂，你就不免愛上了這個東南歐的小國。

無辜的馬其頓人

市區裡並不像戰雲籠罩的樣子，漫步的行人頗有悠閒之狀。但我們知道這裡的失業率高達四成，街頭的行人恐怕也是無事可做。科索沃的烽火雖然還暫時燃燒不到馬其頓，但卻已給了這個小國經濟上致命的打擊。塞爾維亞本是馬其頓的主要貿易國，現在往該地的輸出已完全被切斷，邊界之外的科索沃省原先有上萬的馬其頓人在那裡工作，現在都已丟了工作；境內的難民已達馬國人口的十分之一，就好像兩千萬人口的台灣忽然湧進兩百萬以上的難民，這個小國實在負擔不起。

馬其頓人忿忿不平，這個戰爭是塞爾維亞人和北約挑起來的，受害卻是無辜的馬其頓。北約的那些大國自己製造了難民又不肯多接受難民，卻還在批評馬其頓。在和馬其頓人私下談話時，我常體會到他們的這股怨氣。

但是像馬其頓這樣的窮國小國哪有資格講話？如果依宗教和文化來說，他們應該比較接近塞爾維亞，但是小國又還盼望著能加入北約和歐盟一步登天，因此西瓜靠大邊地允許北約駐軍，連航管都讓北約發號施令，眞可以說是忍氣吞聲。除了忍氣吞聲之外還憂心忡忡，生怕北約出動地面部隊和塞爾維亞幹起來，那馬其頓人眞的要受池魚之殃了。

被淡忘的亞歷山大大帝

馬其頓人是歷史上的大征服者亞歷山大大帝的子孫。當年亞歷山大大帝率領大軍征服希臘，穿越西亞，直抵印度河畔。但是我從現在的馬其頓人臉上，很難尋找大征服者的容貌。他們友善而和平，遠不如他們的鄰邦塞爾維亞人強悍。他們似乎也無大志，只想把自己的經濟弄得好一點。

或許大征服者的後裔，已從其後亡國的歷史中學取了教訓。爭強鬥狠並不能得到什麼，以小事大才能從列強環伺之中求取生存。南斯拉夫聯邦解體之後，馬其頓是唯一未受戰火波及的一邦。能夠利用國際形勢取得獨立，又能得到塞爾維亞人的信任自動由馬其頓撤走聯邦軍隊，現在又維持著一個對北約示好卻不致與塞爾維亞人決裂惹火上身的局面。雖然是委屈求全，但的確是生存下來了。它的外交運用的巧妙，恐怕只有從前的泰國可以相比。

但是我還是很失望，在斯科比找不到一個亞歷山大大帝的碑像。我把這個問題詢問一位馬其頓的

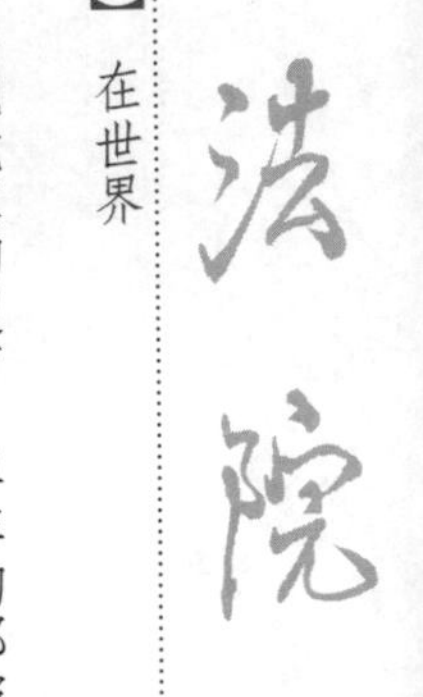

外交官，他說真的沒有，早年的都被戰亂毀壞，現在有的碑像多半是近代人物。但是歷史上只有一位亞歷山大大帝啊！看來馬其頓人民在追求和平與民生的時候，已經把這位大征服者的遠祖給淡忘了。

會「乾杯」也會「隨意」的議長

馬國的領導人物看起來知識水準都不差。總理只有三十二歲，儀表出眾，有超過他年齡的沉穩。總統是反對與我國建交的社會民主黨人，因此未見著。外交部長前幾日一直在西歐各國穿梭，昨夜又工作到三點鐘，因此紅著眼睛跟我們會面。總統候選人和議長都是教授出身。議長上個月訪問過台灣，對我國已頗有瞭解。他不僅在我們向他舉杯說：「乾杯」時，會聰明地回一句：「隨意」！還跟我露了一手他對新黨的知識，說新黨這次在立法院有十一席，很多人以前是由國民黨分出來的，是高知識份子組成的政黨。

馬國目前是由擁有國會一百二十席中四十九席的「內部改革黨」與十三席的「更新民主黨」聯盟，再加上少數民族的「阿爾巴尼亞民主黨」共同組閣。總理是「內部改革黨」人，議長和執政聯盟可能推出的總統候選人都是「更新民主黨」黨員。「更新民主黨」只是第三大黨而已，席次還少於在野的「社民黨」的二十七席，卻能表現如此，更主導了外交上由大陸向台灣的轉向，可真是「關鍵的少數」。

三訪難民營

兩天中我們一共去了難民營三次。難民營都在離邊界不遠處，山的那一邊就是烽火連天的科索

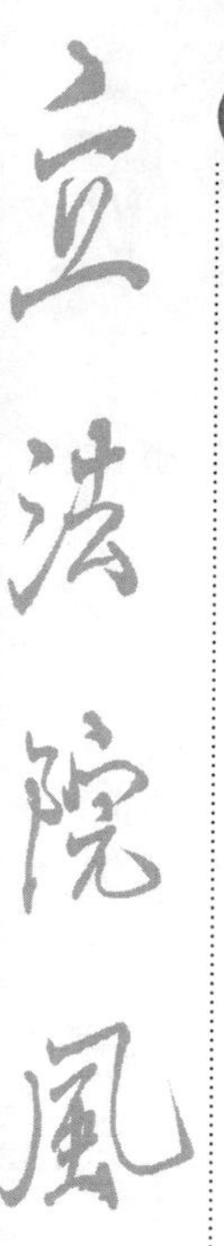

沃。難民營用鐵絲網圍住，由帶扁帽的北約士兵把守。我們看慣了新聞片上越南船民的鏡頭，覺得這裡的難民並不襤褸骯髒。但是同樣有的是大人們失神的眼光，無言地或立或坐，透露著對未來命運的茫然。孩子們卻不能理解現實，小臉紅通通地，依舊在追逐嬉戲。

第二次造訪難民營時，十輛巴士剛自邊界運來了五百名難民。擁擠的車上多是老弱婦孺，許多是包著頭巾的典型阿爾巴尼亞老婦，深刻的皺紋下透露的哀戚神情，讓你的眼光不敢在她的臉上停留。一個婦人用破碎的英文一句又一句地回答車下人的詢問：「他們燒了我的房子。」「我們沒有地方住啊，不走怎麼行呢？」聽多了塞軍殺男人驅婦孺的故事，車下的人關心地問：「你丈夫呢？」「怎麼沒有看見妳的丈夫？」婦人停了半天才聽懂，指了指身後，車下的人才把一顆緊張的心放下。

諷刺的是，我在旅館打開電視機，看到的是CNN報導的北約飛機誤炸難民車隊的消息，難民死傷慘重。這使我想起千百年前西歐各地的十字軍，就是從東南歐的這條路線經過君士坦丁堡到亞洲去打一場解救基督教徒的「聖戰」，卻荒謬地把許多基督徒一起屠殺了。千百年後北約進行這場新的「聖戰」，解救的對象換成了科索沃的回教徒，卻同樣荒謬地把解救的對象一起屠殺。死於壓迫者之手與死於解救者之手，大概沒有什麼不同。戈矛與炸彈除了能滿足「解救者」的虛榮之外，何曾解決過什麼問題呢？

第三次造訪難民營時，醫療隊的野戰醫院已經搭建了起來。志工們的辛勞趕工真叫人佩服，他們高興地穿梭在各個帳篷之間，搬運器材和物資，準備下午就開始接待病患。這是一個一日可治療四百人的醫療站，規模超過了德國人的野戰醫院。

事後有人批評，說現場的旗幟與慈善團體的橫幅太多，認爲「救援團」變成了「文宣團」。如果以「行善不欲人知」的原則而論，這樣的說法當然不無道理。但我站在立法委員替人民看守荷包的立場，的確是看到野戰醫院營區門口的那面中華民國大國旗才感到滿意的。

「人道外交」還是「金錢外交」？

十六日中午，除了醫療隊和鄭公使留下外，我們其它人再乘華航包機經過十多小時回到台北。在機場的記者招待會上，一位記者問到政府會不會再擴大對馬其頓政府的救難援助金額？

這也是我在思索的問題。我一向反對「金錢外交」，但不反對「人道外交」。因爲用金錢買來的朋友不能長久，以仁義相交的才是眞朋友。這是我基本上肯定這次援助馬其頓難民營的原因。

但是我們已爲難民問題捐助了兩百萬美金給馬其頓政府，這次又帶去了近五百萬元的物資器材，中華民國紅十字會又承諾五十萬美金捐款。算起來，我國的捐助已超過北約十九國中除美國德國之外大多數的國家。「人道外交」要拿捏得準，過了頭就會變成「金錢外交」。

因此，我反對政府再擴大捐贈的金錢額度，這次行動看得出我國有雄厚的民間實力，倘若民間有心擴大支援的話，政府只要做組織者與聯繫者，實不必過度動用國家經費救援外國。政府若是捐贈過頭，在對方的眼裡看到的就不再是「人道精神」，而是「收買行為」了。

民國八十八年四月十八日

馬紹爾風情畫

五月一日，是我國的新邦交國馬紹爾群島的國慶日。外交部特地由部長胡志強帶隊，加上立法院外交委員會的委員（李先仁、關沃暖、施明德、洪讀、楊作洲、范揚盛、和我），台北市副市長白秀雄、台中市議長張廖貴專，和經貿業者代表等，組成九十人的代表團，前往太平洋中的這個群島國祝賀國慶。

比忠孝東路還窄

遠東航空公司的包機飛了五個小時才到關島，加油後又飛了五個小時才到馬紹爾群島。群島是由一千多個珊瑚礁島組成，首都馬久羅是二十四個主島之一。它像一條環鏈，被遺落在大洋碧波之上。我們的車隊自機場駛向旅館，車子在坑坑洞洞的路上跳躍跌撞，但是卻影響不了藍天白雲之下我們的好心情。路的兩側都是椰林，椰林之中偶見低矮的小屋，和小屋之前睁大好奇眼睛的黑人孩童。兩側的椰林之外都是大海，原來島嶼是這樣的狹長，竟還沒有台北的忠孝東路寬。

總統先生昏倒了

第一站就是去拜會總統。我注意到總統府低矮的天花板上還有漏雨水浸的痕跡，會議室中竟然坐不下十多人的訪客，上下樓只有一部可容五人的電梯，而意識到這是一個不具規模的小國。

我們隨即前去參加國慶大典。由於心理上已有準備，所以當我們看到觀禮台是野地裡搭起的一個

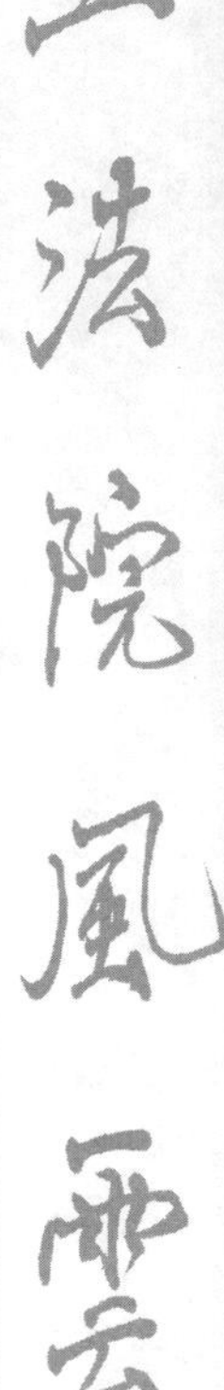

簡陋的棚子時也就不吃驚了。

大群學生孩童跟在儀隊後面走進操場。儀隊其實步伐紊亂，體型又多是當地人的矮胖型。但是我們可一點也沒有看不起的意思，他們已經拿他們最好的方式來慶祝國慶了。

熱帶的高溫讓我們這些台灣客吃不消，心想我們之中可能會有人倒下。誰知典禮尚未開始，前排之中倒下一人，竟然是馬國總統。總統寬衣解帶地在第一排躺了半天，最後被眾人扶上汽車而去。國慶大典總統先生便很遺憾的缺席了。

後來我們才獲知總統先生倒下的眞正原因。原來馬國人不論什麼場合都只穿夏威夷衫和涼鞋，西裝一年不過穿一兩次。這次我們的代表團爲了國際禮貌全都以深色西服上陣，害得馬國官員不得不也穿西裝打領帶以對，結果就讓總統受不了而倒下了。我們知道之後，下一個活動起全換上T恤或夏威夷衫，賓主皆歡。

總統卡布亞先生平日「平民化」得可以。當晚我在月光下自餐廳走回旅館，看到旅館門口的台階上獨自閒坐著一個人，那不就是總統嗎？

總統先生自從擺脫了西裝革履之後，酒會及官式典禮中都以拖鞋出現。在機場大廈的破土典禮中，總統先生坐在前面，面對所有賓客，蹺起赤足（拖鞋留在地上），悠然而自得。我不禁想，這位太平洋島國上的黑人總統可能是信仰道家哲學的。

大酋長出征舞

卡布亞總統以國宴款待我們。可不要爲「國宴」而興奮，因爲不過是包括炒飯在內的自助餐。倒是宴會中主人們下場合唱當地民歌，歌聲嘹亮顯示了當地人的好嗓子和待客熱情。

宴會後主人請我們齊集餐廳後的空地，欣賞土著歌舞。一隊手持木棍身披茅草的土著比劃著出場。看到了這個國家的規模，心想他們也不過就這樣跳跳罷了。誰知他們時而作划槳狀，時而作戰鬥狀，變化隊形而互以木棍敲擊，節奏越來越快，跳躍挪移卻毫無閃失。健猛而矯捷煞是好看，深怪自己看低了人家的藝術水平。

我急忙向當地人打聽他們跳的是什麼。原來演出的是他們的國粹，描述他們民族歷史的「大酋長出征舞」。從前有一位大酋長，率領著他的部族戰士出征，划著獨木舟，征服了一島又一島，最後把二十四島全都併入版圖。

這樣的大征服者外邊世界的人類歷史上也有，叫作秦始皇或成吉斯汗。划著獨木舟或指揮著千軍萬馬攻城略地，其實沒有什麼不同。不同的是，當大酋長削平群雄後拔刀四顧望見地平線上的大海可能更多幾分驕傲，因爲他以爲全世界都已經是他的了。

前不著村後不挨店

同行有許多經貿人士和業者代表，他們來此與馬國政府和商會開會討論合作的可能性。

馬國只有六萬人口，出產的只有椰子與魚類。因爲美國曾以該地作核子試驗場而有兩億元美金的補償基金，再加上海軍陸戰隊基地的三千六百萬元美金的租金，馬紹爾人還可以過活。

但想要進一步發展經濟，那就談何容易了。馬國孤懸於太平洋中，距離最近的夏威夷與關島都在四、五個小時飛機航程之上。每週只有兩班飛機到夏威夷，三班飛機到關島。不論是北美或是亞洲的

觀光客，誰願意花上十個小時以上的時間到馬紹爾來？馬紹爾的經濟發展，實受困於這種「前不著村、後不挨店」的地理位置。

馬國人少國窮，消費能力是很有限的。我們車子經過之處，沒有發現一個「麥當勞」、「漢堡王」的店，也沒有看到「可口可樂」的廣告。一方面替馬紹爾人慶幸無所不在的美國商業文化還沒有侵入；一方面也耽心，連他們都不來，在這裡投資會有市場嗎？

但是遠洋漁業是個例外。馬國有兩百萬平方公里以上的經濟海域，附近有豐富的漁場。這一點得到了驗証，外交部的馮寄台司長在出海時釣上了一百五十磅的旗魚。馬紹爾應該是很理想的遠洋漁業基地，我國的業者代表頗有進一步合作的意願。

不斷舉起的鏟子

我們的馬紹爾之行簡直是個「破土之旅」。兩天之內參加「破土典禮」四次，以致那個舉起鏟子的動作對我們都很熟悉了。所破之土包括中華民國大使館，和我國所捐贈的「市政府大廈」、「公路工程」、和「機場大廈與修護棚」。

我國的邦交就是這樣爭取而來的。去年十二月，馬國結束了與中共十年的外交關係而與我國建交。我問劉大使何以有這樣的轉變，劉大使說：「中共十年來對馬國沒有什麼貢獻！」

中共在建交之初，曾經在島上投資紡織廠，但是兩百五十位工人全來自大陸。工人們集體住在廠區，也不出來消費。這個紡織廠的計畫原本就不切實際，隨後即停擺。馬國兩次受到風災及旱災，中共也無一文援助。馬國因而感到中共毫無「貢獻」，跟這樣的大國建交並無實惠，因此轉向我國。

馬紹爾群島深處太平洋中，World politics對它根本沒有影響。它才不管你是大國還是小國，只要對它有「貢獻」就是友邦。

馬國上上下下對我國的期望是很高的。部長官員們演講時不斷地說：「我國的經濟由中華民國的幫助將獲得大發展。」「中華民國將支援我們在經濟、教育、交通、衛生、社會福利，各方面的發展！」「台灣的朋友們將使我們改頭換面！」連替我們開車的一位年輕小伙子，也懷著將來能到台灣去唸書的夢想。

我不由得緊張起來。一個國家的全部希望，可以寄託在另一個國家之上嗎？現在是公路、飛機場與市政大廈，將來是什麼？當我們不能繼續作出「貢獻」時，邦交是否還能存在呢？我頓時感到舉起的鏟子沉重起來。

失去的桃源

結束了兩天的訪問，我們告別了這一個沒有軍隊、沒有紅綠燈、監獄雖有卻常空，藍天之下碧海之上的可愛島國。

往機場的路上，我一直在想：馬紹爾人終究不能遺世而獨立，先是美日兩國在島上激戰，戰後美國又把它當核子試驗場，現在，連不相干的兩岸中國人都在這裡作外交攻防戰。要不是如此，我們這個馬紹爾歷史上首度的龐大外交代表團的包機怎會在島上降落？

馬紹爾人在憧憬未來經濟發展之時，是否也會懷念那躺在椰子樹下看海不受外人干擾的日子？

民國八十八年五月四日

「周邊事態」與事先諮商

本月中，立法院外交委員會的委員組團訪問日本。在與日本各政黨參眾兩院議員會談時，我問道：「將來根據 貴國『周邊事態因應措施法案』，日美若是對台灣海峽發生之事件採取行動時，是否願事先與中華民國政府諮商？日本朝野對此是否有共識？或者有無可能在法案中建立此種機制？」

日本執政黨之一的自由黨參議院議員會長扇千景女士代表回答：「這是不可能的。日本與台灣並無邦交，雙方無法作此諮商。」

這個答案是正確的，理由卻不眞實。韓國總統金大中前些日曾提出同樣的問題，認爲日美若對朝鮮半島發生之事件採取因應措施時應先與韓國諮商。日本政府或國會對這個說法沒有任何反應。而韓國與日本是有邦交的。

日本在東亞地區所扮演的角色在一九七八年簽署新的「日美防衛指針」後，已有大改變。「舊指針」只著重於日本遭受攻擊時，「新指針」卻發展到「周邊有事」時的日美同盟關係。以美國與其北約盟邦在塞爾維亞與科索沃的孟浪行動爲鑑，這個「新指針」與「周邊事態法案」的確是使人不安的。

倘若有一天，「周邊事件」眞的在台海附近發生，日本自行決定配合美國出戰，則我國想要以其它方式避開戰火也不可能，其命運的悲慘將一如今天的科索沃。我方損失的不僅是主權與尊嚴，而且是國家的安全。

日本不願就周邊事件所採的因應措施與台韓事先諮商一事，証明了日本所考慮的是自身的安全與優勢，而非其它。希望躲在這張保護傘下，是太過天眞的想法。我政府對日本眾院通過「周邊事態法案」除了表示「樂觀其成」之外，似乎也該有更深刻的思考。

民國八十八年五月十九日於立法院

中山世土——琉球故王宮前所思

會期末因為一些黑金法案引起朝野對決，緊張了好幾天。會期結束後我獨自到琉球作了一個短暫的旅行，鬆散一下心情。

因為我的興趣在琉球的歷史，出了機場我就讓計程車直駛那霸市之東琉球故王宮所在的首里。王宮在小山丘上，宮牆依著山勢而建，爬坡登階始得進入。王宮其實是小家碧玉，只不過是一四合院，但卻是仿照北京紫禁城建築所建，殿前兩個龍柱，有模有樣。只是讓人詫異的是，宮殿卻是面西，與東方殿堂一般的坐北朝南不同，據我猜測，或者是因為中國在琉球之西的緣故，正像台灣總督府（現總統府）坐西朝東向著日本的方向一樣。

南殿陳列著文物並有琉球歷史的圖表，我隨著一群嘰嘰喳喳穿著水兵服的當地女中學生之後進

入。琉球也有一千多年的歷史，本島原分為北山、中山、南山三邦，後由尚氏家族在十三世紀統一建國。尚氏王朝一直延續六百年之久，到十九世紀末才被日本所併吞。

琉球王國存在之時正當我國的明代與清代。這個海上的小邦是多麼仰慕天朝文化，而中國也毫不吝嗇地以文教澤惠海外。我看到展出的北京國子監的文件，當時接納包括琉球、俄羅斯等外邦子弟受教，撥予房舍居住每月給予米糧若干炭多少斤的記載，眞是十分感動。宮城外牌樓上「守禮之邦」四個漢字，爲這段歷史作了見証。

每當琉球新王繼位，中國都有冊封使至冊封新王。冊封使多爲中央六部官員，率船隊而至。我看到圖繪的冊封使進城之狀，中國大小官員乘轎騎馬，將士環列，禮物山積，軍樂動天，琉球百姓夾道以迎。賓主情深，邦誼永固。

琉球在中華文化的沐化之下，也建立禮儀制度。每當正月初一，琉球王升殿，百官齊集於殿下向國王拜賀新年。琉球人就是這樣地過著遺世獨立而太平安樂的日子。

六百年之間，大明與盛清如果想佔有琉球豈不是易如反掌之事？但他們對琉球只有文化上的供輸，何曾加一矢於琉球？這就是我國王道文化的體現。

但是琉球王國的好運畢竟不能永久，日本的薩摩藩揮兵攻占了琉球。親中國的官員與知識份子遇害，王宮被破壞洗劫，南北二殿成爲日軍駐兵的地方。我一邊讀著歷史上的舊事，一邊想像著這座王宮當年烽火漫天，跨著長刀的日本兵牽著馬昂然直入，幾曾識干戈的琉球國王倉皇下拜的景況。

女學生們以日語嘻笑著走入正殿，我也跟著步入。正殿是國王起居與召群臣議事的地方。正中有國王的寶座，座後上方所懸的正是康熙的賜匾——「中山世土」四字。在這四個字的庇佑之下，琉球王

平安地治理了這個海上邦國數百年之久。我抬頭擬望這筆力蒼勁的四個字，想像它當年給予國王的信心榮耀，和治國的準則。

琉球人其實與中國人血緣相近。十三世紀時，閩人三十六姓自福建集體移民於琉球。在我看到的歷史文件中，琉球人姓的是漢姓，如鄭、林等。琉球國王的姓氏「尚」，其實也是個中國姓，如清初有尚可喜、尚之信，民初四小名旦之一有尚小雲。

但是今天還有琉球人姓漢姓嗎？看到的不是田中，就是井上，要不然就是佐佐木。琉球人不但不記得漢人的血緣文化（我聽說那霸有一個三百多年歷史的孔廟，但是沒有一個計程車司機知道在哪裡），在日本的強力同化之下，連自己的種族也在急速的消失之中。

我不得不爲台灣慶幸起來。琉球亡國百年而被同化，台灣被日本統治所幸五十年而止；若非如此，台灣恐怕也難逃被侵略者同化的命運，而無人自以爲是漢人。

這「中山世土」四個字所代表的傳統王道文化，除了是給而不取的大國風範外，還應該有「濟弱扶傾」「興亡繼絕」的精神。中國積弱，琉球乃被吞併。然而二次大戰之後，日本已淪爲戰敗國，我國則是四強之一，我們爲琉球的「興亡繼絕」做過些什麼？恐怕是一言不發。甚至連釣魚台群島在七零年代都隨同琉球「歸還」給日本。我政府的無知無能，實在令人浩歎。

我站在琉球故王宮之前，「中山世土」的匾額之下，盈耳喧嘩的日語之間，浮上心頭的豈只是歷史的蒼涼而已？

民國八十八年七月八日

靜靜的波羅的海

說起波羅的海，對多數台灣的中國人來說，是一個遙遠而陌生的地方。唯一讓中國人還知道這地方的是，帝俄時代的波羅的海艦隊，不遠千里繞過好望角與印度洋來到東方與正在興起的日本一決雌雄，卻被殲滅在對馬海峽。此役造成了遠東霸權的轉移。

如今我們卻要去訪問這個地方。立法院中的對波海三國友好小組，趁休會期間組團到三國訪問，與他們國會中的友好小組作交流。

那個陌生的地域對我有莫名的吸引力，多少歷史上與現時的問題想要探索，所以我很高興地踏上旅程。

荷蘭

荷蘭不是波海國家，但我從美國赴立陶苑卻必須在此轉機。駐荷蘭代表施克敏伉儷在阿姆斯特丹機場迎接，施代表是前聯合報駐美特派員、中央社社長，轉任外交官卻仍有文化人的氣質。

施代表約好一位荷蘭的國會議員與我見面，並在海牙海邊的一家餐廳共進午餐。這位女議員是荷蘭參加兩次奧運會的游泳國手，有著運動選手不運動之後的龐大體型。荷蘭是內閣制的國家，所以她也當過體育部的副部長。談起運動比賽仍然眉飛色舞，我說荷蘭的足球隊很好，看過他們與法國的世界杯決賽，女議員沮喪地說：「唉呀！我們罰球總罰不進！」

沒有時間去參訪，施代表開車載著我在海牙市區轉了轉。天開始下雨，車子穿行在海牙古老雅緻的市區內，沒有喧嚷，只有寧靜。在我的特別要求下，來到海牙國際法庭，這個所有學法律的人的聖地。一座並不大卻古意盎然的建築物，座落在林木扶疏鮮花遍地的庭園中，讓人忍不住讚賞這個好環境。前南斯拉夫總統米洛塞維奇，現正被羈押在海牙等待受審。正像所有的法庭一樣，海牙國際法庭是否眞能徹底的伸張正義？是一個沒有辦法回答也不敢回答的問題。

我們從海牙駛回阿姆斯特丹，一路上欣賞荷蘭美麗平坦的鄉野。荷蘭人自公元八世紀起開始造陸，造了一千兩百年終於造成了這個總面積比台灣還大一些，卻大部分在海平面以下的國家。大部分的國家在面對土地不足的問題時，都是向外武力擴張，鮮有像荷蘭人這樣到海邊去一吋一吋地造陸的，這樣的做法是笑死了拿破崙與希特勒的。

荷蘭人不是沒有試過。荷蘭的海權建立甚早，統治遠從南非、爪哇，一直到台灣的大片殖民土地。終因國力有限，被後起的英國所擊敗，海外土地一塊一塊地被其他殖民國家奪走。荷蘭人終於放棄了作爲海外殖民大國的美夢，繼續務實地填海築陸。

荷蘭人在南台灣，則是敗在中國人鄭成功之手。我一直覺得鹿耳門之役有相當大的意義：第一，這是新興的海權國家敗於舊中國之手。當時的中國還在明清之際，是未經現代化的舊中國，卻仍有餘力渡海擊敗荷蘭這個新興的海權國家，可見舊中國的炙熱光輝仍未散去，西方對東方仍未能盡達領先地位。第二，當時擊敗荷蘭的，是在大陸與清帝國競爭失敗的明鄭隊伍，而這一支中國非主流的軍隊，竟也能戰敗海上強權。四百年前國姓爺在荷蘭官員之前昂然受降的一幕，我們永遠不要忘記，那

是中華民族歷史上光輝的一刻。只可惜，這樣的事四百年內再也沒有了，那是舊中國的最後一道光芒。

中國人在近代史上飽受戰敗屈辱，以致見了白種人都直不起腰來。但當我們來到荷蘭，知道他們的祖先正是中國人（當然也是台灣人）的手下敗將，就明白歐洲人並不比我們優秀，他們能做到的我們能做得更好。

曾被我們擊敗的荷蘭人今天過得很好。不再是海權大國，卻仍有傲視天下的造船工業。鹿特丹是歐洲最大的港口，阿姆斯特丹是歐洲最繁忙的機場，荷蘭人充份利用了西歐門戶的地理優勢，加上高度的教育與科技水準，創造了一個繁榮的荷蘭。這幾年，歐洲許多國家經濟並不是很好，荷蘭卻是一支獨秀，連德國人都跑過來找工作。荷蘭雖是小國，在歐盟中卻為德、法、英等較大國家所不敢忽視。

荷蘭人找到了自己的生存與發展之道，那是得自一連串殖民地戰爭失敗的痛苦經驗。曾經打敗荷蘭人的台灣人找到自己的路了嗎？我們的土地、人口、甚至地理位置（我們也享有東亞大陸的門戶地位）都與荷蘭相去不遠，我們何以不知道利用自己的優勢，卻一定要耗費全部的國力與一個大國對抗到底呢？

我住宿的旅館前面是一個廣場公園，因為換不過時間有些疲累，我一個人坐在窗前下望。阿姆斯特丹的夏夜十點鐘天仍未全黑，廣場對面典雅的歐洲舊式建築仍然可見，電車叮噹叮噹的駛到，街上移動著操著歐洲各國語言的歡樂人群，路邊的咖啡座裡滿是穿著短褲高舉啤酒杯的年輕男女。不知哪家店裡有人奏起了手風琴，「齊瓦哥醫生」、「屋頂上的提琴手」，樂音在廣場中大街上流動，流進每

一棟建築物的每個窗口，讓坐在窗子裡的人心弦顫動，想起了同樣年輕時的往事與心境，也忘不了這個竟似永恆歡樂的阿姆斯特丹的仲夏之夜。

立陶宛

早晨在機場與由台北出發的訪問團其他委員會合後，一同飛往立陶宛的首都維爾紐斯。施文斌代表遠從拉脫維亞前來迎接。施代表曾在洛杉磯辦事處任職，數年不見，已是代表，而且是兼任波海三國的代表，館則設在拉脫維亞。

機場還有一位重量級（體重很重）的立陶宛國會議員前來迎接。他說得一口流利的英語，一問之下，原來是自小隨家人到美國，在台灣的美軍顧問團工作多年，退役後去唸法律考取律師在紐約執業，九〇年回到立陶宛協助獨立運動，獨立後即定居祖國成爲國會議員。由於跟我的背景相似，所以相談甚歡。

維爾紐斯是個寧靜的小城，經過蘇聯半世紀的統治，西風也是近幾年才吹到。街巷裡都還是舊式的東歐建築物，不時有斷垣殘壁出現。這裡透露的訊息是現代化的過程還沒有完全展開，而隨之而來的污染也還沒有出現。

路上走過的，都是身高一百八十多公分的男子，與一百七十多公分的女子。立陶宛的籃球隊在前蘇聯時代就很有名，「我們經常到莫斯科去打敗俄羅斯代表隊」，立陶宛人這樣驕傲地說。即便是現在，立陶宛的籃球隊仍是世界上屬一屬二的隊伍，只有美國隊可以與之一爭長短。這樣一個高個子的

國家豈能長久屈服在鄰國之下？我不禁這樣想。

波海三小國有相同的命運，被強鄰德國、波蘭、瑞典、俄國輪流統治過。一九一八年由於俄國鬧共產革命自顧不暇，曾獲短暫的獨立。二次大戰時被納粹德國占領，戰後卻又被併入蘇聯成爲加盟共和國。一九九一年蘇聯崩解的過程中，三小國把握機會再獲獨立。

我們到立陶宛國會去訪問，並與立國國會友華小組的議員對談。一位民進黨的立委大感興奮，以爲台灣與立陶宛都受強鄰大國壓制，想從立陶宛議員口中聽到他們同情台灣獨立的看法。

「請問你們認爲台灣對中國應採什麼態度？是不是應該獨立？」

誰知那位前一日在機場見過曾任職美軍顧問團的「重量級」議員，不疾不徐的說：「我的想法即是貴國孫中山先生的看法，也就是應該有一個統一的、強大的和民主的中國。」我幾乎要爲這樣的回答喝采，想不到這位議員曾住台灣數年，還眞的深入瞭解了兩岸問題。

立陶宛議員引導我們參觀這棟在一九九一年二月曾被蘇聯坦克重重包圍的國會，「坦克就排在那裡，我們，就站在這裡」，議員們指指點點的說。抬頭一看，國會大門上方牆壁上還留有彈痕，特意不去修補留作永恆的記憶。

「重量級」的議員忽然拉著我走向國會大廈外的一個小紀念碑，上面有二、三十個人的照片，我知道這是當時被蘇軍所射殺殉難的年輕人。一張張年輕的臉，我可以想像他們爲了自己的祖國擋在坦克之前的情形。

「戈巴契夫並沒有下令開槍，只是當時他已六神無主失掉了決斷力，也控制不了局面」，「重量級」

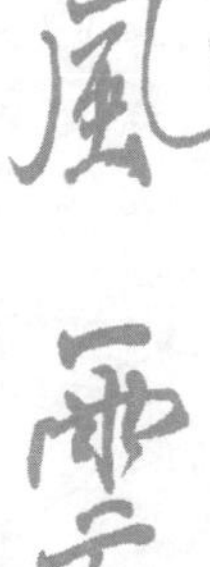

議員這樣說。立陶宛人爭起獨立的時間點其實抓得很好，在那一點上如果立陶宛人稍有猶豫或者沒有人敢以肉身擋子彈，獨立的機會就一去不復返了。紀念碑旁當年用來阻擋蘇軍前進的大石塊仍在，牆上仍留有當年的字跡：「GORBI, GO HOME！」

拉脫維亞

三小國其實一點都不小，面積全都比台灣大，從維爾紐斯到拉脫維亞首都里加市巴士走了四個多小時。我們台灣人要稱人家是小國只好以人口取勝，因爲立陶宛、拉脫維亞、愛沙尼亞三國的人口分別只有三百多萬、兩百多萬與一百多萬。

拉脫維亞居三小國之中，也是三國中條件最好的一個。因爲他們有一個很好的港口，即首都里加市。里加是個歷史名城，建城於公元一千兩百年，今年剛好慶祝它的八百年建城紀念。舊城旁的新城已開始有大商業城市的氣象，這是與立陶宛不同的。

拉脫維亞的問題也與立陶宛不同。也可能是拉脫維亞的商業條件較好，在蘇聯占領期間俄人曾大量移民拉脫維亞，以致現在拉國百分之四十的人是俄羅斯人，里加市更佔三分之二。獨立後拉脫維亞只給了俄羅斯人永久居留權，公民權則要通過拉脫維亞語的考試才給。拉脫維亞語是一個只有國內一百多萬人講的語言，俄人對學它也沒多大興趣，因此拉脫維亞人還能掌握拉國的政治。

奇妙的是，拉脫維亞話竟與梵語有所關聯。那麼最早的時候，它是不是與後來來到印度的這一支印歐人是同一支民族呢？如今地理位置上一個在天南，一個在地北，倘若眞有關聯，則民族遷徙跨越

空間與時間的能力眞叫人驚歎！

拉脫維亞的國會議員全數是以比例代表制選出，也就是說選民只選黨不選人，這在世界各國是少有的特例。我特別詢問他們擔任司法委員會主席的一位律師出身的國會議員，爲什麼會有這樣的安排？會不會產生什麼弊病？這位議員的英語口音很重，但還勉強可以聽懂。原來這樣的安排是在一九一八年拉國首度獨立時，由德國的威瑪憲法學來的。選民雖然只能選黨，但也可在各黨提名名單上各候選人作加減分，因此當選者未必完全根據各政黨的提名次序。我想起國內許多立委想要減少不分區的委員人數，殊不知國外還有全數由比例代表制產生的國會。

這位議員是位有心人，他說他曾翻過檔案，發現拉脫維亞與中華民國早在一九三七年（拉國的暫時獨立期間）就曾建交，當時是由兩國的駐英公使簽署文件，他還曾質詢過拉國外交部證實有效。他說，在一九九一年獨立後，事實上拉脫維亞曾一度與北京與台北都維持正式外交關係，這是世所僅見的。

施代表請我們在他的官邸小聚。我們說起這幾天氣候宜人冷暖適中，代表處的人都大笑。原來一年中只有這個時候氣候最好。冬天的氣溫是零下六度，在外面走路是很痛苦的，他們住在代表處附近一向走路上班，而距離七分鐘是可以容忍的最長時間。駐在此地代表處人員的辛苦可知。

愛沙尼亞

我們再乘巴士北行五個小時，來到愛沙尼亞的首都塔林市。塔林是個觀光都市，與對岸的芬蘭只

有一個海灣之隔，在假日之時，大批的芬蘭人乘兩小時的渡輪來到塔林。我們看到大街上廣場上到處都是花卉與露天咖啡座，到處都是浮海而至的北歐人坐在那裡曬太陽。這又是一個與里加或維爾紐斯情調迥異的都市。

愛沙尼亞人與芬蘭人的血統語言接近，並都與匈牙利有關聯。當年被漢帝國擊敗的匈奴人來到西方，在名王阿提拉的領導下幾乎席捲歐洲，殘餘的匈奴人分別來到匈牙利人和北邊的芬蘭和愛沙尼亞一帶。想到這裡，不禁要為歐亞民族的物競天擇起落興亡而浩歎！

愛沙尼亞政壇目前正在鬧兩個問題。一是雙重國籍問題，三小國的獨立建國依靠其流散在國外的本國人甚大，因此政壇也充斥著這些人，如今總理持瑞典國籍，前參謀總長是美國籍，總統外交顧問是加拿大籍，因此鬧得不可開交，與我國相似。另一件是美國收購愛沙尼亞電廠之事，這又牽扯到三小國必須仰仗西方發展經濟，卻又害怕被西方勢力掌握，再度受制於人的問題。

芬蘭

因為愛沙尼亞沒有主要航線，我們必須到芬蘭的赫爾辛基作回程的轉機。

說起芬蘭，對我們台灣人來說那簡直是天之涯海之角了。攤開世界地圖一看，台灣在歐亞大陸的東南，而芬蘭所在的斯堪地那維亞半島卻在歐亞大陸的西北角。地理上的距離其實也不是那麼遠（地球就那麼小嘛），但是心理上，北歐的芬蘭的確是讓人覺得是相當遠的。

這裡的台灣人因此就非常的少了。代表處統計，一共只有三十人左右是從台灣來的，絕大多數

是女性嫁到芬蘭的，男性只有三人。華僑總數上千，但多半是老僑，及自中國大陸來讀書或就業的新僑，譬如我們去用餐的一家中國餐廳「成吉斯汗」（只可惜成吉斯汗雖然神勇卻沒有打到芬蘭來過），裡面的服務員就是來自江西的女學生。

芬蘭號稱「千湖國」，來這裡後發現芬蘭人這樣說實在是太客氣了，他們的湖泊一共十八萬個，島嶼六萬多。芬蘭地達北極圈，冬天有「永夜」，夏天有「永晝」。首都赫爾辛基雖然地處南端，但是夏天到半夜依舊天光明亮，冬天到下午三點已然天黑。一年中有好幾個月都是天色灰暗。這樣的天候是會影響人的心情的，芬蘭人據說得燥鬱症的比例最高。

所以一到夏天，赫爾基幾乎成了一座空城，全都跑到國外或者鄉下的夏屋去享受陽光去了。餐廳的人手不夠（中餐廳除外）逼得要歇業，每五分鐘開一班的公車也因沒有人手改爲二十分鐘一班，芬蘭人的渴望夏天渴望陽光可見一斑。

中國人對芬蘭的認識基本上不出這三個名詞：「芬蘭浴」、「芬蘭頌」、「芬蘭化」。

我們住宿的旅館內倒是有特別的浴室設備，但我對於這種要進去被蒸烤的芬蘭浴是絲毫不敢嚐試的。

芬蘭歷史上沒有產生過大征服者，卻有音樂家西拜柳思和他著名的交響樂曲「芬蘭頌」。芬蘭頌描述了芬蘭的錦鏽山川，寫盡了芬蘭人對祖國的仰慕和愛，在永夜般被強鄰統治壓迫的年月裡，是芬蘭頌給了芬蘭人自信與戰鬥的勇氣。我們在公園內看到西拜柳思的頭塑像，是一張沉思的臉。

至於「芬蘭化」一詞，大概只有我們學政治的人才知道。芬蘭不幸位居兩個強鄰瑞典與俄國之

間，先是被瑞典統治了六百年，俄瑞戰後，又被帝俄統治了百年。一九一七年乘俄國十月革命之際宣佈獨立，但一九三九年底又被蘇軍侵入，是為「冬戰」，割地賠款了事。二戰期間，芬蘭與納粹德國結盟企圖收復失土，但又告失敗，戰後的巴黎和約中芬蘭割讓東部大塊土地給蘇聯。

一九四八年芬蘭與蘇聯簽訂芬蘇友好合作條約，揚棄了剛強對抗而採取了柔軟保全的路線。芬蘭絕不與反蘇國家結盟，不挑動蘇聯敏感的神經，但也藉此保全了自己的領土與主權。這樣一個與蘇聯交壤一千三百公里的國家，不論為蘇聯的一個加盟共和國已是異數，更何況能在蘇俄巨大的身影下維持一個民主國家的體制。但是芬蘭柔軟的路線畢竟成功了，巨大的蘇聯竟能自己倒下，芬蘭人熬過了寒冷的冬天，等到了春天。

等到春天的芬蘭人仍然小心翼翼，俄羅斯雖然頹然倒下但仍然有巨大的身軀，隨便揮動一下手腿仍能將芬蘭置於死地。芬蘭欣然加入了歐盟，卻依然不肯參加許多國家夢寐以求的北大西洋公約組織。理由很簡單，他知道東方的巨獸雖然受傷有一天可能還會再站起來，何必在這個時候用手腳去撩撥牠；何況誰也不願意見到自己的近鄰隔著牆頭升起敵方的旗幟。

我在芬蘭人身上看到了「以小事大」的智慧。這項智慧為芬蘭人買得時間，發展成了一個科技領先社會福利健全的國家。今天的芬蘭造船、機械與通訊工業都發達，諾基亞手機更是聞名全球。如果不是從經驗中學取了教訓，芬蘭今天不是跟它三個波羅的海鄰邦一樣百廢待舉嗎？

靜靜的波羅的海

我站在赫爾辛基的海邊向前眺望，看不到對面的波羅的海三小國。波羅的海其實是個內海，俄羅

斯、芬蘭、瑞典、丹麥、德國、波蘭、立陶宛、拉脫維亞、愛沙尼亞大大小小的國家環海而立，也殺伐劫掠，互爭短長。

我看到的波羅的海灰暗而平靜，但它是不是一直這樣的平靜呢？我只要閉目瞑想，就可以看到千百年前在歐洲爭鬥失敗的小民族到波海東岸定居與雪地冰天搏鬥，看到戴著牛角頭盔的維京海盜自西岸掩殺而至，看到德國貴族到這裡建立殖民地和城堡，看到立陶宛公爵夢見了一頭鐵狼而建立了維爾紐斯城，看到波蘭、德國、俄羅斯、瑞典各強權輪流佔領並統治著三小國。

我更看到帝俄的龐大艦隊在波羅的海口岸整裝待發，要去懲罰那個遠東不自量力的新興小國日本，妻子們親吻著即將遠行的軍官，絲毫不知他們終將命喪對馬海峽海底的命運；船艦的旗幟之上，映照的是俄羅斯帝國最後的一抹夕陽。

我再看到納粹軍隊蜂湧進波海三國，將維爾紐斯的大街改名爲希特勒大街；又看到國際歌在波海三國響起，希特勒大街又被改名爲列寧大街；我最後看到年輕人用肉身擋住蘇聯坦克，獨立的旗幟自國會大廈之上升起；列寧大街終於被改回自由大街。

千百年波濤洶湧的波羅的海終於獲得了暫時的平靜。三小國脫去身上的枷鎖，重新建立了民主制度。在舊蘇聯時代建立的教育及科技基礎，使他們在再出發時其實並不是一無所有。他們努力地西化，但像所有由社會主義國家轉向資本主義的國家一樣，也發生了許多問題：嚴重的貧富不均，商業經驗不足，純樸的民族性面臨污染，經濟一時還搞不上去。

三國的國會議員一致告訴你：他們國家的最大目標是加入歐盟與北約。他們憧憬著加入歐盟之

後，可以跟西歐人一樣的富裕；加入北約之後，安全就可以得到保障。

但是不是這樣的呢？任何人都只能扶你一把，繁榮經濟要靠自己的努力，保障安全更要靠站在坦克車之前的勇氣和趨吉避凶的智慧。

我衷心地祝福波海之東的這三個小國善良卻多苦難的人民，找到自己的方向，領會到應付周遭強鄰之策。

我不敢預言波羅的海從此之後都會風平浪靜，但我深願當風濤再起時，三國人民知道怎樣駕風御浪！

民國九十年七月二十五日於洛杉磯

附錄

新聞選輯

立院遷建　確定空總現址——華山現址僅獲八票　新黨聲明反對遷址

【記者羅曉荷／台北報導】88.06.23聯合報

立法院昨天討論立法院新址，位於台北市仁愛路的空軍總部現址中選，如一切順利，立法院最快可在民國九十三年六月完成遷建。空軍總部現址土地屬於台灣省政府，土地撥用不需編列經費，原通過的兩百四十一億元預算，將可減少約一百億元。

多數國、民兩黨立委都贊成立院遷址空軍總部，新黨則持反對遷建立場，投下棄權票。新黨立委營志宏在議場代表黨團發表聲明指出，在殘障、弱勢團體均未得到妥善照顧前，新黨反對立院花費鉅款蓋華廈，更何況，國會暴力事件頻傳，立院並未普遍獲人民肯定，此時更不宜談遷建案。

國民黨團支持遷建空總，民進黨團雖日前已表態支持空總，投票時黨團採開放立場，表決結果，空軍總部現址獲得多數立委青睞，在一百零一票贊成，五十四票反對，十三票棄權下，以過半數的支持脫穎而出，原規劃的華山車站現址僅獲得八票支持，遭淘汰。

新黨全委會通過徵召李敖參選總統

收回「爛」字　希望新黨從香瓜變榴槤　「姻緣」告段落會披綠衣　加入沒落的民進黨

【記者凌珮君／台北報導】88.08.22聯合報

新黨全國競選暨發展委員會昨天通過常委會所提建議徵召李敖代表新黨參選總統案，全案將於十二月九日送新黨全國公職人員大會通過後定案。李敖昨天面對新黨公職人員質疑，表示願收回「爛

香瓜」的形容；未來協助新黨茁壯後，會效法印度聖雄甘地，離開新黨，「換上綠顏色，加入沒落的民進黨」。

新黨全委會昨天討論常委會推薦李敖參選總統案。部分與會委員質疑李敖有多項理念與新黨迴異；李慶華強調可與李敖多溝通，淡化差異處。在全委會委員認爲徵召李敖利多於弊情形下，無異議通過推薦案。隨後李敖即到新黨黨部與全委會委員座談。

新黨婦女委員會召集人國代汪志冰首先質疑李敖反對女性參政的言論，並詢問李敖如何發輝「母雞」角色，給新黨「小雞」溫暖？李敖主張廢國大前提下，如何輔選國代？立委營志宏也指李敖在「一國兩制」主張上與新黨不同，易使民眾認爲支持一國兩制；新黨從不認爲自己是「爛香瓜」，營志宏指李敖說不支持他的新黨人是「國民黨的臥底」，令人吃驚。

李敖笑說，汪、營兩人大概是很無奈地通過他的推薦案。他的確認爲政治不該有可愛的女性出現，但老子曾說「六親不和有孝子，國家混亂有忠臣」，因現在政治太昏亂，所以才會有女性出現，這是暫時現象。廢國大是長遠目標；在階段性任務未完成前，國大還是有存在必要；輔選國代沒問題。他用的語彙與旁人不同，是爲了化抽象爲具體，才以「爛香瓜」來凸顯他不靠大西瓜卻靠爛香瓜。新黨成員較嚴肅，希望跟他一樣輕鬆一點，大家一起快快樂樂玩這場選舉。李敖表示願意收回「爛」字，希望新黨從香瓜改做榴槤。至於他砲火四射時，會先叫新黨藏起來。

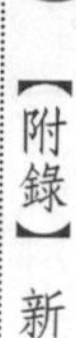

蕭萬長：特殊國與國論 沒必要收回

強調我方只是陳述事實、維護尊嚴 如何收回？為何要收回？

【中央社台北十七日電】88.09.18台灣新生報

行政院長蕭萬長今天面對新黨立委營志宏要求收回「兩國論」時表示，李總統所說的並非「兩國論」而是「特殊國與國的關係論」，用意是確立兩岸對等地位維護我方尊嚴，這只是陳述事實，如何收回？爲何要收回？

新黨籍立委營志宏（僑選）今天在立法院質詢蕭萬長時指出，中國國民黨對「兩國論」提出「不入憲、不修法、不收回」的三不主張，但「兩國論」若是對的就應入憲，若是錯的爲何不收回？他呼籲李登輝應負起責任，趕快把荒謬不通的「兩個論」撤回。

蕭萬長表示，李總統從七月九日發表談話到現在，都強調兩岸是「特殊國與國關係」而不是「兩國論」，李總統提出「特殊國與國論」是確立兩岸定位，維護尊嚴，而相關大陸政策沒有改變，所以不必修憲法，這根本是國際現實問題，「特殊國與國關係論」是爲爭取兩岸對等定位，原來就是事實的陳述，「如何收回？爲何要收回？」

營志宏出席升旗儀式

新黨為震災募款一萬六千餘元

【記者李成林蒙特利公園市訊】88.10.10美國國際日報

新黨僑選立委營志宏十月九日早上出席蒙市巴恩斯公園雙十節升旗典禮，令在場的朋友們都十分吃驚。因爲，八日晚間還看他在立院院會的新聞中，營志宏表示，自一九七五年來美留學，每年都參加升旗典禮，今年也不能例外，何況新黨在僑二中心還有一場慶祝雙十節、關懷台灣災情的「大愛之夜」，新黨在會中共募款一萬六千餘元，並於現場交由經文處處長袁健生代轉台灣賑災。

營志宏此行亦帶回他的新書《護國軍》，全書達二十餘萬字，記載他在國民大會擔任代表的三年中所有經歷，包括他的發言、文章和演講。至於爲何要取名爲《護國軍》，所指即是「護憲戰史」，由台灣著名的出版社「風雲論壇」出版，他並在「大愛之夜」上義賣，得款捐助台灣震災的重建。

取消外國護照加註　營志宏力戰黃主文

【記者王聯懿洛杉磯報導】89.01.14北美世界日報

停止在僑胞的外籍護照上加註中華民國護照號碼，是國府內政部入出境管理最新辦法。可是僑委會到海外宣揚回國投票辦法的人員，以及外交部駐此間的官員，在宣布這項「改進」時，都沒有提到促成這項改變背後運作的「功臣」——新黨僑選立法委員營志宏。

去年十一月三日營志宏就開始在立法院提到此事，洛杉磯世界日報刊出台灣會館舉辦的回台投票

說明會上，有民眾說出美國護照曾被沒收事件，營志宏拿著該份報紙，向國府內政部長黃主文質詢，還遭到黃主文不很客氣的待遇。但是營志宏不罷休，他繼續舉行了相關的公聽會，集合新黨立委，並邀請外交、僑務、入出境管理局、航警局等相關單位主管出席，終於得到內政部同意改變做法。

據營志宏傳給本報向內政部長黃主文質詢的紀錄，去年十一月二十五日營志宏告訴黃主文洛杉磯台灣會館有民眾曾發生美國護照被沒收，花了三千元才擺平之事，他問黃主文「遇到這樣的麻煩之後，那位女士還敢不敢再回國投票？」

黃主文答：「難道她對中華民國那麼沒有信心嗎？」營志宏：「這不是信不信心的問題，是政府不該未經警告，替僑胞製造麻煩的問題。」黃主文：「遇到這麼一點小挫折就不敢回來投票了嗎？」營志宏：「政府政策鼓勵華僑行使權利，既承認雙重國籍，就不應設障困擾。法律上沒有障礙，但這是事實上的障礙。」黃主文：「在護照上蓋什麼章，不是中選會有辦法掌握的，再說美國護照蓋什麼章，跟我中選會有什麼關係？」營志宏：「這章不是美國蓋的，是入出境管理局搞出來的，入出境管理局也是黃部長管轄下的一個單位吧？」黃主文：「在護照上蓋什麼章，都有法律規定，法律制定也不是為了選舉。」營志宏：「這些規定是執行時若干未考慮到的地方，希望檢討這個問題，籌謀解決辦法，使僑胞能順利回來投票。」黃主文這才要營志宏檢附個案資料，並表示謝謝指教。

除了黃主文的回應不佳之外，還有一位某黨籍曾任國代的立委，也對營志宏說「華僑本來就不應該回國投票！」

營志宏在去年十二月七日邀集了立委李炷烽、郝龍斌、張世良等人、幾位馬來西亞僑民代表、和

【附錄】新聞選輯

外交部領務局局長顧富章、僑委會證照室沈賜炘、警政署外事組林孟宗、航警局資料組黃金水組長等多位相關人員，舉行「僑民入出國權益——護照加註問題」公聽會。搞清楚航警局爲什麼要在僑胞的外國護照上加註中華民國護照號碼（據說有僑胞兩本護照交替使用，造成過濾檢查上的不方便）。如果不加註，電腦高科技發達時代，有無其他辦法代替。營志宏等人，更在今年一月四日造訪境管局。

營志宏說，外交部和僑委會都支持不要加註，可是都苦於內政部不肯配合。境管局局長曾文昌與營志宏等人會面之後，提出了「兩本護照輸入掃瞄建立檔案」方案，以後不再在僑胞的外籍護照上加寫中華民國護照號碼。不過當事人必須具備下列條件：一、中外護照上基本資料相同，照片要相符。二、須在同一機場或港口出入國境。三、在國內停留期間，要符合所持外國護照有效簽証的停留期限，無簽証者也要符合免簽証國的停留規定。

營志宏談小留學生返台

對待小留學生平等　應准其急難探親

【記者李成林蒙特利公園市訊】89.02.22美國國際日報

立委營志宏出席金伯泉召開的小留學生返台問題記者會表示，他個人絕對反對規避兵役，服兵役爲國民神聖義務，對小留學生無法和不敢返台的問題，他表示個人原則爲：一、平等。二、急難探親。

營志宏表示，一、平等就不要求比國內更好的待遇，而是相同於國內的待遇，例於兵役緩徵條法

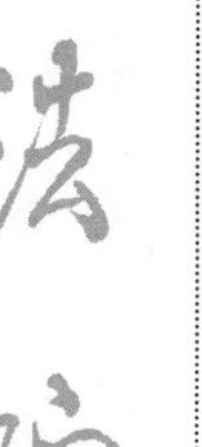

延至三十三歲。

二、急難探親則在不規避兵役的平等原則下，小留學上可以申請急難探親，並可短暫停留，並准其再出。

男性小留學生因兵役問題，以及入出境的障礙，形成爲「有家歸不得的窘態」，特別是在「九二一」台灣大地震發生後，營志宏特別在十月十三日提案，向行政院質詢。但是，得到書面答覆，准予「直系血親或配偶病危或死亡，須返國探病或奔喪者，等於人道考量，同意授權警政署入出境管理局，審核查證後（以個案）准其再出境。」

至於社會替代役，他指出，台灣目前僅限於警察、環境、教育三種，替代役類似美國的和平工作團，到國外做服務工作，以此替代兵役。不過，社會替代役不是專爲小留學生設計，而美國是否適用，可能也說不過去。因爲，和平工作團所到之處，通常是比較落後的國家與地區。

他也對國籍法修定與小留學生做說明。他表示，國籍法在一九三〇年制定，七十年沒有修定過。此次修定在某些觀念上有實質進步。例如，父母雙系的國籍制，只要父母一方爲國民，子女即可取得國籍。

有人認爲小留學生可透過放棄國籍，逃避兵役，他個人堅絕反對。同時，他也指出，國籍法中對放棄國籍也有規定，基本上海外沒有居留和他國國籍的小留學生，根本沒有放棄國籍的資格。詳細內容可參考國籍修定法的第三中第十一條和第十四條條文。

營志宏批張富美不瞭解僑情

新黨籍僑選立委 指僑胞分等級論一旦落實 僑胞恐怕會「走掉大半」

【記者藍功中舊金山報導】89.07.05世界日報

針對國府新任僑委會委員長張富美所提的僑務優先順序看法，新黨僑選立委營志宏七日批評為「荒謬」，「不瞭解僑情」，他也說，這不是偶然，而是有思想背景及意識型態。

營志宏說，民進黨不承認一九四九年前的中華民國，只承認一九四九年後的中華民國，也就是在歷史上在地理上劃分，他們的觀念根本就是「老僑不是華僑」。

他以國父革命及八年抗戰的歷史來強調老僑與中華民國的淵源。他說，革命期間出力最多的是老僑，抗戰期間認購「愛國公債」的是老僑，而每逢僑界升旗，站在最前面的也是老僑，可是政府對於愛國公債不斷賴帳，唯一的回應就是「等到統一中國再說」。

營志宏接著表示，現在張富美又將僑胞分為三等分，是「很不聰明的說法」，因為這樣對待老僑，老僑也會同樣回應，如果有一天政府再要老僑出錢出力，可能得到的回答是「再說吧！」營志宏擔心張富美對僑務的看法一旦落實，僑胞恐怕會走掉大半，所剩無幾。

另一方面，營志宏談到兩岸關係時引用美國國防部長柯恩所說的「萬丈深淵」一辭形容，兩岸開戰的機率已經接近百分之五十，主要原因來自中國大陸對陳水扁政府的不信任感，雖然在三月十八日當選至今，陳水扁的身段柔軟、動作低調，但是選前他才高喊過「台灣獨立萬萬歲」，到底那一個才是他的眞面目？他說，陳水扁目前所做所為都只是策略而不是改變，日前接見日本議員時，陳水扁談及

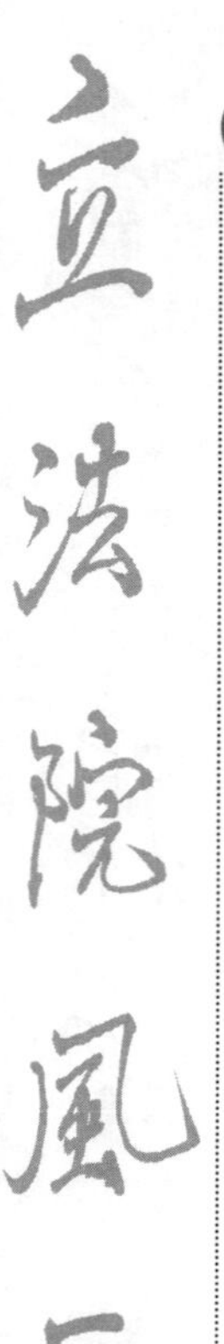

對岸都稱「中國」，不過，這非善意的表現，其中大有文章，就是「台灣不是中國」，也顯示陳水扁對統一及和解沒有誠意，這也就是令人憂慮所在。

宗教直航小三通

在野立委奇襲 對政院施壓

委員會無異議通過：要求陸委會一個月內專案核准媽祖直航湄洲

三個月內完成執行辦法導正金馬地下交易活動

陳總統關切 夜訪唐飛

【記者陳素玲／台北報導】89.06.09聯合報

儘管陸委會主委蔡英文一再宣示現階段不宜宗教直航，但在蔡英文先離席、民進黨立委不在場的情況下，在野黨立委昨天在立法院內政及民族委員會發動突襲，無異議通過二項重要決議，要求陸委會在一個月內「專案核准」大甲鎮瀾宮媽祖直航大陸湄洲；另針對金馬兩地「小三通」問題，要求陸委會應在三個月內完成離島建設條例第十八條實施細則及相關執行辦法，以利金馬地區兩岸地下化交易活動導入正軌。

上述決議對行政院陸委會是否具約束力雖有爭議，但在野立委對此視為「重大勝利」，揚言陸委會若不尊重，必然造成行政、立法部門決裂，「一定會追究陸委會責任」。陳水扁總統關切此事，昨晚再度前往榮總探視行政院長唐飛時，就「宗教直航」一事表達「不反對宗教直航，但何時實施會尊重行

政院決定」立場；陸委會也以「民進黨立委不承認決議」低調回應，顯示這項決議構成的政治效應不容輕忽。

面對在野立委的奇襲，民進黨立院黨團召集人鄭寶清坦言：「黨團會加以檢討」。不過，他也表示，「委會員不能做決議，不具法定效力」；除非院會通過正式決議，否則只是對行政院建議權，「法定程序還未完成」。鄭寶清強調，國家安全應該擺在第一位，如果行政院政策考慮不可行，還是應該依法行政，立法權不應干預。

據瞭解，在野立委早已達成默契，將在立法院內政委員會發動突襲，對「宗教直航」及「小三通」政策施壓，因此昨天下午當蔡英文完成「小三通」專案報告並備詢結束，離開會場後，擔任主席的新黨立委營志宏並未結束會議，並趁民進黨立委一一離席後，在下午五時四十五分突然宣讀新黨立委李炷烽連署提案的兩項決議，與會國民黨、親民黨、新黨及無黨籍立委在無異議情況下，迅速通過與陸委會既定政策明顯差異的重要決議。

立院籲專案特許媽祖直航

【中央社台北八日電】89.06.09台灣新生報

立法院內政及民族委員會今天通過決議，要求行政院大陸委員會以專案特許的方式處理媽祖直航大陸。國民黨、新黨與親民黨等在野黨立委下午召開記者會，呼籲政府從信仰觀點讓媽祖直航大陸，重視人民信仰權，儘速推動兩岸三通。

至於陸委會如果沒有按照內政委員會決議執行，內政委員會將如何處理？內政委員會召集委員營志宏指出，這項決議沒有絕對的影響力，但如果不做就是不尊重國會，會造成行政院與立法院的決裂，這種行徑不只是不尊重立院，更是不尊重民意。

國民黨、新黨、親民黨與無黨籍立委下午並聯合召開記者會，新黨立委營志宏表示，內政委員會通過臨時提案，要求政府以專案特許方式，讓媽祖直航大陸，並應於一個月內核准。

傳曾擔任兩岸密使？田弘茂：非事實

【記者張青／台北報導】89.07.22聯合報

外交部長田弘茂昨天在立法院否認他曾經擔任兩岸密使，他承認，七○年代曾訪問過大陸，但和很多人一起去的，中共用紅旗牌轎車迎送的說法並非事實。

田弘茂早年旅居海外，曾會見中共國家主席江澤民。昨天新黨籍立委營志宏質詢時，手持民國八十五年十二月的「中時晚報」，引述說前新黨籍立委郁慕明批評田弘茂當密使，並指七○年代田弘茂還是台獨聯盟中央委員時，就成為第一批被邀請到大陸訪問的學者，大陸方面並以紅旗牌轎車接送，營志宏質問田弘茂到底是不是密使。

田弘茂表示，報導說的完全不是事實，七○、八○年代他根本不在國內任職，怎麼會當密使？在營志宏連番追問下，田弘茂承認七○年代他是去過大陸，但他是以學者身分，而且去的不止他一人；郁慕明指他受中共很大的禮遇不是事實。

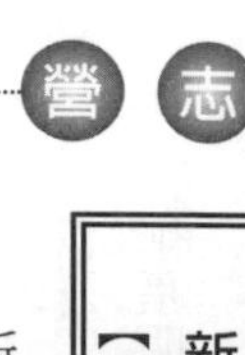

【附錄】新聞選輯

新黨立委控告蘇志誠鄭淑敏涉洩密、違反國安法

【陳志賢／台北報導】89.07.07中國時報

新黨立委馮滬祥、營志宏昨天下午赴台北地檢署，遞狀告發蘇志誠、鄭淑敏赴大陸地區從事密使行爲，涉及違反國家安全法及洩密罪嫌。

告發狀指出，蘇志誠、鄭淑敏兩人於八十年七月間起擔任前總統李登輝之「密使」，多次赴大陸北京、香港等地，與大陸國家主席楊尚昆、中共中央對台工作小組辦公室主任楊斯德、海協會長汪道涵等高級官員密商兩岸會談事宜。

告發狀指出，蘇、鄭兩人未經正常管道而私下與大陸接觸，依國家安全法第二條之一規定，人民不得爲外國及大陸地區行政、軍事、黨務或其他公務機構所設立、指定機構或委託之民間團體刺付或傳遞於公務上應秘密之文書、圖書、消息或物品，或發展組織。兩人所爲已涉及違反國安法、刑法洩漏國防以外秘密罪嫌。

僑委名單落實僑胞「三等論」？

營志宏籲僑胞踴躍參與雙十活動　共同監督政府

【記者陳德安艾爾蒙地市報導】89.10.05北美世界日報

新黨僑選立法委員營志宏五日批評國府新一波僑務委員名單中，民進黨員和親民進黨人士暴增，傳統僑社人數減少，僑委會已在落實「僑胞三等論」；但他仍呼籲僑胞踴躍參加慶祝中華民國雙十國

慶活動，並共同監督政府。

在台北立法院開會的營志宏關切九月一日生效的僑務委員新聘名單在僑社引起反彈。他表示過去國民黨政府行政不中立，將僑務榮譽職人員當作酬庸，而民進黨現在的做法也令人不滿，新一波僑務委員名單，民進黨和親民進黨人士比原來增加六倍，而把傳統僑社的人數壓到最低，僑委會想把海外當作「一言堂」，使僑務榮譽職人員都爲民進黨說話，製造海外僑社言論均支持政府的假象，其做法與舊政府如出一轍，甚至變本加厲。

他表示，美國地區新聘任的三十七位僑務委員中，三十位是民進黨員或親民進黨人士，只有六人是傳統僑社人士，被改聘的原任僑務委員中，有些委員未做滿兩任也被改聘，他就名單問題質詢僑委會，僑委會也說不出道理，顯然只顧一黨之私。

營志宏表示，僑務委員並無實權，但卻在海外的發言據點，民進黨把「自己人」擺在裡面，將一些愛國僑胞從中剔除，若說僑界「轉向」，其實是僑界對陳水扁失去信心，以及落實「僑胞三等論」這種遠離中華民國的做法所致。

他表示，僑務委員張富美於七月底八月初做一個不痛不癢的道歉，而傳統僑社部分僑領們也接受張富美的說法，所以僑委會官員回台說「三等論」風波已經解決，他認爲道歉與否並不重要，重要的是民進黨是否會落實「三等論」，他從預算案中瞭解，僑委會將重新編修海外教材，令人擔心的是民進黨是否會將意識形態的題材編入教材。

營志宏曾經就編修教材質詢張富美，希望新教材不要只談「我是台灣人」，而切割台灣與中華文化

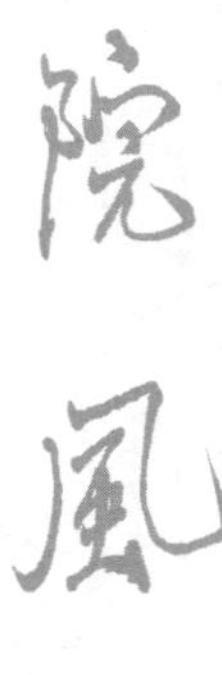

的關係，營志宏說，張富美當時並沒有對他保證，民進黨的用心明顯。

雖然是疾言批評僑委會政策，營志宏希望新、老僑共同監督僑委會，對於最近僑心受損，部分人士聲言不參加雙十活動，反而出席「十、一」慶典。營志宏說，僑界人士的做法可以理解，但是當眾人不知道新政府將帶領人民往何處去時，民眾更應參與，進而監督和影響政府。

他表示，民進黨勝選後就任前，國府駐加拿大單位即揣摩上意，在慶祝陳水扁就職活動通知上略去國徽，且不提「中華民國」，他此行返洛目的之一是參加國慶活動，僑界應共同注意駐外單位在籌備活動和慶祝過程中是否走樣變調，任何一項活動都是慶祝雙十國慶所舉辦，彼此不分黨派，若指其中若干項目為政黨活動並不恰當。

立委營志宏：不能離美是謊言

稱朱一旦取得綠卡就無法引渡回台　檢方是「一著錯全盤輸」

【黎珍珍／台北報導】89.10.15中國時報

新黨立委營志宏昨天表示，前中央廣播電台董事長朱婉清聲稱美國移民局擔心她會遭受不公平待遇，而不讓她回台的說辭，不但不通，而且荒謬。營志宏指出，相關法規中除「政治庇護」外，沒有其他因可能受不公正待遇即可居留的規定，但朱婉清已有移民簽證，根本不符政治庇護申請條件。

營志宏也指出，朱婉清目前應該正在等綠卡，而且順利取得的可能性極高。一旦朱婉清拿到綠卡，即有合法身分，台灣將對朱婉清無可奈何，因為台美之間沒有引渡協定，即使取消她的中華民國護照都沒用。「一著錯，滿盤輸」，承辦檢察官警覺性不夠，恐怕已難使朱婉清到案。

在美任執業律師十餘年的營志宏表示，朱婉清說美國移民局不讓她離開美國，全是謊言。他從來沒見過一個移民官會主動爲當事人做人道考慮，因擔心當事人會受不公平待遇而不准其離開美國，即使是「政治庇護」，也要當事人自己提出。

營志宏說，只要朱婉清來找他，他願意免費代表她，一定可以完成她口中「回到台灣去」的最大心願。

營志宏表示，根據現有消息判斷，朱婉清應該是剛在美國在台協會完成移民面談，前往美國首次報到，以期獲得綠卡，目前猶待數日後舉行的聽證會才能決定，但她在聽證會上順利拿到永久居留權的可能性甚高。因爲美國移民法雖將重大犯罪，尤其是包括侵占公款在內的道德性犯罪列爲拒絕入境理由之一，但通常是以審判定罪爲標準。朱婉清案司法程序才剛剛開始，實難阻止她取得綠卡。

營志宏：朱自動回台機率極低

若朱遭美移民局看管且駁回入境　才會遭強制遣返

【記者黃福其／台北報導】 89.10.16聯合晚報

前中央電台董事長朱婉清上午表示，無論美國移民局二十七日約談結果是否准她入境，她都會返回台灣。但在美國執業律師的新黨立委營志宏表示，依他處理移民案件及美國法令的情況，他認爲除非朱婉清遭移民局看管且駁回其入境，才會遭強制遣返，否則朱婉清回台的機會極低。

對美國移民法十分熟稔的營志宏說，朱婉清今天的講法，只有兩個地方是對的，一個是移民局並

【附錄】新聞選輯

無安排二十四日約談或聽證會，以及二十七日移民局對朱進行的是審核是否准其入境的約談，而非聽證會。依據美國移民法，朱婉清目前是處於parol（暫時停留）狀態，並未准其入境。美國法令，目前也不承認朱婉清已入境。

營志宏說，朱婉清抵達美國的情形，是向移民局要求再做一次Deferred Inspection（延後檢查），移民局才依其要求延到二十七日再予約談檢查。事實上朱婉清當時也可選擇立即搭下一班機返台，但朱做了另一種選擇，根本不是移民局不准她回台灣。營志宏強調，朱婉清一直說願意返台，並以護照被扣為由搪塞。事實上，只要朱願意，隨時可向移民局取回護照搭機返台，那會「有家歸不得」。

王光宇：政治偵防 上級交代也做不下去

政治偵防走入歷史 選舉查賄界定為犯罪情蒐 立委批第六類國安調查疑政偵「借屍還魂」

【記者黃國樑／台北報導】 89.10.25聯合晚報

政治偵防走入歷史，政治偵防中國情調查雖改為國內安全調查事項，但其中第六類「其他有關影響國家安全事項之調查」，卻被立委批為借屍還魂，調查局局長王光宇上午保證，「政黨、派系及地方施政缺失」三項已刪除的偵防事項，絕對不會再做，就算上級指示，「也做不下去了」。

王光宇在立法院法制委員會備詢時說，現在國家安全工作仍要做，但政治偵防改為國內安全調查事項，把原國情調查的七大類三十一小項，簡併為六大類二十一小項，因此原政情調查中對政黨、派系活動、施政缺失，調查局將不再調查，其中地方施政缺失將改由研考單位考評即可。

至於對國家安全的維護是否因取消對政黨等三項偵防而有影響，王光宇表示，由於六大類前三大類仍有對中共對台活動、外籍人士不友好活動及違憲違法活動的調查，因此政情調查不做，應沒有太大的影響。

但立委營志宏批第六類的「其他有關國家安全事項的調查」仍可以把取消的偵防借屍還魂，王光宇表示，前五類該列的都列了，但唯恐掛一漏萬，因此訂第六類「其他」比較周延，但絕不會隨便做，要做要報上級核准，所謂「其他」就是前五項之外的，而對政黨、派系及地方施政缺失的偵防，就算上級交代也做不下去，因大家都知道現在開始已不做了。

但營志宏質疑法務部要辦選舉賄選，仍會對政治人物偵防，王光宇表示，調查局將只針對參選的人做瞭解，不管他是何黨何派，調查局跟部裡研究過，這並不定位爲政情調查，而是定位爲「犯罪情資的蒐集」，得到的情資直接報廉政處，兩者就可以區隔開了。

公務員雙重國籍者 應立即解職

立法院法制委員會附帶決議 推翻銓敘部原有一年彈性規定

【薛孟杰／台北報導】89.12.06中時晚報

立法院法制委員會在經過兩次會議反覆激辯後，上午做成附帶決議，認爲銓敘部「公務人員兼具有外國國籍者必須於到職日起一年內完成放棄外國國籍手續」的規定，已經違反國籍法和公務人員法的相關規定「應屬無效」；已經任用者，中央主管機關應該立即查明並依法解除其職務。

法制委員會上午的決議分成兩部分，在新黨立委營志宏領銜提出的提案中指出，現行銓敘部關於

雙重國籍擔任公務人員者「必須於到職日起一年內完成放棄外國國籍手續」，已經考試院和人事行政局證實僅是考試院院會決議、同時違反公務人員任用法第二十八條條文和國籍法第二十條條文規定，「應屬無效」。法制委員會也因此建議中央主管機關應該立即針對「已經任用者」進行清查，並依法解除其職務。

由於這項決議稍早時曾引發民進黨立委林濁水的強烈質疑，因此法制委員會上午也在討論後，通過林濁水的另一項相關附帶決議。這項決議中指出「我國的雙重國籍制度應該加以檢討」、「因爲白色恐怖等因素被列入黑名單喪失國籍者，有關單位應研究恢復的可能」。這項決議還同時要求「具有雙重國籍者，不得登記爲中華民國的公職候選人」；也因此，如果相關單位按照附帶決議進行修法、並獲得通過，未來有意參選僑選立委在登記爲候選人時，就要宣誓放棄外國國籍；而非現行當選後才需要放棄外國國籍。

雙重國籍任公職有一年緩衝　考試院坦承：法律有問題

【記者梁忠報導】89.12.06勁報

因爲蕭美琴而再度引發政務官、公職人員雙重國籍的問題，上午在立法院法制委員會引起激辯。新黨立委營志宏在會中指出，雖然國籍法有明文規定，但日前實際的作法卻是給這些雙重國籍的人一年時間放棄，這種實務作法明顯違反法律規定。對立委的強烈質疑與要求下，備詢的考試院秘書長吳鴻顯等官員則是半天答不出話來，最後坦承在法律上有問題，並表示將修法廢除雙重國籍者擔任公職人員者有一年時間放棄的規定。

宏觀報與宏觀衛星電視　營志宏痛斥成為個人文宣工具

【記者陳德安蒙特利公園市報導】90.01.11北美世界日報

新黨僑選立法委員營志宏批評國府僑務委員會發行的「宏觀報」，已成爲委員長個人文宣報，他曾建議刪除該報全部預算；而宏觀衛星電視將節目名稱中「中國」一詞換下，未來預算也應嚴格審查。

甫結束立法院總預算案審查返洛杉磯的營志宏出示去年八月印行的一份宏觀報指出，該報一版四則新聞，其中頭條和另一則占重要篇幅的新聞均以「張委員長」爲標題，另兩則分別以另兩位副委員長談話爲題，該報內頁其他版面除小學生投稿和旅遊兩版之外，其他各版均見以「張委員長」爲標題或有關的新聞。他認爲，宏觀報已成爲張富美個人文宣報。

宏觀報每週發行，共八頁。營志宏說，該報於國民黨時期已是如此，但去年「五二〇」民進黨執政後，該報反而變本加厲，他於今年預算審查時提議刪除宏觀報所有預算，令該報停刊。但在國民黨和民進黨支持下，該報預算在委員會中被刪百分之十五，院會些微修正，算是「留校察看」。

對於宏觀衛星電視部分，營志宏說，在民進黨尚未接掌政府前，宏觀頻道曾邀他在「海外中國」節目中談張富美任僑委會委員長前的「僑胞三等論」風波，他認爲，宏觀頻道尚有可爲，但該節目卻在民進黨執政後，節目名稱改爲「海外新視界」，原名稱中的「中國」兩字被換下，且節目片頭出現張富美在一幅「歡迎委員長」大橫幅之前與群眾握手畫面。

營志宏說，由中國電視公司續約製作的宏觀衛視節目，若仍繼續逢迎拍馬，立院明年應嚴格審查其預算。

「立法院方面的勝利」——營志宏解讀大法官核四釋文

【本報洛杉磯訊】90.07.17星島日報

曾經代表立法院出席大法官會議審查會，與行政院代表就核四問題作言詞辯論之立法委員營志宏，昨日就大法官會議作成之五二〇號解釋文，發表意見如下：

一、五二〇號解釋文事實上是「立法院方面的勝利」，因爲它確定宣示了立法院有參與決策的權力，而非行政院所主張及外界所誤解的由行政院單獨擁有決策權。行政權在沒有立法權的參與下，無權單方面決定國家重要事項。這一點是去年十二月舉行之審查會中重要爭議點，營委員很高興大法官在這一點上，採取了立法院的論點，爲台灣憲政體制樹立了影響深遠的正確原則。

二、解釋文中未提「違憲」或「違法」字眼，只是大法官心存厚道，未把「耳光直接打在行政院的臉上」而已。違反憲政體制之「程序瑕疵」，自是違憲。張俊雄有這樣大的疏失，自該負責下台，監察院也該就此疏失予以糾正彈劾。

三、解釋文並非沒有錯誤之處，如以遭立法院拒絕報告爲由，給行政院前往立法院補作報告之餘地。實則張俊雄上次被宣告爲「不受歡迎人物」時，是到立法院做預算報告並非爲核四案，行政院從未行文立法院要求來院做「核四決策變更」之報告。

四、未來行政院長來立法院補做報告之後，立法院勢必仍不同意停建核四。如張俊雄拒絕辭職，營委員主張雙管齊下，一方面提不信任案發動倒閣（新黨立委並不在意自己任期縮短，全都連署了倒閣案）；一方面在立法院通過續建核四的相關案。

五、倒閣案未必會成功（因爲國民黨未必贊成），但由於在野聯盟在立法院的優勢，續建核四的法案一定會通過。因此，行政院應以負責任態度宣布復工，否則利息一天損失六、七百萬元，立法院必定追究行政院下令停工損失責任。

田弘茂證實為友邦買防衛性武器

【記者洪哲政報導】90.03.12勁報

新黨籍立委營志宏上午在立法院外交委員會指控外交部九十年度機密預算編有替某國採購武器，用以鎮壓國內反對勢力。外交部長田弘茂原本以「不知情」應詢，但在立委揚言公布機密預算內容後，身旁的幕僚遞上紙條，田弘茂低調回應：「是防衛性武器」。

官員指出，相關內容多是購輕兵器等防衛性武器，且以國內聯勤生產爲主，武器項目皆經相關部會評估，絕不會用以鎮壓國內反對勢力。

新詐財手法　刮刮樂變裝抽抽樂

【記者謝文報導】90.03.09勁報

近兩年在國內盛行的詐財手法刮刮樂，在警政單位強力查緝後，最近翻新詐騙手段捲土重來，改以「抽抽樂」方式繼續行騙不知情民眾。新黨立委營志宏今天上午召開記者會公布破解抽抽樂詐財手法，並提供民眾防騙秘笈十二字箴言：「手腳並用、眼見爲憑、一毛不拔」。

營志宏表示，刮刮樂與抽抽樂主要不同點，在於後者的前置作業更爲周詳，佈下圈套讓被害人更容易上當。所謂的前置作業是犯罪集團在各展覽、活動會場，散發問卷資料，或是以網路上民意調查、網路票選活動，甚至以登報爲做廣告，誘騙民眾參與提供自己家裡的通訊地址，參加抽獎活動，跳進這些詐騙集團預設的圈套。出席記者會的刑事局偵查課課長紀明謀則是建議民眾，不要有不勞而獲的觀念。

營志宏指出，由於當民眾收到中獎通知時，因爲先前參加過該項活動，在中獎是其來有自的前提下，比較不會懷疑中獎的眞實性。營志宏表示，要破解這些詐騙手法，只要小心求證，負責簽証的律師地址根本與信封通知上的相同，律師公會也沒有律師登錄資料，查號台沒有主辦公司電話，以及律師、會計師電話。

接送陳幸好 趙建銘開「總統府公務車」

立委質疑 總統府先解釋「識別證方便讓趙前往官邸」 後澄清「是配給總統家屬的公務車」

【記者李志德／台北報導】90.06.02聯合報

一幀雜誌照片引發第一家庭違規使用公務車疑雲。新黨立委營志宏昨天指控陳水扁總統的準女婿趙建銘違規使用公務車接送陳水扁之女陳幸好，他要求總統府方面出面約束，不要讓第一家庭向下沉淪。營志宏同時批評總統府對這一事件的說法反反覆覆，有向委員說謊之嫌。

營志宏昨天舉行記者會，會中出示新近出版的一本雜誌，在一篇以趙建銘和陳幸好爲主題的文章中刊出了一張照片，照片中趙建銘開著一輛有總統府通行證的車子接送陳幸好；營志宏說，在他與總統府聯絡後，知道這輛車是總統府的公務車，但趙建銘憑什麼使用這輛車？難道接送陳幸好算是執行公務嗎？

營志宏表示，經他向總統府調閱「總統府車輛管理規定」後，發現只有正副總統與資政等人才能使用公務車，這還不包括下班以後時間。只有一點例外，就是總統府員工因爲「婚、喪大事」可以使用，但是當天很明顯不是這種狀況。

昨天傍晚，總統府針對營志宏的指控回應表示，雜誌刊出的車輛照片是趙建銘所有，車上的識別證只是讓趙建銘便於前往官邸；但到了晚上，總統府又改口說趙建銘開的是公務車。對於這種說法，營志宏表示，總統府昨天先後對他及中視記者承認那部是公務車，下午又否認，最後又改口，這種反反覆覆的說法究竟那一項是對的，又想掩蓋什麼？

【附錄】新聞選輯

【記者彭威晶／台北報導】

立委營志宏質疑陳水扁總統的準女婿趙建銘駕駛總統府公務車有違法之嫌，總統府昨天深入查証後澄清指出，媒體刊出趙建銘所開的車輛，是總統官邸配給總統家屬專用的公務車，這輛車目前是由陳總統女兒陳幸妤使用，陳幸妤有權自由使用，趙建銘開這輛車載陳幸妤並無違法之處。

總統府相關人士表示，趙建銘所駕駛的公務車是總統官邸的公務車，不是趙建銘自己的車子。這輛車是國安局提供給總統家屬使用的，由於陳總統家屬也有出入總統府的需求，所以才會有總統府的公務出入証。這輛公務車目前是由陳幸妤使用，原配有駕駛，但陳幸妤是否請司機開或自己開，陳幸妤有自主權。據瞭解，陳幸妤在陳總統上任前，自己曾擁有一部紅色March轎車，搬入官邸後，總統府考量總統家屬安全，同時私人轎車使用率也低，陳幸妤已將這部用了七年的轎車賣出。

護照加註台灣 「政府評估中」

外交部否認有政治考量 新黨反對 不惜訴諸憲法法庭

【記者林美玲、李志德、陳英姿／台北報導】90.06.20聯合報

行政院新聞局長蘇正平昨天表示，護照加註台灣還沒有作最後的決定；不過爲減輕國人困擾，避免國人出國被誤認爲中華人民共和國國民的尷尬情況，目前正在評估是否在護照上加註台灣。新黨則表示，如果扁政府要一意孤行，新黨將不惜訴諸憲法法庭。

陳水扁總統日前表示將評估在護照英文國名後加註「Taiwan」。立法院新黨黨團昨天爲此舉行記

者會，新黨黨團總召集人營志宏質疑此舉根本違憲；若行政院及總統執意加註，新黨黨團將全力防堵，除要求外交部長到立法院報告外，也將全力杯葛外交部預算，甚至不惜訴諸憲法法庭。

營志宏表示，護照上括號加註台灣文字是台獨意識形態的陰謀，而首先要求加註的是上月「全球僑務會議」上台獨傾向的僑務代表所提出，不能代表民意；何況護照是「官文書」，在國號翻譯上只能直譯而不能加註。

外交部發言人張小月則表示，外交部研究在護照英文國名後加註「Taiwan」字眼，主要是考慮國人實際的便利和需求，沒有政治考量。依外交部目前的初步規劃，未來國人護照上的中文國名，也就是中華民國的國號，仍將維持不變；在英文呈現方式上傾向在「ROC」之後加註「Taiwan」。但實際呈現方式，可能在封面，也可能在內頁，仍待各界進一步討論。

蘇正平也說，根據研考會所做的「民眾對政府外交方面施政表現的看法」民意調查顯示，贊成在護照加註台灣的受訪者達五成三。

土增稅減徵案能否過關添變數 新黨反對修預算法因應

【記者何明國／台北報導】90.08.31聯合報

行政院打算修預算法第二十三條以排除適用方式因應調降土增稅後的財政困難，新黨立院黨團召集人營志宏昨天表示，這是破壞政府財政制度，「飲鴆止渴」自我麻醉的作法，新黨不會支持。

營志宏說，預算法第二十三條規定，政府公債收入不用作經常性支出，這是維護預算與財政制度

健全的基本規定，如今爲了彌補調降土增稅後的財政危機，在預算法第二十三條動手腳，不惜破壞國家法令制度，危及國家長遠發展，無非飲鴆止渴，吃嗎啡治病。

國民兩黨護航　蘇振平續任審計長

新黨極力反對　質疑已連任十二年易生弊端

【陳嘉宏／台北報導】90.09.26.中國時報

立法院院會昨天行使審計長同意權，在民進黨團與國民黨團表明力挺的情況下，陳水扁總統提名的蘇振平續任審計長案，共獲得一百四十二位立委支持，跨越全體立委半數門檻，輕騎過關。

在獲得立法院同意後，蘇振平將依憲法規定，續任六年審計長職務。蘇振平已經連任兩任，擔任十二年審計長。

爲了讓蘇振平在立法院過關，民進黨團昨天發出甲級動員令，六十六位黨團成員全力爲蘇振平護盤。國民黨也發出乙級動員令，並表明全力支持蘇振平的續任案。親民黨團則表明開放投票，唯一明白反對蘇振平續任的是新黨黨團。

新黨黨團召集人營志宏指出，審計長必須獨立行使職權，蘇振平已經七十五高齡，加上已擔任該職位十二年，易生弊端。而近年公共工程弊端很多，蘇振平也沒有舉發監督，「配合度太高」的蘇振平根本無法勝任審計長職務。

他強調，重要人事案絕不能草率通過，新黨人雖少，但也不能讓一個「庸庸碌碌的人」來擔任國家重要公職。因此，新黨這次投反對票，就是希望能為立法院同意權行使確立一個新形象及典範。

執政黨團內部同樣有不同意見，認為陳水扁總統此項任命案妥協性太高，無法彰顯民進黨政府的改革新意。不過礙於總統任命案早已送達立法院，執政黨團只得全力支持此案。

至於蘇振平本人為了此一同意權案之行使，更是放低身段，一一拜會朝野立委尋求支持，除了民進黨團的六十六張鐵票外，包括國民黨及親民黨內部不少立委，甚至主動為蘇振平奔走動員拉票。

在民、國兩黨的全力護盤下，蘇振平最後獲得一百四十二票支持，三十二票反對。目前立委總數為二百一十九人，一百四十二票已跨越全體立委二分之一。

黨團門檻　新黨火　拒協商

指不滿國民親夾殺「假改革之名消滅新黨」　王金平將出面溝通

【記者顏振凱／台北報導】90.10.05聯合晚報

立院上午針對國會內規改革進行朝野協商，原預料羅福助現身會場的場面並未出現，倒是新黨黨團以不滿黨團門檻上限十人的國、民、親三黨默契，以抗議「假改革之名消滅新黨」為由退出朝野協商。而據指出，因應新黨抗議，立法院長王金平下午親邀新黨黨團幹部單獨進行溝通。

對新黨退席抗議，與民進黨新潮流系核心立委林濁水積極研商相關改革條文的民進黨政策會執行長沈富雄表示不感意外。沈富雄並指出上午協商，對委員會席次按朝野比例分配，及一人杯葛法案，如何因應「一夫當關」，朝野均有共識。

新黨黨團召集人營志宏指出，新黨在立院從未以政黨利益杯葛法案，上會期法案審查出狀況，是因為大黨內黨紀不彰，他質疑提高黨團門檻是要欺負小黨。他強調，新黨支持國會改革，但反對時間倉促進行國會改革，而本屆立委已近尾聲，朝野卻欲在十月三十一日前通過相關改革法案，且由本屆立委訂定下屆遊戲規則是否適當也有疑義。他也質疑，先前立法院長王金平邀國、民、親等大黨會商，卻不通知新黨及無黨籍聯盟，根本是不尊重小黨。不過，對媒體詢問新黨反對黨團門檻提高，是否因為預估年底選情可能無法達到十人以上，營志宏則以新黨對突破政黨門檻5%有信心回應。

新黨對黨團門檻提高不滿意但可以接受

【中央社記者王鴻國台北三十日電】90.10.30中央社

新黨立法院黨團召集人營志宏表示，新黨黨團原反對立法院黨團籌組門檻提高到十二席的國會改革法案，認為將影響小黨甚至無黨籍立委組黨團或政團的權益，不惜在各項法案上採撤簽抗爭，但經進一步協商後，朝野同意門檻降為八席，對此結果「雖不滿意但可以接受」。

立法院今天上午院會主要爭議在國會改革法案逕付二讀及中央政府九十一年度總預算案付委案，因此，協商不斷，新黨也召開黨團會議作好「焦土抗戰」的準備，營志宏說，將就原協商完成的各法案進行撤簽動作，勢必增加議事上的變數。

他說，朝野協商直到十一時左右，在新黨黨團攤牌下，國、民、親三黨才接受新黨可接受的底線即「政黨得票率達百分之五或八席」。新黨也接受執政黨所提，在限期提出總預算案修正案的要求上作模糊化處理，並不具體要求總預算案在何項目應作補正，由行政院參酌辦理。國改法案才順利通過三讀修正。

營志宏強調，新黨有信心過百分之五門檻，門檻提高主要將影響無黨籍立委政團的籌組，因爲無黨籍立委有政黨得票率統計上的困難，因此，新黨是爲小黨權益把關，並認爲國會亂象不應歸罪小黨，最後，基於議事和諧才接受協商結果，對此結果，新黨是「不滿意但是可以接受」。

營志宏列名新黨僑選立委

【記者陳德安洛杉磯報導】90.10.08北美世界日報

新黨立法院黨團總召集人營志宏再列新黨僑選立法委員候選人第一名，他個人對此保守評估，但若能續任，他保證將阻止僑務委員併入外交部和護照加註台灣兩項議題；此外，前洛杉磯新黨之友會活躍人士鄭浪平則獲列名新黨不分區立委候選人，排名第四。

新黨於台北時間七日晚間決定不分區及僑選立法委員名單，營志宏再次在僑選候選人名單中拔得頭籌，北加州僑務委員李競芬名列第二。《一九九五年閏八月》一書作者鄭浪平（鄭紀恩）也列名不分區立委候選人名單，鄭浪平經常應南加州華語電台發表時勢評析。

營志宏爲南加州執業律師，他在名單公布後，做一項「不誇張、不洩氣」的選情評估，認爲新黨在年底立法委員選舉中得票數突破百分之五門檻。他表示，新黨最近成功地與親民黨做區隔，親民黨效應已經降低，使新黨支持度呈上升趨勢，且新黨提出的「一國三制」也與「一國兩制」有別。

營志宏對立委選舉持樂觀看法，他認爲，新黨選後得票數應該可以分配到三席不分區立委，列名第四的鄭浪平也頗有希望，但對於僑選立委部分，則認爲尚難評估。新黨目前擁有一席僑選名額，即營志宏所取得的席次，若年底選舉順利，營志宏將再續任三年立委。

營志宏對自己的席次持較保守態度，但他表示，僑委會併入外交部仍在執政黨的改造案中，未來裁併的可能性相當大，若他能續任，定會全力阻擋合併案。

他說，執政黨總是說要與中國大陸競爭，但大陸僑辦是中國大陸國務院一級單位，在僑心漸失之際，僑委會竟要被併入外交部。

此外，新黨立院黨團反對中華民國護照加註台灣。營志宏說，他任黨團總召集人期間極力阻止護照加註案，預料行政部門今年不會提出，若他能續任也會全力反對該案。

營志宏認爲，若身爲僑選立委便只談僑務政策，是劃地自限的做法，他任內問政不以此自限，問政範圍包括各項民主、兩岸政策和外交事務等議題。他表示，年底選舉新黨若想取得僑選立委席次，尚須付出很多努力。

新黨於美西時間八日晚間在台北舉行記者會介紹被提名人。

立委一人 縣長一人　新黨接受選舉失敗結果

未過5%政黨門檻 缺乏政治明星及經費，面臨泡沫化危機

【江睿智/台北報導】90.12.02工商時報

新黨在這次立委及縣市長選舉中，僅拿下金門縣長及立委，幾乎全軍覆沒，新黨秘書長李炳南昨天表示，新黨承認失敗結果，至於新黨未來的發展，將在今（二）日下午召開全黨大會前的提名委員會，共同討論。

過去立委席次最高曾達到二十一席的新黨，在昨天的選舉中幾乎全軍皆沒，包括現任的謝啓大、賴士葆、重披戰袍的郁慕明，都沒有當選，得票率僅二、八六％，支持者聚集在新黨全委會，落淚、鼓勵、激昂地唱著新黨黨歌，高呼「新黨加油、中華民國萬歲」口號，但卻有更多落實的情緒充斥。

新黨黨團召集人營志宏表示，今天起就是新黨的復興運動，新黨馬上就會站起來，雖然沒有了政黨補助費，但過去新黨沒有政黨補助費時，卻是新黨走得最好的時候，當年新黨從零開始，現在也要從零開始。他堅決向媒體表示，新黨不會消失。

新黨不熄燈　改造轉型　營志宏接全委會召集人

【謝聖斌台北訊】90.12.09中央日報

大選失利後，新黨昨日首度召開臨時全委會，討論未來走向問題，確定新黨不解散，並通過全委會召集人謝啓大及秘書長李炳南爲敗選請辭負責案，另授權新任召集人營志宏全權籌組黨務改造委員

會。

由於擔心新黨「熄燈」，新黨中央昨日一大早就聚集了數十位義工，有些義工在一樓門口前揮舞新黨黨旗和國旗，也有部分義工在全委會會場外擺起桌子，辦理「黨員重登記」的工作，以實際行動表達希望新黨能繼續存在。在全委會正式宣布新黨不解散後，義工們興奮地高呼新黨萬歲、加油。

新黨大老許歷農、王建煊，立委謝啓大、剛當選金門縣長的李炷烽、第五屆立委選戰中唯一當選人吳成典、新黨籍臺北市議會議員等多人出席這場攸關新黨存廢的臨時全委會，共同討論新黨的未來。歷經近五個小時後，新任全委會召集人營志宏召開記者會宣布會中決議，包括新黨不解散、修正黨章限制擴大全委會組織、通過謝啓大及李炳南爲敗選負責請辭案、召集人一職由營志宏繼任到明年一月三十一日止、營志宏全權籌組黨務改造委員會。

選後新黨內部一度傳出要求解散的聲音，但立委賴士葆及前臺北市議員李新等主張解散新黨者昨日均未出席，加上場外等候結果的義工情緒十分激動，因此昨日臨時全委會中並沒有人提出解散新黨的事，討論焦點集中在黨務改革事宜。

針對新黨「黨務改造委員會」，新任全委會召集人營志宏強調，他將徵詢黨內外清流人士共同參與，以儘速完成籌組與新黨的改造，並爭取由許歷農、王建煊等新黨元老出任改造委員會召集人。

立法院風雲

作者◇訾志宏

出版者◇訾志宏

總經銷◇揚智文化事業股份有限公司

地址◇台北市新生南路三段八十八號五樓之六

電話◇（02）2366-0309

傳真◇（02）2366-0310

E-mail◇tn605541@ms6.tisnet.net.tw

網址◇http://www.ycrc.com.tw

印刷◇鼎易印刷事業股份有限公司

法律顧問◇北辰著作權事務所 蕭雄淋律師

初版一刷◇2002年1月

ISBN◇986-99961-2-4

定價◇新台幣300元

郵政劃撥◇14534976

帳户◇揚智文化事業股份有限公司

國家圖書館出版品預行編目資料

立法院風雲 / 銹志宏作. -- 初版.-- 臺北市
：銹志宏出版：揚智文化總經銷, 2002[民 91]
面； 公分
ISBN 986-99961-2-4（平裝）

1.民意代表 2.政治 - 臺灣

573.662 91001272